战争事典

WAR STORY 026

指文烽火工作室 著

台海出版社

图书在版编目（CIP）数据

战争事典 . 026 / 指文烽火工作室著 . -- 北京 : 台海出版社 , 2016.12
ISBN 978-7-5168-1227-3

Ⅰ . ①战… Ⅱ . ①指… Ⅲ . ①战争史 – 史料 – 世界 Ⅳ . ① E19

中国版本图书馆 CIP 数据核字 (2016) 第 288547 号

战争事典 . 026

著　　者：指文烽火工作室

责任编辑：戴　晨　　策划制作：指文文化
视觉设计：周　杰　　责任印制：蔡　旭

出版发行：台海出版社
地　　址：北京市朝阳区劲松南路 1 号　　邮政编码：100021
电　　话：010 － 64041652（发行，邮购）
传　　真：010 － 84045799（总编室）
网　　址：www.taimeng.org.cn/thcbs/default.htm
E － mail：thcbs@126.com

经　　销：全国各地新华书店
印　　刷：重庆共创印务有限公司
本书如有破损、缺页、装订错误，请与本社联系调换

开　　本：787mm × 1092mm　　1/16
字　　数：230 千　　印　　张：13
版　　次：2021 年 1 月第 4 版　　印　　次：2021 年 1 月第 1 次印刷
书　　号：ISBN 978-7-5168-1227-3

定　　价：79.80 元

目录

CONTENTS

前言 / 1

龙与熊的较量
17 世纪黑龙江畔的中俄战争 / 2

五败十字军骑士的车堡
胡斯战争与 15 世纪捷克宗教改革简史 / 65

白高初兴傲宋辽
党项人的西夏立国记 / 150

前言

PREFACE

17 世纪中叶至 17 世纪后半叶，世界历史波澜壮阔。在西欧，英国国王查理一世被送上断头台，法国国王路易十四正雄心勃勃地要成为“太阳王”。而在世界的另一端，遥远的东方，两个东北亚的陆上强权，正围绕着黑龙江流域肥沃的土地和丰饶的物产，在林海雪原和白山黑水间进行着旷日持久的较量和拉锯。它们一个是仅用了数十年就征服了大半个西伯利亚的沙皇俄国；另一个则是同样仅用数十年就崛起于东北地区并最终入主中原的清帝国。这也就是《龙与熊的较量——17 世纪黑龙江畔的中俄战争》一文所要讲述的。

在600年前的捷克，曾经爆发过一场超大型农民战争——胡斯战争，当时除北欧诸国外，其他几乎所有欧洲国家都参加了这场战争，因此其又被称为“第一次全欧战争”。这场从 1419 年持续到 1434 年的战争，是欧洲社会结构转型的一个决定性事件，也敲响了十字军运动的丧钟。战争中，火器的使用、战术的革新让欧洲的军事艺术开始发生巨变。而战争结束后，欧洲王权被进一步削弱，宗教改革的脚步逐渐临近整个西欧，欧洲开始从中世纪走向近代社会。若想了解这其中的具体历程与事件，还请一览《五败十字军骑士的车堡——胡斯战争与 15 世纪捷克宗教改革简史》。

宝元元年（1038 年）十月十一日，李元昊在兴庆府（今宁夏银川）正式称帝，国号大夏。西夏由此建立。这是党项人在西北长达数百年盘踞经营的结果，也标志着北宋王朝自太宗以来西北战略的失败。《白高初兴傲宋辽——党项人的西夏立国记》一文将抛开所谓宋廷“重文轻武”“守内虚外”“强干弱枝”及“怯懦惧战”等简单批判性言论，从党项民族的发展历史入手，探究北宋早期西北战略失败的真正原因，从而透视党项人崛起的真实历程。

烽火工作室主编：原廊

2016 年 12 月

龙与熊的较量

17 世纪黑龙江畔的中俄战争

作者 / 何俊宏

17 世纪中叶至 17 世纪后半叶，发生了许多举世瞩目的历史事件。在西欧，英国爆发了资产阶级革命，国王查理一世被送上断头台。在经历了几十年风云变幻之后，英国于 1689 年确立了君主立宪制政体。在与英国隔海相望的法国，君主专制正处于顶峰，雄心勃勃的太阳王路易十四为了增强财力、提升国力，正在通过如火如荼的改革强化中央集权。在世界的另一端，遥远的东方，两个东北亚的陆上强权，正围绕着黑龙江流域肥沃的土地和丰饶的物产，在林海雪原和白山黑水间进行着旷日持久的拉锯战。它们一个是仅用了数十年就征服了大半个西伯利亚地区的沙皇俄国；另一个则是同样仅用数十年时间就从偏远的中国东北一隅，成功入主中原的清王朝。

从奴隶到主人的征服之路

沙皇俄国的前身莫斯科大公国，为 13 世纪末期由臣服于金帐汗国的弗拉基米尔大公国分封而成，因首都设在莫斯科而得名。在外受蒙古人压迫，内有各路封建王公贵族互争雄长的环境下，这个新生的小国开始了卧薪尝胆的自强之路。14 世纪开始，莫斯科大公国因为陆续兼并其他王公贵族的领地而逐渐坐大。他们的大公伊凡·卡利达（1325—1340）从宗主国蒙古金帐汗国那里取得弗拉基米尔及全俄罗斯大公的称号，并获得了代征全俄贡纳的权力，开始领导俄罗斯诸侯。一百多年后的 1480 年，厚积薄发的莫斯科大公国趁着金帐汗国势力日衰，公然拒交赋税，引得金帐汗阿合马大怒。阿合马于 1480 年亲自率兵联合波兰一起来教训这个不老实的小弟。时任莫斯科大公的伊凡三世也亲自领军，与阿合马对峙于乌格拉河。结果，蒙古人因天寒地冻和波兰的援军迟迟不到而撤军。此后不久，阿合马就在内讧中被杀，金帐汗国解体。蒙古人对俄罗斯长达二百四十年（1240—1480）的统治就这样结束了。

到了 16 世纪初期，莫斯科大公国仍然只是蛰居乌拉尔山脉以西的一个小国家，周边依然存在着几个从金帐汗国分裂出来的小汗国，消除这些游牧政权可能带来的威胁就成为它早期扩张的主要动力之一。公元 1547 年，莫斯科大公伊凡四世即位，并自立为俄罗斯第一位沙皇。从这时候起，沙皇俄国之名才见于史册。也是从这时候开始，“俄国熊”向当年把他们踩在脚下的蒙古人亮出了深藏已久的獠牙。五年后的 1552 年，伊凡四世亲自率领大军消灭了喀山汗国，1556 年，阿斯特拉罕汗国也被沙俄吞并。1581—1598 年，俄国人摧毁了乌拉尔山脉以东的失必儿汗国，扫清了通往东方的最后障碍。此后十年间，他们在新征服的土地上开垦荒地，修筑城堡。托博尔斯克、秋明、

▲ *伊凡四世画像*

塔拉……一座座建筑风格具有鲜明斯拉夫特色的据点拔地而起，通往西伯利亚辽阔土地的大门就这样被打开了。

早在灭亡阿斯特拉罕汗国之后，俄国人就从与毗邻的失必儿汗国的交往当中得知，在乌拉尔山的另一边有一块辽阔而神秘的土地——西伯利亚。那里蕴藏着丰富的银矿和铁矿，还有黑貂、水獭、狐狸、灰鼠等珍贵毛皮。掌握了这些资源，就等于拥有了一个聚宝盆，其所带来的经济利润是无可估量的。所以对物产丰饶的西伯利亚，俄国人早已是垂涎三尺。在这笔巨额财富的诱惑面前，西伯利亚鹅毛般的大雪和凛冽的寒风也无法阻挡俄国人继续东侵的步伐。他们乘船策马，跨过鄂毕河、叶尼塞河、勒拿河……他们虽然悄悄地来，却绝不会“不带走一片云彩”地潇洒离去。在他们身后，留下的是如雨后春笋一般林立的城堡和一亩亩麦田！

就这样，在征服失必儿汗国之后不到六十年的时间里，俄国人依靠这些土木混合结构的堡垒据点，步步蚕食。截止到 17 世纪中叶，俄国基本上拿下了西起乌拉尔山，东到鄂霍次克海，北濒北冰洋，南到喀尔喀蒙古，总面积达 1000 多万平方千米的西伯利亚地区。沙皇俄国从一个蜷缩在东欧的地区国家，迅速膨胀为横跨欧亚的全球领土第一大国，创造了世界领土扩张史中的纪录。

当时的西伯利亚，也不是一块渺无人迹的处女地。在俄国人染指这里之前，这里就已经生活着阿尔泰、汉特、涅涅茨、雅库特、尤卡基尔、克里亚克、楚科奇等 30 多个民族。这些名号繁杂的族群隶属于古亚细亚、突厥、通古斯等不同的族系。他们

17世纪西伯利亚地区主要俄国据点简表

据点	位置	建成年代
曼加结亚	叶尼塞河下游	1601年
图鲁汉斯克	叶尼塞河下游	1609年
叶尼塞斯克	叶尼塞河上游，克姆河口	1619年
布拉茨克	安加拉河上游	1631年
乌斯季库特堡	勒拿河流域	1631年
雅库茨克	勒拿河中游	1632年
鄂霍茨克	鄂霍次克海岸	1647年

或经营畜牧业，以放牧牛羊、养殖驯鹿等为生；或世代渔猎，划着原始的独木舟于江河湖海上捕捉鱼类和大型海兽。他们架鹰驱狗，背负弓箭，在深山老林里射杀紫貂、猞猁等野物，获取它们身上的珍贵毛皮，并将之制成衣物御寒。如有富余，他们则通过与其他民族物物交换来满足对其他生活必需品的需求。他们虽然生活方式迥异，语言也不通，但共同点还是有的：那就是受严酷自然环境和落后社会生产力的双重制约，人口基数少，人口自然增长率不高，经济结构较为单一，社会发展水平基本上仍停留在氏族部落阶段。

▲ ***16—17世纪西伯利亚土著居民的武装力量（右：汉特人步弓手，中：雅库特人的重骑兵，左：楚科奇人武士）***

他们如同星辰一般散居在西伯利亚的辽阔土地上，种种条件的限制使他们没能形成一个强有力的社会整体。所以，在沙俄东扩的浪潮中，尽管他们也曾做出英勇的抵抗，但由于缺乏强有力的政治军事领导核心和与之相关的制度，最终摆脱不了失败的命运。许多原住民部族也因此湮没在历史的长河中。

任何一国走上领土扩张的道路，都离不开雄厚军事实力的支撑，那么，作为西伯利亚的征服者，当时的沙俄军事力量究竟如何呢？

北极熊的利爪

伊凡四世在位时期，沙俄的最高军事领导机构为“兵部”，其职能为制定战略计划，进行战争准备，实施战略指挥等，“兵部”下属的各部（属）则负责节制各兵种和武器装备制造等具体事务。总体上，从16世纪末期至17世纪末彼得一世改革前，长达近百年的时间里，仍旧处于冷热兵器混用时代的沙俄军队沿袭的都是伊凡四世时代所创制、以“军役贵族”和“射击军”为主体的军事制度。作战编制单位自上而下分别为千人队、五百人队、百人队、五十人队和十人队，约相当于现代军队编制中的团、营、连、排、班。其军队构成包括：

1. 主要使用刀矛弓斧等冷兵器作战的贵族骑兵和民团。由于他们的武器装备是由军役贵族和各城市自己提供，所以规格不一、五花八门。

2. 使用热兵器的常备步兵“射击军”和成建制的炮兵部队。

3. “城市哥萨克”“草原哥萨克”以及外籍军人。

所谓的“军役贵族”，其身份地位相当于同时期的日本幕府一般武士，都是世代行伍，效命于首脑的职业军人集团。他们是沙俄建国初期骑兵兵员的重要来源。伊凡四世时期，俄军账面总兵力达30万之众，其中骑兵高达近20万，这当中军役贵族组成的骑兵（包括他们的随从）就有10余万。以伊凡三世时期推行的“领地制”为保障，沙皇通过授予土地所有权的方式吸引大小贵族投身到军旅当中。以每50俄亩（1俄亩=1.09公顷）领地出一名全副武装的骑兵，领地越多则应出的人马越多。筹备粮秣和兵器所需的花费，国家是不会报销的，由贵族自己想办法解决。每位贵族自15岁起必须亲自带领武装随从一道终身服役，承担应尽的义务。如果贵族自身因为身体等原因，无力承担兵役就必须出钱雇人顶替。有军功者重赏，违抗君命者轻则被鞭笞，重则被剥夺领地净身出户。

军役贵族的领地来源有三：沙皇的直接领地；原本属于大封建主的领地中肢解出来的部分；新征服的土地。授予军役贵族的领地不得世袭和买卖。

沙皇通过这一制度既削弱了大封建主的势力，加强了中央集权，又令军役贵族成为死心塌地为自己效命的忠实鹰犬，还调动了军役贵族对外侵略开疆拓土的积极性。可谓是一石三鸟。

射击军就是由火枪手组成的常备步兵，兵员主要来自市民，最早创制于伊凡三世时期。他们平时驻扎在营区内，进行指定的军事训练，穿统一制式军装，由国家发给薪饷①。他们的主要任务是对外作战，对内维稳以及主要城市据点的防守。和同时期许多封建国家的军队一样，他们同时担任军人和警察的角色。每位士兵配备一杆自制或购自外国（如瑞士）的火绳枪和一把长柄月牙形钺斧②；军官则配有手枪和军刀。

射击军的账面兵员在伊凡四世时代已经达到 10 万的规模，在征服喀山的军事行动中颇为得力。17 世纪中叶以后，部分射击军士兵被调入西伯利亚的各个城堡，以加强守备力量。

俄国人对战争之神——火炮的青睐由来已久。伊凡四世时期，炮兵逐步发展成独立兵种。其下有野战炮兵和攻城炮兵的区分，另外俄军的团级作战单位也配有直属炮兵部队。当时的沙俄军队号称拥有各类大小火炮 2000 余门，其材质有铜炮或生铁铸炮，使用轮式炮架搭载，发射实心球形铁弹。

到 17 世纪中叶，针对欧洲军事急速发展的新形势，沙俄政府又创建了欧式步兵、龙骑兵、骠骑兵等新式军团，高薪聘请来自西欧诸国的外籍军官担任教官，甚至直接任命这些外籍军官为俄军各级军事主官。不过由于种种原因，这些新军在沙俄对西伯利亚的征服行动，以及后来的中俄边境冲突中，基本上没有发挥什么作用，所以在这里笔者不再详细介绍。

总之，从 16 世纪开始，火器的广泛使用使得俄军的作战方式发生了巨大的变革。这一时期，火炮的发展使得城堡要塞等据点在作战中的重要性日益凸显。无论是俄国人还是其他欧洲军事强国的军人，都一门心思地钻研起“如何垒好自家的围墙”和“如何砸塌别家的围墙”。与此同时，野战在战争中的地位有所下降，沦为攻城战的陪衬。虽然俄军还没有完全脱离冷热兵器混用的阶段，但是为了充分发挥热兵器的作用，其战术队形已经发展到方阵与线式队形的过渡时期，即减少纵深加大正面。俄军战斗队形仍以团为单位编组，通常是骑兵配置于两翼，步兵居中，炮兵在战斗队形正前方一

① 当然他们自己也可以搞些小买卖挣外快，国家并不禁止。

② 作战时可将长柄插入地上，以斧刃和柄材近处为火枪支架；弹药用尽或敌军冲到近前时则是威力强大的近战武器。

字排开，预备队则居于战斗队形后方，相机而动。

不过，早期俄国人的政治军事重点一般都在欧洲地区，故此由军役贵族骑兵、射击军和炮兵部队构成的沙俄正规军，主要部署于西线。这些精锐力量主要投入到和当时还是一方土霸王的克里木汗国①、波兰—立陶宛联邦②等敌对势力的角逐当中。

特别要提到的是，克里木汗国虽然不能再现祖先的辉煌，但也不是省油的灯。在

▲ *16—17世纪沙俄炮兵*

▲ *16世纪俄军步兵常规队列射击训练图*

▲ *16—17世纪的沙俄贵族骑兵，刀矛弓箭等传统冷兵器一直使用到彼得一世改革时期才被彻底淘汰*

① 由金帐汗国分裂后的一支成吉思汗后裔所建立，疆域东以顿河下游为界，西至第聂伯河下游地区，向北一直延伸到耶列兹城和坦波夫。

② 人口 1100 万，领土 100 万平方千米，涵盖现今的波兰、立陶宛、白俄罗斯、拉脱维亚、爱沙尼亚、摩尔多瓦、乌克兰、斯洛伐克等国。

1558 年到 1596 年期间，他们对沙皇俄国的领土约有 30 次大规模进犯。其中最大的一次在 1572 年，克里木汗国围攻莫斯科，掠走了 15 万人口。据记载，当时俄罗斯人的尸骸塞满了莫斯科河！这就导致每年春季，不胜其扰的莫斯科当局都要动员多达 6.5 万名士兵在边境戒备。

1584 年，伊凡四世暴毙。围绕皇位的争斗使沙俄陷入内乱的“动荡时代”。国力鼎盛、扩张欲望极大，且与俄国人早有宿怨的波兰人，趁机介入俄罗斯的政权争夺。1606—1612 年间，波兰先是通过扶植傀儡代理人伪季米特里向沙俄渗透，进而撕下虚伪的面皮大举入侵。这次战争虽然以波兰的失败告终，但两国就此开始上演持续上百年的冤冤相报大戏。在这种历史大背景下，沙俄政府无力也无意把自己手上最重要的两张牌——贵族骑兵和射击军，投入到针对西伯利亚地区的远征行动中。

所以，那些年里，投身于东方那片冰雪荒原的俄罗斯“拓荒者”，便是带有雇佣军性质的“草原哥萨克”[①]，以及少数的外籍军人。

严格意义上来讲，哥萨克并不是一个民族概念，而是一个跨越种族的集合体。他们的历史可以追溯到 13 世纪后期，当时部分俄罗斯人因为不愿意给金帐汗国当牛做马，而逃到今天俄罗斯南部与高加索山东麓，包括顿河流域、里海沿岸、第聂伯河下游和伏尔加河流域等地。当时生活在那里的有突厥钦察部和 5 世纪时就流落于此、放下马鞭靠打鱼为生的白匈奴人等形形色色的游牧部族。相同的命运轨迹使他们之间有了共同生活的可能。于是这些当时主流社会的弃儿便通过联姻、共享猎场、订立攻守同盟等方式混合了起来。这个跨越种族和文化的新群体被土库曼突厥人称为“哥萨克”。后来，这群人中的一小部分迁徙到黑海北岸，以游牧和经营毛皮贸易为生。

到了 15 世纪末、16 世纪初，俄罗斯、乌克兰的一些城市贫民，与不愿成为农奴的农民们为了争取生活自由，也紧跟着迁徙到因钦察汗国被推翻、政治气氛显得较为宽松的黑海北岸地区。这些新加入的人群很快就融入当地，大大增加了“哥萨克”的数量。

哥萨克人在人数上的急速膨胀，引发的新形势就是，在南俄地区先后出现了一些以村社为基本单位的哥萨克地方政权。这些新政权的产生打破了该地区原来的政治局势。东欧平原多、山地少，因此哥萨克政权多数以河流、湖泊来命名，如“顿河哥萨克”“里海哥萨克”“乌拉尔河哥萨克”等。

① 至于前文提及的“城市哥萨克”则是边境城市的卫戍部队。

长期的游牧与亡命生活，使哥萨克人以骑术精湛而闻名。19 世纪的俄国历史学家索洛维约夫是以这样的笔墨来描绘哥萨克的："他们无拘无束，寻欢作乐，开始碰撞着所有的人……""人们不能忍受勇士们的这种开心取乐，他碰着谁谁就死，必死无疑……"虽然文字简短，却也让后人能管中窥豹，在脑海中勾勒出哥萨克的群像——这是一群不修边幅、目无法纪、不受约束的亡命之徒。这个群体充斥着许多唯利是图的江洋大盗、小偷、强奸犯、杀手等罪犯。

早在伊凡四世之前，历代沙皇为了对抗周边游牧势力的侵扰，就曾经通过收买哥萨克上层头目，或多或少地控制哥萨克人，使他们成为俄国人手里的重要武力。

到了 1574 年，伊凡四世终于下定决心，要一举拿下早已是冢中枯骨的失必儿汗国。当时，沙俄在西线正受到波兰、奥斯曼、克里木三国组成的反俄联盟的严重威胁。作为国家支柱的正规军是不能轻易动用的，于是沙皇就想到了东部的豪门巨贾——斯特罗甘诺夫家族。

▼ 16—17世纪沙俄的常备步兵——射击军，装备以月牙形长柄斧和火绳枪为主，后期则大量换装了燧发枪

作为此时俄国境内屈指可数的封建大领主，斯特罗甘诺夫家族的领地之所以没有沦为一众军役贵族的蛋糕，除了他们家的地盘和势力偏居东部一隅，对皇权构成的威胁相对较小外，还因为他们在沙俄东扩事业中积极出谋划策、献财献力。这样殷勤的奴才自然深得主子的信赖。所以，沙皇不仅授予了斯特罗甘诺夫家族制造使用武器、自由招募使用火器的武装人员的特权，还别有用心地给他们家在原有封地的基础上增加一大片领地。这块新土地就是失必儿汗国境内的托波尔河流域——沙皇的意思已经够明白的了：地儿我是给你了，能不能打下来就看你们家的本事了。

心领神会的斯特罗甘诺夫家族立刻行动起来，竖起招兵大旗四处拉人扩充队伍。这时候，一位长期流窜在伏尔加河和顿河一带的江洋大盗——哥萨克头目叶尔马克进入了他们的视线。虽然此人是国家严令通缉的要犯，但是身上却具备了作为一个殖民者队伍首领应该具备的特质：心狠手黑、勇猛过人。面对求贤若渴、携带厚礼，前来向自己颁发聘用证书的斯特罗甘诺夫家族使者，叶尔马克一番盘算后觉得，这不仅是一个洗白自己、“重新做人”的好机会，还能将功折罪名利双收。于是他慨然应允。要说这位叶尔马克也没有白混江湖那么多年，他一出山，紧跟着就有 500 多名他的旧日党羽跟着前来投奔。

1581 年 9 月 10 日，经过一段时间的精心准备之后，叶尔马克率领总数为 840 名哥萨克的远征队，配备了充足武器弹药、给养装备和翻译向导，向东进发。面对这样一支有备而来的精干武装力量，国力比早被俄国人灭亡的喀山汗国还要低上好几个档次的失必儿汗国仍然选择了奋起抵抗。然而失必儿可汗库楚姆和他的王子此时能动员起来的，只有国内各族牧民临时凑出来的几千名步骑兵。这些没有经过严格训练的部队和叶尔马克几次交手都被打得一败涂地，连主要将领马麦特库尔都沦为俘虏，而哥萨克为此付出的损失则几乎可以忽略不计。到 1582 年秋季末，汗国重镇奇姆基、卡拉恰堡和首都伊斯克尔等地都被叶尔马克成功拿下。逃往南部的库楚姆汗并不甘心，依旧集合兵力伺机反击。此时走上事业巅峰的叶尔马克并不知道，死神已经在不远的地方向他招手。1584 年夏天，这位失必儿征服者在南下征讨库楚姆汗的途中，遭到后者大规模的突然袭击。他与他所率领的 300 多名哥萨克一起化为了鬼魂，此时距离他“誓师东征”还不到三年。不过，失必儿汗国的胜利只是暂时的。两年后的 1586 年，400 多名哥萨克再次卷土重来。到 1594 年，哥萨克的总数达到 1100 多人。这一次，失必儿汗国再也没有翻身的机会了，老迈而高傲的库楚姆汗拒绝向俄国人臣服，其本人最终于 1598 年客死他乡。

▲ *俄国著名画家列宾所绘油画《扎波罗热人给土耳其苏丹回信》里的哥萨克*

就如同许多军役贵族和小贵族在目睹斯特罗甘诺夫家族的成功后，争相效仿一样，叶尔马克虽然死了，然而仍然有无数继而起之的“叶尔马克”。他们怀揣追求财富与建功立业的梦想，踏着前辈留下的脚印与尸骨不断向东进发。后来，就连外籍军人、牧师、工匠、农民等各行各业的人，也加入到哥萨克东征的队伍中。俄国人的双鹰旗就这样借着这群“杂牌军”之手，插遍了西伯利亚的每一个角落。

到 17 世纪 30 年代末，在哥萨克们“前赴后继”的努力下，俄国人的势力已经延伸到中西伯利亚高原和东西伯利亚山地的交汇地带。沙俄政府通过设置若干督军区的形式统治这些地区。虽然地盘不小，但他们并不满足。这些新征服的地区虽然为他们提供了海量的实物税收入，但是因为纬度高，常年气候寒冷，连粮食都不能自产，以至于每年沙俄政府都要从南西伯利亚的城堡甚至本土往这里调运粮食才能勉强维持人马的消耗。为了降低统治的成本，俄国人迫切需要向气候较温暖、维度较低的地区扩展疆土。

1636 年，在勒拿河支流阿尔丹河强征实物税的俄国小贵族克佩罗夫，无意中从当地人口中得知：南方靠海的地方有条大河，河的两岸不仅居住有种田为生的达斡尔族人，河附近的山里还盛产银矿。同样的消息也在叶尼塞河一带的俄国殖民者中流传着。经过一番研究之后，沙俄当局决定派遣人员南下寻找这条传说中的大河与这条河

▲ ***17世纪的哥萨克“西伯利亚大东征军”。他们除了使用火绳枪和火炮等热兵器以外，也有部分人使用刀矛等冷兵器，还有甲胄（锁子甲）等防护装备也被保留***

两岸的土地。

这条挑起了俄国人欲望的河流，被当地的通古斯人称作萨哈连乌拉，而它的汉语名字，叫作黑龙江！

俄国人并不知道，在他们之前，早已有另一方势力把黑龙江流域的肥沃土地变成了自己的后院。此时，虎踞中国东北的新兴政权，刚刚把自己的名字从后金改为清。

“老罕王”的发迹史

中国的东北地区，在明王朝统治时期，是游牧民族、农耕民族和渔猎民族混居的大杂烩地带。当地各部落的分布区域与当年建立金国的女真人活动过的地方有所重合，所以他们被统称为“女真人”。按照文明开化程度的不同，有“生女真”和“熟女真”之区别。生活在明朝边境的“建州女真”①和“海西女真”②各部，和明王朝较早发生接触并且确立了相对稳定的臣属关系，其大部分族群由此筑城定居，发展出了农耕文

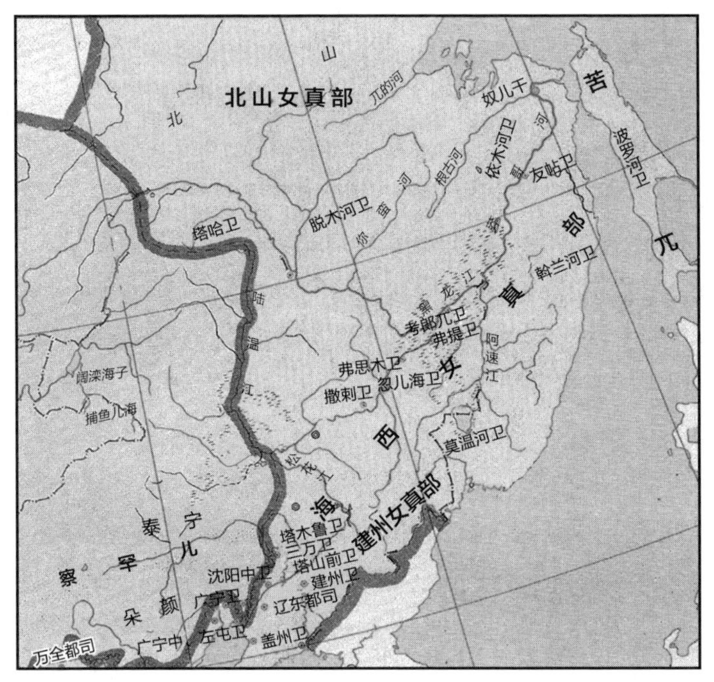

▲ *明末女真各部形势示意图（1582年）*

明，被称为“熟女真”。而那些生活区域比海西女真更往北的族群，由于社会生产力发展比较缓慢，则属于“生女真”，或者称为“东海女真”“野人女真”。1409年，明成祖朱棣曾设置奴儿干都司，以确立对这些“生女真”的宗主权，但不过数十年之后这一羁縻行政机构就被撤销了。

1583年，当叶尔马克还在失必儿汗国跟库楚姆汗的残余势力较劲的时候，遥远的东方，明朝辽东地区，一场军事行动正在进行。战争双方是发动叛乱的建州右卫古勒寨和前来平叛的明朝军队，后者毫无悬念地取得了胜利。作战期间，与古勒寨寨主阿台有亲属兼亲家关系的建州左卫都指挥使觉昌安，带着儿子塔克世因故潜入古勒寨，结果死在了乱军之中。事后，明朝当局为息事宁人，指令塔克世的长子、一个25岁的年轻人承袭建州左卫都指挥使的职务，并授予其龙虎将军的称号。这个年轻人，名叫努尔哈赤。

走马上任的努尔哈赤继续以恭顺态度事大明朝，该交的税赋一样都不少，对于手握重兵的明辽东总兵李成梁，他更是厚加贿赂以蒙蔽对方。之后，他把矛头指向了古勒寨一战中，给明军带路的建州加哈部图伦城主尼堪外兰。

① 生活在今天的吉林、辽宁两省交界处的长白山区。明朝于此设有包括建州卫、建州左卫和建州右卫在内的“建州三卫”，故得此名。

② 又称“扈伦四部”，因聚居在元代称海西的松花江大曲折一带，故得此名。

起兵之初，努尔哈赤倚仗的发家资本是自己的爷爷和老爹留下的13副甲胄和不足百人的小部队，可谓是白手起家。尽管如此，努尔哈赤还是迈出了起兵造反的第一步。他和兄弟舒尔哈齐、穆尔哈齐等人，联络血缘关系较亲近的几位寨主，一起集结500多人讨伐尼堪外兰。此役努尔哈赤虽然没能达到手刃仇人的目的，却成功打出了自己的威名。邻近的一些城寨寨主或部落首领也都慕名来投，使建州左卫的势力逐渐强大起来。随着势力扩大，人口增多，如何制定一项制度兼顾行政和军事管理就成为努尔哈赤需要解决的问题。按照女真人的传统，行围狩猎和征战以10人编为一组，参加者各出箭一支，公推一人为首领，称“牛录额真”（箭主），这个小组就被称为“牛录”（女真语称箭为牛录）。这一传统管理方式给了努尔哈赤很大启发。1601年（明万历二十九年）努尔哈赤将每300男丁编为一牛录，置一牛录额真，下置代子2人、章京4人。4名章京分领300男丁，编为塔坦。5个牛录编为“五牛录”（后改称“甲喇”），5个“五牛录”编为一固山。到了1615年（明万历四十三年），努尔哈赤共设8个固山，分别以黄、白、红、蓝、镶黄、镶白、镶红、镶蓝八旗为标志，所以八固山又习称“八旗”。每旗设固山额真（后改称“都统”）、甲喇额真（参领）、牛录额真（佐领）。军政合一、全民皆兵，对后世影响深远的八旗制度就此形成。努尔哈赤政权的成员皆隶八旗之下。旗及其下属的组织具有军事、行政和生产等多方面职能。八旗兵丁平时从事生产劳动，战时则荷弓从征，军械粮草皆为自备。

虽然一直号称“骑射立国”，但实际上在努尔哈赤早期的军事生涯中，其麾下的建州兵并非以骑射著称。建州三卫的地理位置属于今天吉林、辽宁两省交界的山岳丘陵区，其族人大部分都过着定居的生活，修筑城堡村寨等作为固定的物资囤积地和人口集散地，所以不同氏族间的征战杀伐都是围绕着攻城拔寨而进行。这种以城寨攻坚为主的战争形式，加上他们有基本的冶金制造业，能够自行锻造刀矛箭镞等冷兵器和护体甲胄，决定了建州三卫的军队以重装步兵为主。除了颇具规模的农业生产，他们还兼营渔猎和山货采集等。在这些生产活动中，成年男子一般都能掌握投枪、射箭等技艺。作为文化程度较高的族群，建州统治者还完全有能力制定一套严格管理的军事制度。以上种种因素的共同作用，催生了一支装备良好，具有极高组织性和纪律性，战技突出的山地步兵。

史载：“其军法，五十人为一队；前二十人披重甲，持戈矛；后三十人披轻甲，操弓矢。每遇敌，则两人跃马而出，观阵虚实，然后四面结阵驰击，百步之外，弓矢齐发。”（罗曰褧《咸宾录·东夷志·女直》）

由这段记载可见，建州步兵内部有四成的重甲长枪兵[①]；其余六成左右为轻甲弓箭手，他们身着无下裳的布面甲胄，配备了单手柄的雁翅刀和柳条编制的盾牌作为近战兵器。建州人使用的弓是一种长梢大弦垫筋角木反曲弓，后来被冠以满族弓（或清弓）的称呼。这种弓从中间向两边对称，依次为握把、弓臂、弦垫和弓梢。握把为木质，上贴暖木与鱼皮。弓臂内是由桦木、榆木等木材制作的弓胎，背贴牛筋（有的用鹿筋）。弦垫有骨制的，亦有木制的。弓梢为木质，中夹角片。弓弦分为皮弦、丝弦和筋弦三类。由于明王朝为了限制周边少数民族的武备，严禁制良弓所需的毛竹、水牛角运到民族地区，所以建州弓胎面上的角材，只能采用多段黄牛角或羊角磨制、拼接而成的黏合角片。这样制作出来的角弓，射出的箭速和射程都不如水牛角材制作的，而且要让弓发挥威力，就必须把弓体做得十分长大。

这就赋予了满族弓一项独有的性能——同等磅数下，满族弓能发射更重的箭矢，对人体造成的创伤也远比一般的战箭更为致命。其近距离的杀伤力堪与早期火绳枪抗衡。当时训练有素的女真射手每分钟可射出 5 到 10 箭[②]，而同时期最熟练的明军火绳枪射手也只能 1 分钟射出 2 发子弹。所以某些条件下，满族弓虽然是冷兵器，但是却能对早期火器形成一定的压制。所以，等到清乾隆时期，虽然清军中鸟枪（火绳枪）兵比例大幅上升，但依然在军中保留了弓箭手这一兵种，以作为近程火力打击的补充。

在明朝人留下的相关史料记载中，对建州士兵的评价是这样的：

“《顷见新略》书谓，奴（努尔哈赤）步善腾山短战，马兵弱；北关（按：即叶赫）马兵最悍，步兵弱。故奴畏北骑，北畏奴步。北关白羊骨（即布扬古贝勒）辈曰：我畏奴步，奴畏我骑，力相抗也，技相敌也。”也就是说，作为努尔哈赤死敌的叶赫部，其首领都对“奴步”的战斗力水平予以了充分的肯定。以写作《农政全书》而闻名的明代科学家徐光启也说：“奴之步兵极精，分合有法；而谈东事者但以为长于弓马而已。”

至于后来被雍正、乾隆两父子视为“立国之本，旗人之要务”的骑射兵种，在努尔哈赤创业早期还不是主流。建州女真的马匹多数购自蒙古。定居的生活方式，使他们不可能采取蒙古人那种逐水草而居放牧马匹的方式，只能像对待家畜那样把马圈养

① 至于“重甲”到底指的是哪一种类型的甲胄目前已不可考，但其式样和种类应当与明朝军队的制式甲胄相差不大。

② 但这种速射不太具有实战意义，箭是很贵的，射几箭是由具体敌情和己方战术决定。

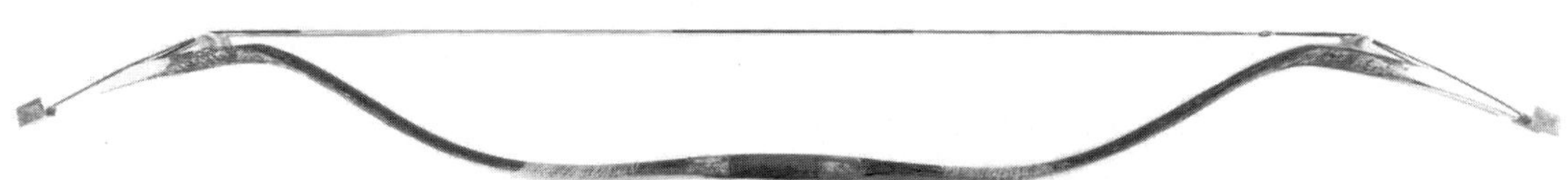

▲ ***私人收藏的存世的满族战弓实物。下弦状态下弓身长度能达到170厘米左右，长大的弓梢作用类似杠杆，在把弓拉开一定距离后会产生省力的效果，弓梢根部的弦垫可以降低回弹时弓弦对弓身的作用力，起到良好的减震效果，有利于提高射击精准度。后金到清初，普通战弓拉力在48千克以上，由于设计合理操纵起来很容易上手***

起来。这种做法的结果就是马匹的质量有所下降，速度和耐力都逊于放牧养出来的马匹。加之骑兵在山地战和城寨攻防战中并不起主要作用，也就没有大力发展骑兵军团的动力和必要。马匹对建州兵的作用更多是在远程奔袭任务中充当斥候，或者是步兵提高机动性的载具。直到后来征服了半农耕半游牧的海西女真叶赫部，努尔哈赤的帐下才拥有了一支颇具规模、野战能力强的骑兵。之后随着一些蒙古部落也陆续投顺，他的骑兵实力更加壮大，兵种构成和战法也由此发生了变化："当兵刃相接之际，披重铠执利刃者，令为前锋。披短甲即两截甲也善射者，自后冲击。精兵立于别地观望，勿令下马，势有不及处，即接应之。""死兵在前，锐兵在后。死兵披重甲，骑双马冲前，前虽死而仍复前，莫敢退，退即锐兵从后杀之。待其冲动我阵，而后锐兵始乘其胜。"强悍的军事实力是努尔哈赤得以"削平各处"的重要保障。

1616 年（明万历四十四年），当沙皇的哥萨克们还在叶尼塞河流域抢夺资源与地盘时，年近花甲的努尔哈赤已经通过三十三年的不懈征战，基本摆平了建州女真和海西女真的各路大小女真势力，建立起统一的政权。努尔哈赤自称"大英明汗"，俗称"老罕王"，建元天命，国号"大金"，史称后金。之后，自觉翅膀硬了的努尔哈赤以"七大恨"告天誓师，向昔日的主人明王朝发起了进攻。

彼时的明朝虽然衰败之象已显，然而东亚第一大国毕竟不是吹出来的，地多钱多人更多，远非辽东一隅的"蕞尔小邦"可以比拟。后金建国之初，全国人口不过 50 万之数，其中可充当生产力和兵员的成年精壮男子不会超过 10 万人。1618 年（后金天命三年）4 月，后金以倾国之力第一次大举攻打明朝边境。尽管后金军初战便把抚顺等明军据点拿下，但随后因为兵力不足以与明军抗衡而被迫主动撤退。有鉴于此，老罕王终于意识到，仅靠脚下这点土地的人口和产出想斗倒明朝这个巨人着实还欠点火候。于是他便加紧对后金周边那些小势力的掠夺，这些不幸的小势力中就包括前文所讲的"野人女真"。

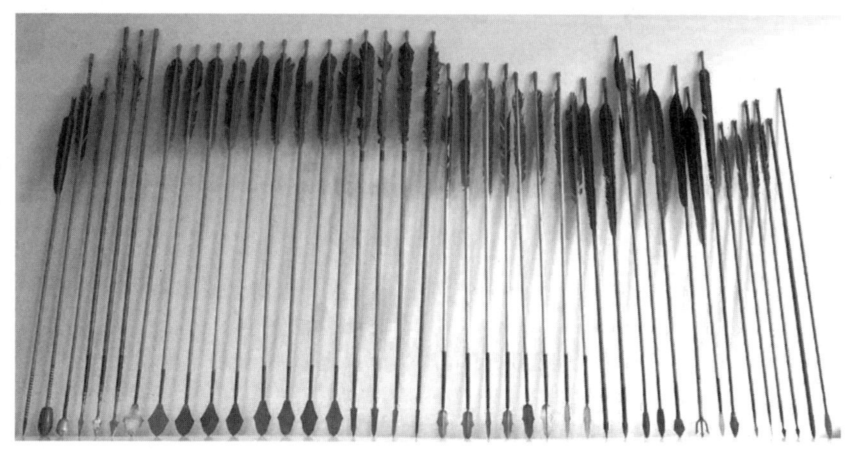

▲ ***清代箭矢，箭镞形制由于用途不同而种类繁多，总长度一般为1米上下，用于战阵的箭镞截面相当宽大，为保证箭支飞行的稳定性和箭速，通常搭配长箭羽，箭杆则修正为首尾两端略细，中间稍粗的形状，称为“套档子箭”***

关于17世纪初黑龙江流域各土著民族的分布情况，清代学者魏源在《圣武记·卷一》的“开国龙兴记”里这样写道：“其扈伦四国外，劳征抚者，莫如东海三部及黑龙江之索伦等部。东海三部曰瓦尔喀部、虎尔哈部、握集部。又有最远之使犬、使鹿、库页等部。黑龙江北则索伦、锡伯、达瑚尔、鄂伦春、卦勒察等部。其种族散处山林，非有酋豪雄长抗衡上国……”不难想象，面对磨刀霍霍的后金铁骑，这些边远地区的小部落会遭遇什么样的命运。

从“基因库”到“货源地”

事实上，早在1616年，努尔哈赤就派遣得力干将达尔汉和硕翁科罗，率兵2000远征黑龙江、乌苏里江汇合处的萨哈连部，先后拿下11个村寨，招抚“使犬部”等数十个当地部落，同时又发兵400至库页岛使当地土著内附。1619年（后金天命四年），俄国叶尼塞斯克城堡建成的那一年，后金汗国在刚取得萨尔浒大战的胜利后，调转矛头，两次攻击了广泛定居于牡丹江流域和黑龙江、松花江、乌苏里江三江汇合处的“东海三部”之虎尔哈部，前后掠走人口4000余众。1621年到1625年，尝到甜头的后金再接再厉，三次发兵虎尔哈部，总共捕获人口3500多人。就这样，黑龙江中下游地区几乎成为后金补充人口的“基因库”。此时，后金的北部陆上国境也推进到了今天日本海沿岸的海参崴、双城子一带。

1626年（后金天命十一年），努尔哈赤病逝，其子皇太极继位。这位身材壮硕的新汗王更有一个政权建设者应当具备的头脑。对内，他改变其父晚年轻漫汉人文士的态度，对汉人谋士予以重用。对此前被视为奴隶的下层汉人，也令他们“分屯别居，编为民户”，并随之实施了一系列发展农业生产、推进汉化的新政，缓和了境内的民族矛盾。由于当时归附后金的蒙古人和汉人官兵日益增多，皇太极便在满洲八旗之内，又增设了蒙古旗和汉军旗。这使得使八旗制度臻于完备，武装力量不断扩大，常备军从努尔哈赤时代的6万多人猛增至10余万。

文治成绩突出的皇太极，对外武功相比其父也有过之而无不及。他在位期间，后金攻灭了黄金家族直系后裔、漠南蒙古实力最强的察哈尔部；八次攻入明朝塞内，三次直逼明朝首都北京城，一直深入到山东地区，整个华北都为之震动。在这些战争中，后金掳掠了大量的人口，极大地充实了自身的人力资源。随着对明朝战争规模的扩大，军费支出也日渐增加。故此，虽然后金针对北方地区、以掳掠人丁为目的的军事行动依然存在，比如1633年（后金天聪七年）征讨黑龙江下游赫哲族乌扎拉部的行动，但是“取其生口而劳役之”已非征伐之要务，“使彼输诚向化，获其物产而用之”才能获取更大的利益。1634年（后金

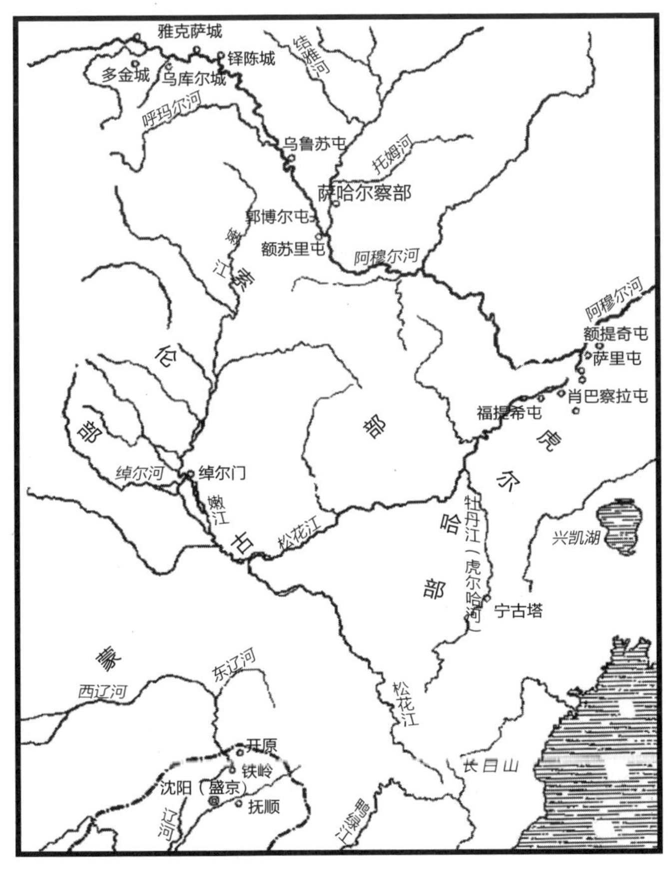

▲ *17世纪黑龙江流域部族分布示意图*

▲ 皇太极画像

▲ 《皇清职贡图》中的东北少数民族猎手

天聪八年)，皇太极在宣谕征伐黑龙江的将领时就说得很清楚：“兹地人民语言、骑射与我国同，抚而有之，即皆可为我用。”体现了皇太极的政策：“恩威并用，征抚并行”。

这一新政策出台，效果立竿见影。就在天聪八年的五月初一，居住于黑龙江支流精奇里江多科屯一带的索伦部首领巴尔达齐，亲率 44 人组成的代表团来到后金都城盛京(沈阳)表示臣服。当时，索伦部是黑龙江地区一个强大的部落氏族联盟，分布地区大概是南到松嫩平原和三江平原，北至外兴安岭，民族成分包括今天的达斡尔、鄂温克等民族，其中又以达斡尔族最富有，鄂温克族最强悍。这位带头来给后金上贡的巴尔达齐，就是达斡尔人。

巴尔达齐此行带来的贡品是“1818 张貂皮和若干张狐皮”。对于这个态度恭顺的新人，皇太极给予了他莫大的恩典——将一名宗室女子许配给他为妻。巴尔达齐由此成为后金的“额驸”，一跃跻身于后金贵族，备受礼遇。不到一年后的 1635 年(后金天聪九年)4 月，巴尔达齐带着弟弟额讷布等人来朝。正在察哈尔前线督战的皇太极特意捎口信给盛京方面说：这孩子是咱家的女婿，要好好招呼，让他们吃好喝好(昔巴尔达齐为我婿，照旧礼杀牛迎接，吃食亦照旧供给）。此后，巴尔达齐更常常收到皇太极赏赐的毡帽、衣裤、箭袋等生活用品。对于这个偏远地区的小酋长来说，这些赏赐的象征意义已经远远大于它们本身所具有的实际用途。

于是，更多的索伦部族开始效仿巴尔达齐，连散居在黑龙江下游的鄂伦春、赫哲族和费雅喀人也都前来进贡。以 1635 年 7 月为例，从黑龙江来进贡貂皮的酋长团队总数达到 66 人。这些来自各路山头的小头目，三两成群捎上些皮草山货等土特产就“来朝贡献”。皇太极照样是来者不拒，“依例封赏”。通过这种“上贡”“赏赐”的互动，后金与索伦部的宗藩关系就这样开始形成，黑龙江流域也初步被纳入后金的势力范围之内。到了后来的清朝初年，双方更逐步形成了一套完善而严格的“贡纳制度”，一直持续到清末。

“盖奴酋擅貂参之利，富强已非一日。”对于后金政权而言，毛皮和人参等珍贵药材，绝不仅仅是用来赏赐有功之臣、显示皇族地位、收买人心的工具，更是后金在对外贸易中能获得巨额利润的重要商品。其买卖所得成为后金庞大军费支出的重要来源。同时这项贸易还给后金带来了一个意外收获，那就是暗中投靠过来的关内明朝晋商集团。以“敢为天下先，要钱不要命”而著称的晋商集团，在走私东北山货到内地的商贸活动中挣得盆满钵满，由此傍上后金这个新主顾。他们不仅竭尽所能地给后金搞来了水牛角、干制大毛竹、火药等重要军事物资，还将自己的商号变成了后金收集明朝军事情报的“交通站”。后金回馈他们的方式，就是为他们的走私活动提供充足的货源。而这一重要货源地就是黑龙江地区。所以，对于索伦部那些头领们，后金政权是尽可能摆出和颜悦色的面孔，广施小恩惠，诱使他们乖乖上贡。

1636 年，为了彰显和明朝“平起平坐”的地位，在五行上把明朝克死，同时也为了在心理上降低汉人对己方政权的敌意，后金汗国更名为“大清王朝”，蜕变为一个具有稳定、完善组织结构和配套制度的政治集团。年号由“天聪”改为“崇德”。“女真”族名也被改为“满洲”。皇族姓氏则由之前明朝所赐的“佟”变成了“爱新觉罗”。努尔哈赤被尊为“太祖皇帝”。同年，皇太极命满洲镶蓝旗 71 岁老将吴巴海领军驻守宁古塔，并在这个后来以流放罪犯而闻名的苦寒之地设置了副都统辖区。其治所位于今黑龙江省海林县，其直接管辖区域相当于今吉林省大部和黑龙江省南部部分地区，兼管黑龙江流域各土著部落的贡貂等事宜。受此浩大声势的触动，次年 4 月，黑龙江另一位著名的索伦部首领、鄂温克杜拉尔氏族的头人博穆博果尔也融入到同胞们进贡的潮流当中。虽然他一度表现积极，甚至还派人参与了清军追杀叛乱者喀木尼汉部落首领叶雷的行动，不过很快博穆博果尔的忠诚度就开始下降了。从崇德二年到崇德四年（1637—1639 年），他仅仅入朝两次，也没有按照规定如数缴纳贡品。不仅如此，这位“黑龙江库尔喀部索伦，以材武长其部”的首领，在“非有豪酋雄长抗衡上国”的黑龙江流域还深得当地民心，以至于“江南江北各城屯俱附之”。他更聚集了一支拥有步骑 6000 余人的部族联合武装，俨然一副要和满洲人分庭抗礼的架势。刚刚从汗王升格为帝王的皇太极见此情形，开始“虑其势盛不可制”。他清楚地认识到，为了让此时专注于伐明战事的帝国有一个稳固的后方，也为了让大清的招牌还能在黑龙江镇得住人，必须要把博穆博果尔这股反抗的力量压下去。

1639 年（清崇德四年）12 月，皇太极派遣索海、萨穆尔喀、穆成格等将领率 3000 余人分兵数路“往征索伦部落”。1640 年（清崇德五年），清军的军事行动正式开始。博穆博果尔将手底下 6000 多号人，分驻于多陈等 4 座木城里抵抗。清军在开战初期稍微受挫，但随后就凭借武器装备和组织上的优势大占上风。原先跟着博穆博果尔一起造反的那些大小部落见势不妙，便开始挨个向清军缴械投降。到了当年 7 月，力不能支的博穆博果尔选择了逃跑，带着家小亲随沿着黑龙江往上游撤退。清军再次进击博穆博果尔，一直追到一个叫奇洛台的地方，也就是今天俄罗斯境内的赤塔附近，最终将博穆博果尔及其余部拿获。博穆博果尔本人被清军押解回盛京后处死。

平定博穆博果尔叛乱一战，可视为入关前清王朝对黑龙江流域征服行动的高潮。此役俘虏参与叛乱的索伦部各氏族男女老幼 6956 人、牲畜 1100 多头（匹）、珍贵毛皮 5400 多捆。依照惯例，这些人丁大多数都被南迁到盛京附近，编入八旗的“牛录”中以补充人力。其他索伦人也被迁离原居地以防他们再聚众生事，唯独达斡尔人获准留居旧地。这一点要归功于作为“纳税模范”和“皇亲国戚”的达斡尔头人巴尔达齐。不管出于何种动机，这位酋长自始至终保持着对皇太极的忠诚。即使在叛军最嚣张之际，他所统领的部众依然“未曾附逆”。基于这一点，皇太极不仅没有将他们强行迁徙，甚至对巴尔达齐趁着清军战胜的机会，兼并其他索伦小部落的行为，也是睁一只眼闭一只眼。就此，整个黑龙江中游地区几乎只剩下达斡尔人一家独大，到了康熙年间，“达斡尔”一词就和“索伦”并称了。

1643 年（清崇德八年）9 月 21 日，在位十八年的皇太极病逝，庙号“太宗”，谥号“文”。在这位励精图治、锐意进取的帝王生前留下的文案中，提及经略帝国北部边疆有这样一段文字：“自东北海滨，迄西北海滨，其间使犬、使鹿之邦，及产黑狐、黑貂之地，不事耕种、渔猎为生之俗，厄鲁特部落，以至斡难河源，远迩诸国，在在臣服。”

的确，清太祖在位时期，后金政权的北界仅到今天吉林省的北部，而到了皇太极时代，才算是从形式上把整个女真地区都统一了起来。包括上游石勒喀河在内的整个黑龙江流域的大小部族，都向“博格德汗”[①]俯首称臣。但是，清王朝此时正忙于和明朝作战，主要精力都集中在南方战线上。虽然对索伦人的叛乱采取了果断而严厉的惩罚性处置，其出发点却也不过是为了后方的安定。再者，对清王朝的统治者而言，长城以内的“温柔富贵乡”显然比“北大荒”更有吸引力。纵观太祖、太宗两朝用兵黑龙江，目的也仅在于获取该地区的人力和物力资源充实自己，并不是为了将之“纳入版籍”。所以，哪怕是在彻底平定博穆博果儿叛乱后的有利形势下，清王朝也没有在黑龙江地区通过设置行政区划或者留驻军队的方式，建立有效的直接统治，而是仅仅满足于当地土著的“臣服”。同时，由于清朝历年来对当地的征伐掳走不少人口，使得当地本就不多的人力资源更加匮乏。所以到后来面对俄国人侵扰的时候，当地的土著既没有相关的组织整合他们的力量来抵御外敌，自身又缺乏足够的实力，终于使得俄国人在很短的时间里鸠占鹊巢。

就在皇太极去世的这一年冬季，黑龙江上出现了一小股当地居民此前从未见过的武装。这些人金发碧眼、面貌丑陋，武器是几乎人手一根的长管子，队伍里还有一根搭载在车子上的铁质粗大管状物——俄国人来了。

来自北山的罗刹鬼

外兴安岭以北的俄国人自从在土著那里听了关于黑龙江的种种传说后，早就是垂涎三尺了。1638 年（清崇德三年），叶尼塞斯克督军就曾派遣头目马克西姆·佩尔菲耶夫率领 36 名哥萨克，试图把黑龙江流域的情况侦察清楚。不过他们在历时两年，辗转找到勒拿河上游通古斯人的居住地，强行征收了几捆貂皮实物税之后，就因为缺乏食物，队伍发生内讧而被迫回转。当然他们此行也不是一无所获，最大的收获就是证实了传闻中所言黑龙江两岸有从事农耕的居民确是事实。至于金山银山则纯粹是传说而已。达斡尔人手里头的贵重金属、丝绸锦缎之类的奢侈品并非自产，而是通过贸易和清朝皇帝赏赐所得。

虽然如此，佩尔菲耶夫一伙人带回的信息依然让俄国人欣喜若狂。在“为沙皇造福”

① 蒙古族及东北土著民对清朝皇帝的尊称。

这一口号的呼吁下，时任雅库茨克督军的彼得·彼特罗维奇·戈洛文[①]决定派人进一步探测黑龙江地区的详细情况。1643 年 7 月 15 日，一名叫瓦西里·波雅科夫的督军衙门文书官，带着 132 名哥萨克、1 门小型野战炮以及一些粮秣弹药离开雅库茨克南下。在十一个星期的时间里，他们乘船沿着阿尔丹河及其上游支流乌楚尔河行进，并在乌楚尔河的支流戈诺玛河建成了一座简陋的冬营，以停泊船只和储备辎重物资。在留下 40 人的守备力量之后，波雅科夫带着剩下的 92 人乘坐雪橇走陆路，翻过外兴安岭到达精奇里江流域。他们在精奇里江支流乌穆列堪河边，修筑了一座设防的小据点。而后他们到达附近一个叫乌尔堪屯的达斡尔村庄，受到当地人的盛情款待，“收到十头牛和四十筐燕麦”。在从当地人口中得知该村落附近有一座叫莫尔迪奇的城堡，里面有更多的粮食和物资之后，难改强盗本色的波雅科夫居然派遣手下前往该城，诱骗并劫持了城里的 3 名达斡尔酋长为人质，以胁迫城里的达斡尔人无条件投降。然而莫尔迪奇的达斡尔人不吃这一套，他们从城里突然出击，与城外的兄弟部族一起夹攻波雅科夫，杀死并俘虏了 10 余名哥萨克。经此一役，波雅科夫及其部下无法再去寻找土著居民点栖身，只能龟缩在乌穆列堪河边那座小据点里，在饥饿和达斡尔人的箭雨下惶惶不可终日。等到留守戈诺玛冬营的 40 人带着粮食赶来时，波雅科夫身边的 92 人除了被打死的十几人外，已经有四五十人饿死。然而波雅科夫并未停下脚步，因为到此时为止，他还没有获得哪怕一点貂皮或黄金作为交给督军的实物税。于是他继续率队向精奇里江下游前进，路经许多臣服于清王朝的达斡尔人屯寨，其中就包括皇太极的驸马巴尔达齐的城寨。而后波雅科夫一伙进入黑龙江，并且顺江而下一直到黑龙江江口。“罗刹毛子进村了！”沿途的土著赫哲人和费雅喀人早已听说这伙金发绿睛白皮怪物在莫尔迪奇干下的“好事”，纷纷自发阻截俄国人，迫使波雅科夫每经一处聚居点都要花很长时间强行闯关才能通过。一路上虽然搞得鸡飞狗跳，倒也让他抢到了 480 张貂皮和 6 个貂皮筒。

1645 年（清顺治二年）6 月，蓬头垢面的波雅科夫一伙返回雅库茨克。在上交给督军戈洛文的报告中，和黑龙江土著鏖战两年的波雅科夫夸下海口：“征服我所经过的这些地区，只需要 300 人和 3 个城堡就已经足够。”这些话语使俄国人保持了勘察乃至征服黑龙江的兴趣，越来越多的人步波雅科夫之后尘，其中的“模范人物”就是富有的猎户叶罗菲·哈巴罗夫。

① 此戈洛文不是那位出席尼布楚谈判的戈洛文。

▲ *行进中的哈巴罗夫一伙*

1649 年（清顺治六年）秋天，哈巴罗夫受新近上任的雅库茨克督军迪米特里·特兰斯别科夫派遣，率领 70 人的远征队南下前往黑龙江。临行前，财大气粗的哈巴罗夫向督军大人拍胸脯表示："远征队伍的一切经费就由我自己掏腰包解决，您就等着收税就行了。"有此言在先，后者自然乐见其成。1650 年（清顺治七年）年初，哈巴罗夫远征队抵达黑龙江边，之后进入达斡尔酋长拉夫凯的领地。由于波雅科夫当年的种种恶劣行径，俄国人在黑龙江一带早已是臭名远扬。所以等哈巴罗夫到来时才发现，拉夫凯酋长辖下 5 座城池里的居民都已逃散一空。略感失望的哈巴罗夫在第三座城寨扎营布哨。这座位于黑龙江江北沙洲上的据点名叫雅克萨①。该城原属于一位名叫阿尔巴西的首领，此人是拉夫凯酋长的弟弟谢尔奇伊的女婿。占领此地当日，俄国人就和前来侦察情况的拉夫凯酋长及其亲随等五骑遭遇，双方通过翻译开始交涉。哈巴罗夫先是谎称自己是带队来做生意的猎户商人，被揭穿后又凶相狰狞地要求拉夫凯酋长率部众臣服沙俄。对于此无理要求，拉夫凯的回答是领着手下人快马加鞭绝尘而去。哈巴罗夫在追击中俘获了拉夫凯的姐姐，经过拷问，从她口中得知附近的达斡尔人已经聚集数千之众准备反击俄国人。深感自身力量不足的哈巴罗夫当即留下得力干将奥努弗里·斯捷潘诺夫指挥队伍，自己则回到雅库茨克搬救兵。在给特兰斯别科夫

① 满语译为"涮塌了的江湾子"。

的汇报中，哈巴罗夫竭力描述了这一地区的财富：“达斡尔地方”到处是广阔的田野、牧场和大森林，农业发达，盛产皮毛兽，“比整个西伯利亚还要美丽富饶”。比起波雅科夫“给我 300 人，我就给你黑龙江”的大话，哈巴罗夫的认识算是比较清楚——“征服这一地区，需要 6000 人”。同时他准确地评估了这一地区的农业潜力，认为将这一带占领，则雅库茨克的缺粮问题将得到一劳永逸的解决。而且粮食通过精奇里江和勒拿河水运，只需两星期就可以运到。对于这一汇报，特兰斯别科夫很是重视，向莫斯科写了书面报告。并且同意如果哈巴罗夫财力有限，督军衙门愿意给他的远征队提供武器装备、军服和经费。1650 年秋，哈巴罗夫率领 138 名哥萨克的增援部队，携带马匹、3 门火炮和一批枪支弹药，再次南下。在此期间，耐不住寂寞的斯捷潘诺夫领着人马四处活动，先后 12 次进攻谢尔奇伊的城寨，抢到不少粮食还捎带着俘虏了谢尔奇伊的家眷。阿尔巴西则趁着俄国人全力攻击自己岳父的档口，重新夺回了雅克萨城，斯捷潘诺夫一伙见状又调转枪口准备再次拿下雅克萨，却被闻讯聚集起来的达斡尔人袭击，被击毙了 4 人。无可奈何的斯捷潘诺夫索性就在雅克萨不远的地方又修了一座小城堡，等待哈巴罗夫回来。

1650 年 10 月，哈巴罗夫领着援军与斯捷潘诺夫会合。达斡尔人料到无力战胜敌人便主动弃城别走。哈巴罗夫由此得以兵不血刃拿下雅克萨，而后开始扩建城防工事，同时四处抄掠土著，掳掠男女，强征貂皮 160 多张。次年 6 月初，经过周密准备，哈巴罗夫带着 200 多名全副武装的哥萨克和至少 3 门火炮乘船沿黑龙江而下。他的作战计划是派遣小分队出其不意地袭击散在城寨外的达斡尔村落，等到载有主力部队、火炮和马匹的大船赶到，就对敌方的城寨发起攻坚战。为此他专门制造了数艘用于侦察、偷袭和牵制任务的轻巧小木船。不过他的准备似乎有点多余，他一路上见到的都是村落被遗弃、居民已逃散的景象。

就这样到了 6 月 16 日，哈巴罗夫兵临桂古达尔屯①。映入他眼帘的是一座由几个达斡尔部落为抵御俄国人而共同修筑的大型土木防御工事。这座规模宏大的城堡占地半俄亩，实际上是由几道城墙连在一起的 3 座并列土城，城内挖有可供老弱妇孺和牲畜栖身的地窖，城上有木制塔楼。它没有城门，但是在塔楼下面有宽广的地道通向壕沟，这些壕沟有两道，深约 1 俄丈（约 2.1 米），环城开挖，坐骑则可穿过这些壕沟冲出去。对于生产力水平极其落后的达斡尔人来说，修筑这样的城堡无疑是很不容易的，然而

① 其旧址在今呼玛县新街基村附近黑龙江对岸。

在俄国人的炮火面前，这种防御工事能起到多大的作用，就只有天知道了。

在俄国人准备登陆之前，桂古达尔酋长就与其他两个达斡尔酋长一起率领手下族人出击，试图把敌人全部消灭在江上，或使其不能登岸。哥萨克们则蛰伏于船上，待到达斡尔人行进到火绳枪的有效射程内，就忽然施放排枪攻击，猝不及防的达斡尔人当场就被射死 20 余人。紧接着，哈巴罗夫指挥部下趁着达斡尔人惊惧后退的机会成功登陆并随后尾追，桂古达尔则带着族人退回城内坚守不出。

哈巴罗夫试图劝降桂古达尔，保证只要后者向沙皇臣服并且缴纳毛皮实物税，就能受到沙俄军队的庇护。桂古达尔坚决回绝："我等一直都是向大清'博格德汗'进贡，凭什么再向你们交税臣服？"俄国人开始攻城，用火炮对桂古达尔屯的土墙和塔楼进行轰击，达斡尔人则从塔楼上开弓射箭，"飞箭遍野"。激战自 16 日黄昏一直打到 17 日黎明，最终，俄国人的火炮将桂古达尔屯的小土墙轰开了一个缺口，俄国人趁机以甲胄或盾牌护身攻入城内。达斡尔人余部使用刀矛和俄国人展开白刃战，依然未能避免失败的命运。此战达斡尔人战死者达到 661 人，361 名妇女和儿童被俘，此外还有 237 匹马和 113 头羊被俄国人虏获，而俄国人付出的代价仅仅是 4 人阵亡和 45 人受伤。此役以"桂古达尔大屠杀"之名见于史册。

▼ ***在桂古达尔抗击哥萨克的达斡尔武装***

在桂古达尔之战进行期间，有几个人在不远处的田野上默默注视着这血与火的一幕——这几个人是清朝派往黑龙江地区征收贡赋的“物林人”，也就是税务官。这些身上没带多少护身武器，人员数量又少得可怜的清朝官吏，显然无法与一支人数远多于自己的武装力量抗衡。加上没有收到要和俄国人开战的命令，因此他们只能无可奈何地选择置身事外。战事结束后哈巴罗夫发现了他们的存在，在得知他们的身份后，倒也没有特别地为难他们，送了他们每人一点小东西就把他们打发走了。

哈巴罗夫一行人在桂古达尔屯足足待了一个多月，才又鼓起余勇，沿着波雅科夫走过的路线继续前进，8 月占领班布拉依屯，9 月又攻占托尔加屯。他们一路上连下图尔噶、奥穆捷伊各屯，最后于该年冬天，抵达黑龙江下游支流巴勒尔河附近渔猎居民赫哲人聚居的乌扎拉村。在这里他们修筑了一座城堡，取名“阿枪斯克”[①]，并开始抢劫赫哲人的粮食、渔产品和皮料等物资。不堪压榨的赫哲人倾尽全力，动员起 800 人的队伍攻击俄国人的城堡，结果在死亡 117 人后被击溃，俄国人阵亡 1 人，受伤 5 人。

在两年多抗击俄国人入侵的斗争中，曾经繁荣富饶的黑龙江流域已变得田园荒芜，四处废墟。达斡尔人与赫哲人逐渐意识到自身的力量不足以驱除外侮。这时候他们想起了这片土地的真正主人——博格德汗。虽然在努尔哈赤时代，后金军队在黑龙江所做的和俄国人并无二致，但自皇太极时代开启“贡貂贸易”后，后金（清）就和黑龙江的土著们确立了宗藩关系。只要按时交贡品，博格德汗就能把他们当自家人。“中国征贡人不论有什么缺点，都不像俄国人那样犯下惨无人道的暴行。若是把黑龙江流域的居民召集起来要他们决定愿意由谁来主管，他们会毫不迟疑地表示决心继续效忠于中国。”

首战败北乌扎拉

1652 年（清顺治九年）3 月 24 日凌晨，乌扎拉村俄国人小堡内的哥萨克们正如死猪般酣睡着，忽然从远处传来了杂乱的枪声。未几，负责布岗的大尉安德柳什卡·伊凡诺夫惊恐地大叫：“弟兄们赶快起来，披上甲胄准备战斗！”骂骂咧咧的俄国佬们揉着惺忪的睡眼爬上城墙，听到震耳欲聋的炮声，立马就精神了。哈巴罗夫后来回忆起当时的状况依旧心有余悸：“我们原来想的是哥萨克用枪炮从城堡里向外射击，从没想到会有人用枪炮攻击我们的城堡。”很快他就弄明白了，这就是当地土著人口中

① 源自俄国人对赫哲人“阿枪人”的称呼。

所说的那位博格德汗的军队。在此之前，哈巴罗夫已经多次在土著人的口中听到“博格德汗”这个名字，而在桂古达尔碰到清朝收税者的经历，也使他已经确切知悉了这些土著部落臣属于清王朝的事实。他迅速将此情况汇报雅库茨克当局，请求再次增派援军。特兰斯别科夫接到哈巴罗夫的求助信，立即奏请沙皇恩准，派遣特使契奇金率136人的哥萨克部队前往增援。他们除携带“火药和铅弹各30普特”之外，还带了另一样东西：特兰斯别科夫给顺治皇帝的劝降信。在信中，这个小小的地方官竟然对一个拥有至少500万平方千米土地、几千万人口、几十万军队的大国君主发出了这样的恫吓：“俄军在西伯利亚兵力强大，所向披靡，中国君王远非敌手，望速缴纳沙皇供奉，以免触怒，自讨苦吃。”

如同当时很多西方国家一样，由于地理空间的阻隔，对于中国这一遥远而神秘的东方国度，俄国政府的了解仅限于知道“那是个盛产丝绸和瓷器的国度”，至于中国的政治军事等方面的信息则不甚了解。早在明朝末年，就有俄国商人试图开辟经蒙古卫拉特四部到中国北方的商路，结果没有成功。于是往后的很长一段时间里，俄国人对中国的认识依旧相当模糊。因此也就不难理解特兰斯别科夫的不自量力。远在雅库

▲ *俄国史书中的中国东北原住民武装*

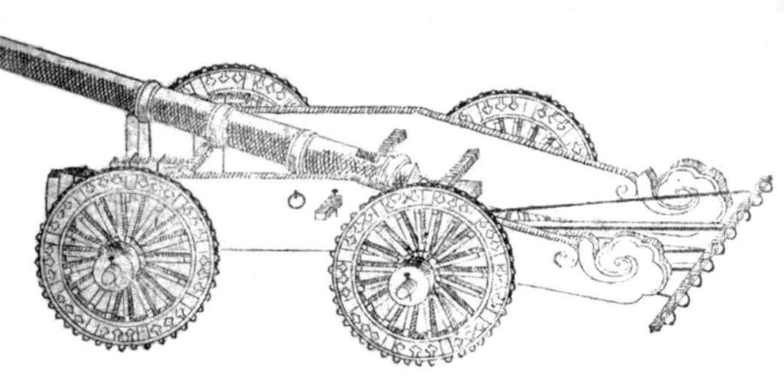
▶《皇朝礼器图式》中的神威大将军炮

茨克的他不可能感受到清朝的国家力量，而哈巴罗夫很快就感受到了。

在第一次攻打乌扎拉村的战斗失败后，赫哲人遣使奔赴清朝宁古塔副都统衙门哭诉俄国人的暴行，请求大清皇帝给予庇护。这一重要边情被逐级上报到清王朝的首都北京城。北京城里的少年天子顺治对祖宗龙兴之地的边陲所遭遇的这场变故相当上心。他下旨谕令盛京方面务必出兵将入侵者驱逐出境。1652 年年初，盛京昂邦章京辉和·叶克书遂根据皇帝的指示，命令宁古塔副都统海色派兵进剿这群“罗刹”。

对于此战，中俄双方的史料记载均含糊不清。首先清军从宁古塔出兵的具体日期不见于任何史料。前线指挥者到底是海色，抑或是其帐下的军官？也是晦暗不明。《清史稿》记载：“（顺治）九年，驻防宁古塔章京海塞遣捕牲翼长希福率兵与战”。《平定罗刹方略》则记载：“顺治九年，驻防宁古塔将军海色率所部击之，战于乌札拉村，稍失利”。至于外国史家的论述，则索性只书战事而不言其他。

对于清军的总兵力，俄方史料《外贝加尔的哥萨克史纲》、英国学者拉文斯坦所著《俄国人在黑龙江上》等书籍均记载为“2000 名骑兵”，中方史料记载则是 600 人，那么，到底哪一种说法更靠谱呢？

事实上，由于当时清廷入主关内还不到十年，根基未稳，中原各地和江南等大片地区仍然有为数众多的反清武装在活动。为此驻守盛京各处的八旗兵大量内调，关外驻军数量一时锐减。截至 1650 年左右，关外八旗军总兵力竟已不足千人，其中贵为陪都的盛京仅有 770 人，边陲重地宁古塔 120 人。至于更遥远的黑龙江流域，唯一能显示清朝势力存在的，只有 50 名收税者——前文所提及的“物林人”。迄今也没有任何文献资料能佐证，清军进攻乌扎拉村之前，清廷曾遣军回守关外。因此中方文献所述“600 人”的说法更为合理，毕竟这个数字已经超过清军在关外额设常备兵员的大部分。不仅如此，闻知“老毛子”火器犀利，为了“毕其功于一役”，顺治皇帝特别叮嘱叶克书搜罗盛京境内各武备库的火器，拨付给海色以资军用。

虽然擅长使用弓箭这样的传统射远兵器，但是满族人对于火器，尤其是可以用于野战攻坚的火炮，同样兴趣盎然。据《满文老档》记载："着每牛录遣甲兵百人，以十人为白巴牙喇，携炮二门、枪三枝；再将九十甲兵分之，其四十甲兵为红巴牙喇，携炮十门、枪二十枝，又十人，携盾车二辆、水壶二个。黑营五十人，携炮十门、枪二十枝，又二十人携盾车二辆、梯一架、凿子二把、锛子二把、钓钩二个、镰刀二把、斧二把、席四领、叉二把、连夹棍一根、水壶二个及一月用之木炭、绵甲十五副。每一甲喇携大炮二门……"而这些火器的来源大部分都是从明朝军队手里缴获的。1631年（后金天聪五年）正月，后金在沈阳用"脱蜡法"成功仿制了"红衣大炮"，掌握了对火炮的不同部位进行复杂的退火、淬火处理的技术。1634年，皇太极集中整编从明朝投降过来的汉人炮手，创建了自己的火器部队"乌真超哈"。同时，他不遗余力地利用虏获的明人工匠，对缴获的明军大小火炮加以仿制。到了1643年，清军又造出了全重3800斤（清制单位）、以四轮炮车搭载的"神威大将军炮"，成功实现了火炮的"国产化"。至于对单兵火器的推广开发，满族人的步子就走得比较晚了。尽管早期的八旗军中也有着相当数量的士兵装备鸟枪（火绳枪），但他们一般都被归入弓箭手的战斗序列。到后来，清军装备缴获鸟枪的士兵数量逐渐增多，再与弓箭手混编，战术协同起来就会面临许多问题。在入关后和反清势力的作战中，为南明政权所雇用的葡萄牙和东南亚多国部队的火枪兵数度在战场上令清军陷入苦战。受此刺激，原本隶属于弓箭手编制的鸟枪手才于1648年（清顺治五年）被独立编成鸟枪兵，且有规定："每兵发给鸟枪一杆"。另外，虽然弓箭手的培养周期和装备制造成本①远远高于火枪手，但是对于渔猎民族出身、几乎人人善于射箭的清初八旗军来说，两者之间的成本差距并不那么悬殊。加之这一时期清朝的战事规模也并不算太大，也就没有大规模列装单兵火器、降低成本和扩大军队数量的需求。所以论起单兵火器的普及率，此时的清军不要说和西方国家的正规军相比，就算与哥萨克这样的雇佣兵相比也是逊色不少。此次战前调拨给宁古塔方面的火器，尤其是火枪，型号五花八门：既包括性能与俄军火绳枪相差不远的兵丁鸟枪，也有早已落后于时代的古董货——前明火门枪"三眼铳"。当然比起全靠冷兵器上阵，总算是聊胜于无。

就这样，600名八旗正规军，携带6门火炮、12发装满了40磅火药的陶土炸弹、数十杆火枪，浩浩荡荡从宁古塔开往乌扎拉村。在路上，他们会合了900名赫哲人和

① 一张角弓的制作时间至少一年以上，材料价格并不便宜。

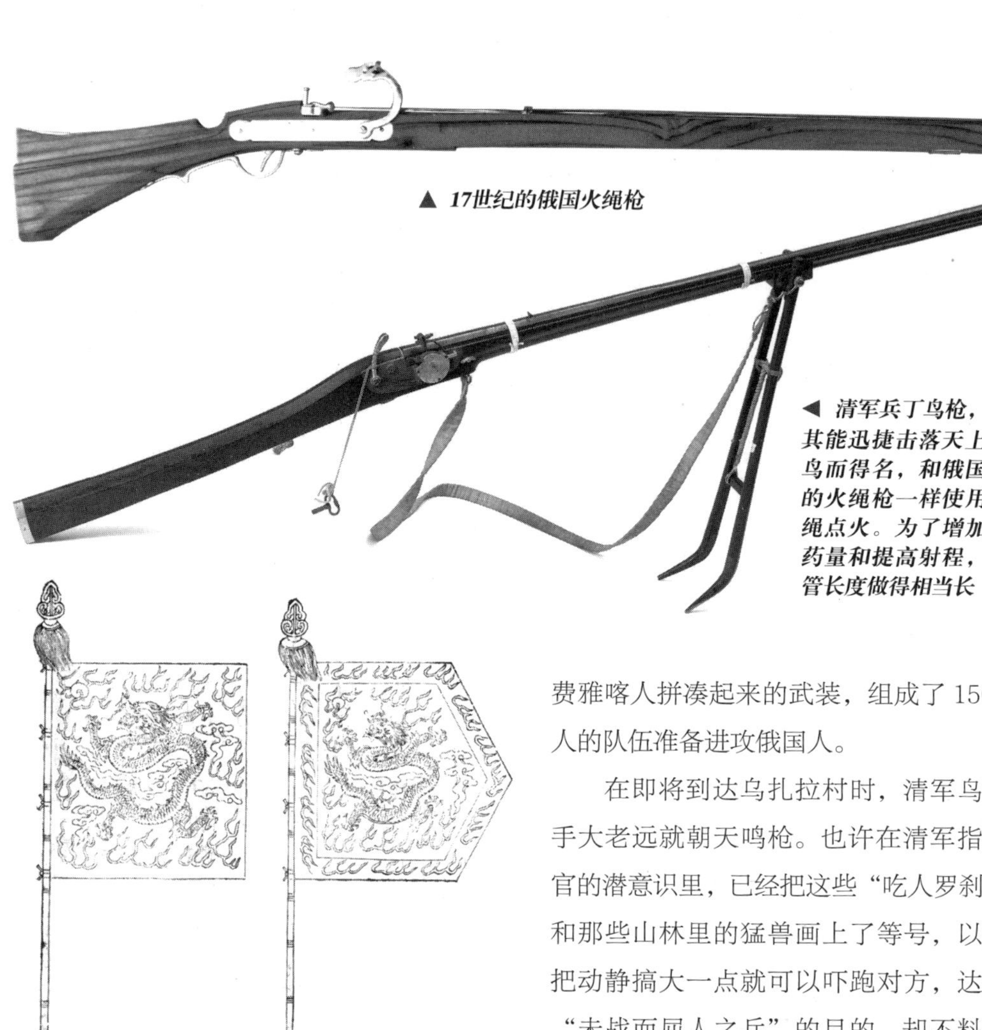

▲ 17世纪的俄国火绳枪

◀ 清军兵丁鸟枪，因其能迅捷击落天上飞鸟而得名，和俄国人的火绳枪一样使用火绳点火。为了增加装药量和提高射程，枪管长度做得相当长

▲ 清代驻防八旗将军副都统专属大纛旗。据某些俄方史料宣称，乌扎拉村一战中哈巴罗夫曾夺得清朝宁古塔副都统海色的大纛旗

费雅喀人拼凑起来的武装，组成了1500人的队伍准备进攻俄国人。

在即将到达乌扎拉村时，清军鸟枪手大老远就朝天鸣枪。也许在清军指挥官的潜意识里，已经把这些“吃人罗刹”和那些山林里的猛兽画上了等号，以为把动静搞大一点就可以吓跑对方，达到“未战而屈人之兵”的目的。却不料自己面对的其实是一支接受过一定军事训练的雇佣军队伍，结果，“上国天兵神机火器”的轰鸣之声，反而使俄国人惊觉而起并且做好了战斗准备。先发制人地发起偷袭的战机就这样失去了。于是，清军只能排兵布阵准备发动强攻。

6门火炮被推到队伍前面，直到小城堡进入射程才开火，俄国人也用火炮反击，战事从1652年3月24日凌晨一直打到当天傍晚。清军的炮火终于把木制城墙打开了一个缺口，“木墙的三条横木被从上打断到地上”。在炮火的掩护下，清军披甲长枪兵冒着俄国人的弹雨舍命向前，点燃投掷土雷以进行爆破作业，接着轻甲弓箭手挥刀砍伐围墙圆木以扩大缺口，鸟枪手则从缺口处猛冲而入。眼看着就能把这伙走投无路的“罗刹鬼”一举歼灭，清军指挥官却在未判明敌情的前提下乱下命令——俄国人尚在负隅顽抗，他却命令清军士兵“要抓活的”。上官的军令尽管如此荒诞，却仍然得到低级军官和士兵们的执行。哈巴罗夫指挥哥萨克用一门火炮，对着正从缺口蜂拥而入、准备近身格斗的清军兵士进行抵近射击。遭到摧毁性火力打击的清军被迫稍作后撤，结果引发连锁反应。毫无纪律性的那900多名土著武装以为前方大败，竟然乱作一团作鸟兽散，至此整支清军远征队伍都被打乱。哈巴罗夫留下50人守卫堡垒，然后不失时机地亲率156名哥萨克穿上甲胄，策马从堡中杀出向清军发起反冲击，清军彻底溃败。2门火炮、830匹马、17杆三眼铳，还有若干袋粮食成了俄国人的战利品。此战盘踞乌扎拉村的206名哥萨克，被打死10人，伤78人。至于清军方面的损失，俄国史料称在战场上发现了676具清军尸体，显然有夸大的成分。

在兵力和火力都处于优势的情况下，又得到当地土著的策应，一举歼灭孤军深入己境的这一小撮入侵者，原本是轻而易举、板上钉钉的事情。然而由于清军指挥官好大喜功、昏着迭出的混乱指挥，生生把一场本已胜券在握的围歼战变成了一场败仗。盛怒的顺治皇帝决定严惩战败的指挥官，如此一来，《清史稿》中提到的与这次军事行动密切相关的两位关键人物便得到了相应的处置。1652年10月，宁古塔副都统海色被诛杀，捕牲翼长希福被革去翼长职务，鞭一百，仍留宁古塔军前效力。从这个处分结果出发，似可推论：

1. 乌扎拉村一战，身为宁古塔副都统的海色极有可能亲临前线指挥了战斗，而捕牲翼长希福仅是负责传递副都统所下军令，因而只受到比较轻的处罚。

2. 如《清史稿》所载，则海色极可能在开战前布置作战方略时就向负责领军的希福下达活捉俄国人的命令，且命令得到了执行。

由于史料缺乏，我们已很难知晓这段历史的真相，然而有一点是确定的：乌扎拉村之战这场中俄两国之间的首次交锋，以俄国人险胜，清军惨败而收场。

哈巴罗夫以寡击众，一战成名，但他事业的巅峰也仅此而已了。虽然乌扎拉村一战没有给予哈巴罗夫一伙沉重的打击，却实实在在让哈巴罗夫感受到了清朝军队的威胁。受此挫败的清军很快再次调集兵力，并和土著会合，准备在松花江口再次迎击俄国人。得到消息的哈巴罗夫和部下提心吊胆，最后放弃乌扎拉村，悄悄窜回黑龙江上游的据点。这一年的4月下旬，他在大兴安岭以北和特使契奇金的增援部队相遇，尽

▲ 积极谋划征服黑龙江的沙皇阿列克谢一世（1645—1676年在位）

▲ 位于伯力的哈巴罗夫铜像

管手里可供调遣的人又多了，但是哈巴罗夫已经不敢再回到黑龙江下游了。他计划在精奇里江修筑城堡，然后见机行事。然而哥萨克们已经不打算给这位不能再让他们获取财富的老大打工了，有 136 人发动哗变并离开了他。之后，这位日暮途穷的哥萨克头目，又和沙皇派到黑龙江“达斡尔地区”的莫斯科小贵族季诺维也夫发生了冲突。

此前哈巴罗夫起草的关于黑龙江地区详细情况的报告，已经被提交到了莫斯科。这块富饶的黑土地引起了沙皇阿列克谢一世浓厚的兴趣。1653 年（清顺治十年）1 月 18 日，阿列克谢一世发出了派遣军役贵族罗巴诺夫 - 罗斯托夫斯基公爵率领 3000 名射击军士兵和哥萨克远征黑龙江的命令。季诺维也夫到黑龙江的任务就是给这支远征军收集当地情报和押运、储备军需物资。尽管后来因为俄国在西线与波兰再开战端，派遣远征军的计划被取消了，但是沙皇交给季诺维也夫的任务却没有一并取消。1653 年春季末，他经过长途跋涉终于到达了黑龙江。

季诺维也夫最终没能和这群在黑龙江的哥萨克打成一片。原因主要有几点：

1. 他把沙皇拨给的军需物资和给黑龙江哥萨克的慰问金私吞了一部分。

2. 他从长远征服的角度出发，禁止哥萨克们去劫掠当地居民，要求部下老实种地，自给自足。还计划上书沙皇多派农民到黑龙江搞屯垦。

3. 在考察了黑龙江上游的水系情况后，他要求哥萨克们以拉夫凯旧城雅克萨为中心构筑 3 座城堡。

这位贵族虽然从理论上理解了城堡战术的要义——以中心城和卫星城由点成线，并在保证交通的基础上建立起对一片地区的控制。然而这个纸上谈兵的计划明显和黑龙江哥萨克人员数量不足的现实相悖。信奉用马刀和火绳枪耕耘生活的哥萨克们，不可能"金盆洗手"甘心当农民。他们还认为，大批农民涌入黑龙江，结果就是自己能分到的"蛋糕"会变少。最终，打家劫舍惯了的哥萨克们把这位贵族挤对走了。不过，后台不够硬的哈巴罗夫也被季诺维也夫带走了。在莫斯科，沙皇念及哈巴罗夫在远征黑龙江时曾经立下的功绩，封其为军役贵族，并派他前往寒冷的伊利姆斯克城堡担任总管。这个双手沾满鲜血的刽子手，晚年定居于勒拿河上游的基廉斯克度过余生，从此再没有机会踏上黑龙江的土地。

功败垂成呼玛堡

季诺维也夫临走前，指定哈巴罗夫手下的得力干将奥努弗里·斯捷潘诺夫为黑龙江全体哥萨克的最高领导者。这位新老大一上任，就发现他的队伍面临着缺粮的问题。经过他们多年的搜刮，黑龙江上游早已被剽掠一空，处处是"白骨蔽平原，千里无鸡鸣"的惨象。此地已无多余的粮食物资可以供他们抢夺，于是 1653 年 9 月 18 日，斯捷潘诺夫率队自拉夫凯的旧城出发，坐船顺着黑龙江直奔松花江口，成功抢劫了一批粮食。随后，他们又沿江下窜到虎尔哈部的聚居区度过了这年的冬天，一边强征实物税，一边继续建造新的船只。第二年 5 月 19 日，他在松花江口与另一位哥萨克头目卡申采夫的队伍会合。之后，来自尼布楚的 34 名哥萨克，在百人长彼得·别克托夫的带领下，也加入到他们的行列中。

此时斯捷潘诺夫手底下已经有将近 400 人，随着人员增多，他们对粮食的需求就更迫切了。于是他们接着往松花江上游进犯。6 月 6 日，斯捷潘诺夫一伙在松花江航行时遭遇了清朝宁古塔巡防部队的攻击，狼狈撤退。9 月，斯捷潘诺夫带着部下返回黑龙江上游地区。这时，别克托夫以自己在西伯利亚颠沛流离的生活经验和丰富的战斗经验，对形势作了一番推敲。他提出：在己方兵力不足，而"新敌人"（清军）兵力数量占绝对优势的情况下，为避免被全歼而抛尸荒野的命运，应该将队伍拉回黑龙江上游的营寨固守过冬。于是，斯捷潘诺夫全队带着从松花江一带抢来的一些粮食，退守此前哈巴罗夫在黑龙江和呼玛河汇合处修筑的库马拉据点（中国史料称之为呼玛堡），并加紧修整城寨以强化其防御。

筑城工程极端困难。时值严寒，因此必须将冻结1俄丈深的土地砸开。城堡筑在土地上，四周围以竖立的双层木桩，权作城墙。城角筑扶壁；四周挖宽2俄丈、深1俄丈的壕沟；壕沟外面围插上木“刺障”，而在木刺障外面再围上一层铁刺障。这种铁刺障是用箭头插在地里的暗障，敌人企图逼近城堡时，便会被刺伤。在木刺障上还安设了防护板。就连通往城堡入口的地方，也挖了一个装了铁蒺藜和尖刃的陷坑。城墙从下到上开有射击孔。而且为安全计，在两层木桩之间填满了土，以防御轰击。在城内，城堡中心的高台上安设了炮位。为了防备围城，城堡内掘了一口井，连着井又修了四条斜沟，通向四方，敌人一旦试图烧毁木结构工事，可从井内引水灭火。此外还安设了高架支着的巨大铁容器，里面盛着夜间照明用的树脂，以备夜间敌人冲击时，能够望见城外的敌人。最后，俄国人准备了可以推掉敌人的云梯和盾牌的长杆，以及其他在击退敌人进攻时通常使用的设备。这样，到了1654年（清顺治十一年）10月2日，呼玛堡一切防御措施都已完善，而且很快就要派上用场了。

由于在松花江畔，宁古塔巡防部队曾击溃了俄国人，受此胜绩鼓舞，顺治皇帝决心给予俄国人更加彻底的打击。出自孝庄皇太后娘家科尔沁部的正白旗蒙古都统西鲁特·明安达礼被派遣去攻打俄国人。这位不久之前刚刚因故被罢免兵部尚书职务的蒙古人，正想着戴罪立功以求官复原职。因此他收到皇帝的旨意后，就急忙赶赴宁古塔一线。在侦知了俄国人龟缩在呼玛堡的情报后，立功心切的明安达礼立即领兵上路。作为朝廷里的从一品大员，这一次他带来的部队阵容明显比进攻乌扎拉村的清军要强大得多——1500名正规军和数量相当的随军后勤人员、15门“神威大将军”炮、数目不详的鸟枪和其他攻城器械。

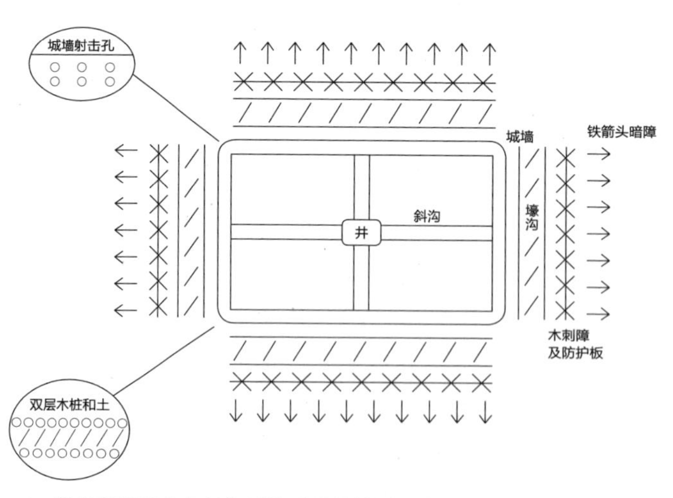

▲ 笔者根据俄方史料复原的呼玛堡俄军工事构成平面示意图

如同乌扎拉村之战一样，对于这一次征讨黑龙江呼玛堡俄国人的军事行动，中国方面的官方史书也没有提供诸如行军路线和部队出发时间等信息，连作战过程也轻描淡写。所幸作为这次战事中的另一当事人，俄国方面的史籍对此役着墨甚多。排除俄国史家某些有失客观的叙述（比如把明安达礼统率的清军总兵力夸张地写成1.5万人），我们仍然可以通过这些俄国史籍还原呼玛堡之战作战过程中的某些细节。

1655年（清顺治十二年）3月13日，20名哥萨克从呼玛堡中走出，在前往附近的林中开展砍伐作业后“神秘失踪”，之后，84名出城搜寻他们的哥萨克也一去不归——这些可怜虫全部被清军打死在树林里。之后，铺天盖地的旗帜和城堡外传来的枪声让斯捷潘诺夫预感到：该死的“博格德人”又来了！

3月20日，清军对呼玛堡发起了总攻。为了防止俄国人战败后开溜，清军烧掉了敌人停泊在黑龙江上的一切大小船只。同时出于压制城内俄国人火炮的目的，明安达礼指挥士兵花费了一个星期的时间，在距离城堡约500码的黑龙江南岸3个高地上，修建了3座炮台。15门火炮就被布置在这些炮台里，昼夜不停地向呼玛堡轰击。由于清军炮手技术不精，大多数炮弹都没能命中目标，连续四天的炮击竟然未能在城墙上砸开一个缺口。3月24日夜晚，决心夺取呼玛堡的明安达礼组织了几支突击队发起夜间强袭。就是这一夜的战斗中，清军士兵拿出了当年努尔哈赤攻击女真各部和明朝时使用过的法宝——楯车！

“楯”通“盾”，也就是盾牌车，因此楯车又有牌车（车牌）的别名，是明军的创制。在中国东南沿海痛击倭寇而闻名的两位明朝名将——俞大猷、戚继光，在后来镇守大明北部边疆时，都使用楯车搭配火器编制的车营战法。戚继光甚至把自己对车营战法的应用心得写进了他的著作《练兵实纪》。虽然由于文化水平不高，只接触过《三国演义》和《水浒传》这种通俗小说的努尔哈赤，很可能并没有看过戚少保的军事理论专著。不过曾经短暂给“南戚北李”之一的辽东总兵李成梁当过亲卫的他，肯定早就见识过“楯车”的厉害。1584年（明万历十二年），努尔哈赤在进攻地势险要的玛尔墩山城时，首次使用了楯车而且取得了一定的战果。此后他便疯狂地迷恋上了这款军事装备，并且令部下对其进行了改进。根据明人范景文所著《战守全书》记载，清军楯车上的盾牌由厚木板包覆牛皮、铁皮复合而成。这样制成的楯车“小砖石击之不动，大砖石击之滚下，柴火掷之不焚”，具有较强的防御力。

根据《满文老档》的记载，后金每牛录（1牛录为300人）中每100人就配备4辆楯车，由30名士兵操作，可见其地位。无论攻城战抑或是野战，八旗兵都极其依赖楯车为步兵部队提供有力的掩护。

在1619年（明万历四十七年）爆发的萨尔浒之战中，明军大规模装备的火门枪和火绳枪根本无法击穿后金军的楯车，甚至佛郎机等轻型火炮对楯车也是无计可施。“奴以牌车推遮一车二十余人”，有效地抵御了明军枪炮和弓矢。在楯车的遮护下，后金步弓手甚至一直推进到距离明军军阵五步之内，仍然从容射箭。明军西路军主将杜松就是在这样的混战中身中18箭后伤重不治而死。1621年（明天启元年、后金天命六年），努尔哈赤率军攻占沈阳，八旗军除了在攻城中使用了楯车，在与前来支援沈阳的明军陈策部的野战中，也大量使用了楯车。结果装备了内衬铁片棉甲和大量火器的陈策部，也全军覆灭。

▲ *《满洲实录》中清太祖大战玛尔墩战图，图中可见3辆楯车并排前进，掩护士兵到达城墙下的情形*

如今，为八旗打江山立下汗马功劳的楯车，将在呼玛堡下，与俄国人的作战中再次接受无情的实战检验。在它们的掩护下，清军鸟枪手、弓箭手和带着火药包、铁钩杆的爆破手弓着腰缓缓前进。弓箭手和鸟枪手射箭放枪，掩护爆破手炸掉一切肉眼可见的障碍物，为后面推着云梯和装满易燃物车辆的工程部队扫清道路。这些勇敢的士兵并不知道，对他们构成致命威胁的不是城堡上举枪射击的俄国人，而是那些在夜里洒在地上的他们肉眼难以分辨的铁刺障。向着城门方向推进的一支楯车分队，连人带车掉进了俄国人早已挖好的陷坑里，成了俄国人的活靶子。前军打得如此不顺利，由工程部队和部分骑兵组成的后军也不敢轻动。这样僵持到3月25日天明时分，斯捷潘诺夫忽然命令哥萨克杀了出来，损失较大的清军被暂时逼退。几名来不及撤退的伤兵，连同两支鸟枪和一些弹药都被俄国人俘获。

从这天之后，清军再也没有组织过突击队强攻城堡，而是改用间歇性的炮击和断绝水源的方式消磨俄国人的斗志，同时还用弓箭把用满、蒙、汉三种文字写成的劝降文书射进城堡内。信里许诺只要俄国人投降就能得到“博格德汗赏赐的金银和美丽的姑娘”。然而俄国人并未理睬——他们当中根本没人看得懂信上的内容。

4月4日，围城半个月不下的明安达礼，因为部队所携带的军粮已经耗尽而被迫率军撤退，呼玛堡之战结束。此役清军虽然“进抵呼玛尔诸处，攻其城，颇有斩获”，击毙了 104 名俄国人，但终究还是没能拿下呼玛堡，“旋以饷匮班师”。作为清军主帅的明安达礼，心中可谓是五味杂陈。他既为不知该如何向皇帝交代而发愁，也为自己失去了一个官复原职的好机会而感到惋惜。

清军的撤退并没有让斯捷潘诺夫感到舒心一些，不知道是不是为了巴结提拔自己上位的季诺维也夫，他居然派人直接把强征来的实物税作为“贡品”上交莫斯科，而不是像以前那样，让这些实物税经过雅库茨克督军衙门之手。于是雅库茨克方面断绝了对这些“过河拆桥”者的军事物资供应。走投无路的斯捷潘诺夫只能把缴获自清军的弹药囤积起来备用。

此后两年里，只要一到秋收季节，斯捷潘诺夫就要南下松花江，抢掠足够一年食用的粮食储备。然后窜到黑龙江下游，闯入费雅喀人的村庄里过冬，等到第二年春天再沿黑龙江上溯返回呼玛堡。尽管也曾和清军交战，但损失甚微。在此期间，他不顾自己都已然是“泥菩萨过江”的状况，又收编了一些小股的哥萨克队伍。1658 年（清顺治十五年）的 6 月 30 日，这条丧家之犬率领 500 名哥萨克再次顺着黑龙江下航去搜刮粮食。此时的他不会知道，对面有一个叫沙尔虎达的清军将领，正等待着这些来“打草谷”的哥萨克。

沙尔虎达父子的战绩

沙尔虎达，这位 1599 年出身于“虎尔哈地方苏完部瓜尔佳姓”的巴图鲁，少年时就跟随父亲桂勒赫归顺努尔哈赤，被编入镶蓝旗，授予牛录额真的职位。随后他以伐瓦尔喀部有功，加授世职备御，开始在军事生涯中崭露头角。1627 年（后金天聪元年），前锋参领沙尔虎达跟随皇太极攻打明军大凌河据点，包围重镇锦州。从此他跟随皇太极鞍前马后，几乎参与了八旗军攻略明朝和朝鲜的所有战事，颇有斩获，屡建军功。

“三年，复从伐明，拔遵化，薄明都，沙尔虎达战郭外，败明兵，进世职游击。自是数奉命与噶布什贤章京劳萨等率游骑入明边，往来松山、杏山间，获明逻卒十八及牙将为逻卒监者，并得牲畜、器械甚夥。崇德元年，从伐朝鲜，破敌南汉山城。三年，与噶布什贤噶喇依昂邦吴拜将八十人行边，至红山口，遇明兵，斩裨将二；击走明骑兵自罗文峪至者，搴其纛，得马四十；又破明步兵自密云至者，斩百余级……”

入关后，他又继续参与清军对李自成和南明的作战。截止到 1650 年，他已经升调为满洲镶蓝旗副都统。

时值俄国人屡屡窜扰东北边陲。如前文所说，1652 年，清军在乌扎拉村之战中战败。在处罚完相关负责人之后，为加强东北防务，这年 8 月，顺治皇帝下旨将原属盛京昂邦章京管辖的宁古塔副都统升格为宁古塔昂邦章京，建立起直属中央的军事行政双职能管理体制。出生在宁古塔边外，熟悉边疆舆地民情而又军功卓著的沙尔虎达临危受命，成为首任宁古塔昂邦章京，时年 53 岁。颇为体恤臣属的顺治皇帝给了这位新官上任的老将一支外援——100 多名来自李氏朝鲜的鸟枪手。

说起朝鲜鸟枪手，就不得不提起著名的“壬辰倭乱”，也就是“万历三大征”之一的抗日援朝战争。在那场战争中几乎被日本人灭国的朝鲜，深为日军单兵火器的犀利所震慑。日本单兵火器的发展，最早源头是种子岛铸剑师八板金定奉其主公种子岛时尧之命，仿制葡萄牙火绳枪，此即种子鸟铳，别称“铁炮”。随后其衍生产品因产地不同分为国友筒、堺筒和萨摩筒，长度从 80 厘米到 180 厘米不等，有效射程从 50 米至 200 米不等，性能不亚于葡萄牙原装货。战争结束后，痛定思痛的朝鲜统治者下了很大功夫组建了自己的火器部队，这些鸟枪手装备的就是壬辰倭乱中缴获和仿制的日本“铁炮”。虽然这支队伍未必是训练有素的虎狼之师，却也算是朝鲜在 16 世纪末、17 世纪初唯一能拿得出手的兵种。

在“壬辰倭乱”中，明朝军队是当之无愧的主力军，没有明军的流血牺牲就不会有朝鲜的复国。因此李氏朝鲜君臣对宗主国大明朝一直“感恩戴德”。再加上此前朝鲜就与女真各部落多次有过战争，所以后金兴起后，朝鲜的火器部队更是多次响应明朝的号召，参与讨伐努尔哈赤的军事行动。著名的萨尔浒之战中，明军的战斗序列里就有 1 万多名朝鲜士兵。之后为了教训“曩世得罪我国”的李氏朝鲜，皇太极两次调兵进攻朝鲜。这就是 1627 年的“丁卯胡乱”和 1636 年“丙子胡乱”。最后，后金军打得朝鲜不得不进贡称臣。尽管如此，朝鲜内部的顽固派势力受华夷之辨思潮的影响，依然相当敌视清朝。故而顺治以加强“宁古塔防务，剿灭罗刹”，下诏令朝鲜征调火器部队赴宁古塔，也有试探朝鲜是否恭顺的意味，以防备朝鲜有不轨之心。

自知胳膊拧不过大腿的朝鲜最后还是乖乖服从上国的号令：1653 年，由朝鲜军官边岌率领的 100 名鸟枪手、1 名哨官、2 名翻译、48 名旗鼓手和火丁组成的远征队，从朝鲜东北部咸镜北道的会宁出发，渡过图们江，于 1654 年 3 月份在宁古塔与沙尔虎达率领的清军会师。

1654 年 6 月 6 日，沙尔虎达亲率清军、朝鲜兵及赫哲族武装 700 余人，分乘 20 多只战船和 140 多只小桦皮船巡阅松花江一带的江面。结果他们与正在溯松花江而上的斯捷潘诺夫一伙不期而遇，双方随即爆发激战。

据边岌给朝鲜孝宗的报告中称："臣到曰哈（地名，今松花江口附近）始遇贼舡，大舡十三只，可载三百石。小船二十六只，似倭舡矣。"相比之下，清军的船只就寒酸得多了，"小者仅容四五人，四十只；大者可容十七人，二十只"。沙尔虎达先以赫哲族武装300人乘小桦皮船与俄国人接仗，同时命清军和朝鲜兵上岸。岸上，清军早已修筑了由壕沟和"堡篮"[1]所组成的防御工事。击溃了赫哲人的斯捷潘诺夫指挥俄国人企图抢滩登陆，却遭到以防御工事为掩护的清军和朝鲜兵以箭雨和枪弹构筑的火力打击。战斗就这样持续了八天，"许多哥萨克受了伤，火药和铅弹用完了"。最终斯捷潘诺夫等驾舟溃逃，并且"不得不放弃到松花江一带抢劫粮食的念头"。清军取得了与俄国人交锋以来的第一场战术性胜利，这就是第一次松花江口之战。对于沙尔虎达和他麾下的清军士兵来说，这一战不过是牛刀小试。而对于斯捷潘诺夫匪帮来说，这却是噩梦的开始。

▲ 清世祖顺治皇帝朝服像

1655年至1657年（清顺治十四年），俄国人连续三年南下骚扰宁古塔边外，沙尔虎达从容应对。1657年，清军再次于尚坚乌黑地方（今佳木斯境内）给了斯捷潘诺夫一记重击。虽然是连战皆捷，但沙尔虎达对此并不满足。他心中早已酝酿着把这群入侵者一网打尽。不过过往的经验教训告诉他，彻底歼灭敌人的唯一办法，就是在他们离开防御体系完备的城堡时，集中优势兵力与火力把他们围歼在旷野和水上。因而他抓紧时间于宁古塔征发造船工匠出身的流犯，打造大型的战船，扩大水师规模。

① 以柳条或藤条等材料编制而成内部填以土石的篮筐，以若干个这样篮筐垒筑而成的防御工事，郑成功攻打台湾的荷兰堡垒时曾以此为防护器材。

京城里的顺治皇帝，也盼着能早日一劳永逸地根除外患，因而他陆续调集精锐士卒和炮械战具赴宁古塔备战。驻防宁古塔的常备兵员由 1653 年（清顺治十年）的 430 名增至 996 名。朝鲜方面也“差北道虞侯申浏为领将，率哨官二员，鸟铳手二百名，及标下旗鼓手、火丁共六十名，带三个月粮往待境上”，这支部队于 1658 年 6 月 9 日到达宁古塔。再次出击的时机已经成熟。

1658 年 7 月 5 日，沙尔虎达率领由 1400 名清军和 200 名朝鲜兵组成的讨伐部队，乘坐 47 条载有火炮的大船，自宁古塔北部的三姓（今黑龙江省依兰县）出征。7 月 10 日，清军在黑龙江与松花江汇合处（今黑龙江省同江市），与正在乘船下航的斯捷潘诺夫部 500 名哥萨克遭遇。

战斗一开始，清军就以火炮轰击俄国人的船只，180 多名哥萨克被猛烈的炮火所震慑，遂脱离斯捷潘诺夫的指挥，挤在一艘船上逃往黑龙江下游地区。于是战场上只剩下 320 名哥萨克作困兽之斗。双方的船只越靠越近，最后甚至发生了跳帮厮杀。清军士兵在朝鲜鸟枪手的火力支援下，跃上俄国人的船只与俄人短兵相接。三天后战斗终于结束，清军取得了最后的胜利。尽管拥有兵力和火力的优势，清军和朝鲜兵的总伤亡还是要大于俄国人，320 名清军士兵和 45 名朝鲜兵伤亡。当然如此大的代价也没有白白付出，俄方 11 艘战船中，7 艘沉毁，3 艘被俘，1 艘逃跑，包括斯捷潘诺夫本人在内的 270 人被击毙或俘虏。黑龙江上，成建制进行侵略活动的哥萨克队伍一半以上在此被歼。虽有少数仍旧活动于黑龙江上游和下游地区，但已不能再成气候。沙尔虎达也凭此战的胜利步入他军事生涯的巅峰。不过，他也即将走到生命的尽头。

大半生都在疆场上厮杀，收获了荣耀和升赏的同时，沙尔虎达也沾上了一身的病痛。早在赴任宁古塔那会儿，沙尔虎达就已经重病在身，其所亲临的每一次战斗都是抱病指挥。顺治皇帝甚至把自己的御医都派到了沙尔虎达的身边，以保证后者的健康。然而，死神还是降临了。1659 年（清顺治十六年）2 月，大清王朝东北边疆的顶梁柱——瓜尔佳·沙尔虎达，在疆场厮杀了四十余年后，终于因为积劳成疾，战伤复发死于宁古塔昂邦章京任上，年 60 岁。一个月后，沙尔虎达的棺椁被迎回北京，顺治皇帝顾念他昔日的功勋，命令内大臣爱兴阿、尚书宁古里等主持，“赍茶酒迎奠之”，同时赐予他“襄壮”的谥号①。顺治皇帝还指示吏部，派遣沙尔虎达的儿子巴海继续担任

① 襄者，辟地有德；甲胄有劳；因事有功；执心克刚；协赞有成；威德服远。

其父生前的职务。“宁古塔边地，沙尔虎达驻防久，得人心。巴海勤慎，堪代其父。授宁古塔总管。”

出身军旅的巴海是个文武双全的通才。他与汉人同年参加科举考试，考取满洲探花。1657 年，他升密枢院大学士。父亲过世后，他袭父爵，被派到宁古塔治所任总管，同年接任昂邦章京。1660 年（清顺治十七年）8 月，巴海会同副都统尼哈里率领水师，巡弋至黑龙江下游的伯力一带的古法坛村，并设下伏击，将第二次松花江口之役开战之初就逃跑的 180 多名斯捷潘诺夫余部一举全歼。《清史稿》以相当精练的语言记载了此次战役的全过程：“帅师至黑龙江、松花江交汇处，诇敌在飞牙喀西境，即疾趋使犬部界，分部舟师，潜伏江隈。俄罗斯人以舟至，伏起合击，我师有五舟战不利。既，俄罗斯人败，弃舟走，巴海逐战，斩六十余级。俄罗斯人入水死者甚众，得其舟枪炮若他械，因降飞牙喀（费雅喀）百二十余户。”至该年年底，宁古塔水师沿着黑龙江开展了大张旗鼓的军事行动，一举拔除了呼玛堡、雅克萨等俄国据点，肃清了黑龙江全境的哥萨克。这块饱受战火摧残的土地终于恢复了平静。俄国史学家瓦西里耶夫在其著作《外贝加尔的哥萨克史纲》第一卷中提到 1660 年的史事时，曾这样写道：“雅库次克哥萨克远征阿穆尔的结果，是熟悉了阿穆尔地区。此外，他们迫使人们承认阿穆尔是莫斯科罗斯的合法遗产。迟早它应当成为俄国的。因为，已经查明，它不属于中国……但是，在阿穆尔问题上也不可不重视中国的力量，这一点也开始明确起来，为此，需要积蓄力量……”字里行间流露出俄国绝不会轻易放弃对黑龙江的勃勃野心。然而，清朝没有认识到这一点，认为边境安宁已得到保障的朝廷没有在该地区留下哪怕一支驻军，这就注定了中俄双方的角力不会就此结束。

大战前夜

1661 年（清顺治十八年）3 月，顺治皇帝福临病逝，得年 24 岁，被尊谥“章皇帝”，庙号“世祖”。他年仅八岁的三子玄烨继承大统，并于次年改元康熙，这就是康熙皇帝。1662 年（清康熙元年）10 月，蛰伏滇缅交界地区的南明李定国余部，在其子李嗣兴的率领下，向清军投降。1669 年（清康熙八年），16 岁的玄烨铲除长期把持大权的辅政大臣鳌拜一党，正式亲政。1681 年（清康熙二十年）年底，历时八年、席卷清王朝南方的“三藩之乱”被平定。

至此，经过近二十年的努力，除孤悬海外的台湾明郑政权外，从中央的权臣到地方的异姓藩王和前朝势力都被清除。接下来，解决东北边疆的安全与稳定问题就被提上了议事日程。

自从被巴海逐出黑龙江之后，俄国人着实消停了一段时间。沙俄当局在确认了斯捷潘诺夫一伙全军覆没的消息之后，暂时打消了占领黑龙江的念头。这倒不是他们认输了，而是为了先尽快消化已征服的土地。

此时，在以尼布楚为中心的外贝加尔地区的俄国各据点，因失去了黑龙江产粮区的供养，简直是度日如年。殖民机构发不起薪金，管不起饭，于是多次发生哥萨克哗变、集体出逃的恶性事件。以至于尼布楚、伊尔根斯克和捷列姆宾斯克三城一度只有 114 名哥萨克，尼布楚督军甚至不敢带人出城去强征毛皮实物税。时任沙皇米海依洛维奇只能传谕令托博尔斯克等其他督军区调运粮食武器、增派人手前往尼布楚加强守备力量，给长期驻守外贝加尔三城的老哥萨克增加薪金，以笼络人心。

趁着俄国人焦头烂额之际，尼布楚一带的布里亚特蒙古人开始频频发难，就连相对温顺听话的通古斯人也开始拒交赋税。1662 年 7 月，通古斯人进攻伊尔根斯克城堡，并夺走了俄国人放养在野外的马匹。次年，68 名哥萨克在头目巴尔菲诺夫的带领下，哗变逃往黑龙江地区，不知所踪。经此巨变，兵力本就单薄的老托尔布津[①]手底下只剩区区 46 人！ 1664 年（清康熙三年）1 月，数目不详的布里亚特蒙古人向尼布楚城堡发起攻击。据守此处的十几名哥萨克在缺粮少弹的情况下依然负隅顽抗，缺乏攻坚能力的布里亚特人数次进攻均遭失利，最后被迫退走。

之后，攒足了劲的俄国人要开始反扑了。1665 年（清康熙四年）9 月 27 日，哥萨克十人长瓦西里耶夫率领 69 人，占据了位于色楞格河上游楚库河口的楚库柏兴，建立色楞格斯克城堡。俄国人将该据点视为“防卫贝加尔湖以东俄国村庄免受蒙古人进攻的挡箭牌和前哨站”。至 1668 年（清康熙七年），色楞格斯克堡的哥萨克增加到 97 人，房屋有 29 间。到此为止，外贝加尔地区的城堡体系正式形成，稳定了后方的俄国人又开始琢磨黑龙江的事情了。

就在这一年，位于叶尼塞斯克和雅库茨克交汇点的伊利姆斯克督军区发生了一起谋杀案件，客观上再次激起了俄国人殖民黑龙江的狂潮。事情的起因是伊利姆斯克督军奥布霍夫在前往乌斯季库特城堡视察工作时，和该地区煮盐场波兰籍监督官切尔尼戈夫斯基的妻子通奸。不甘受辱的切尔尼戈夫斯基怒发冲冠，带人刺杀了见色起意的

① 1662—1667 年涅尔琴斯克城总管。

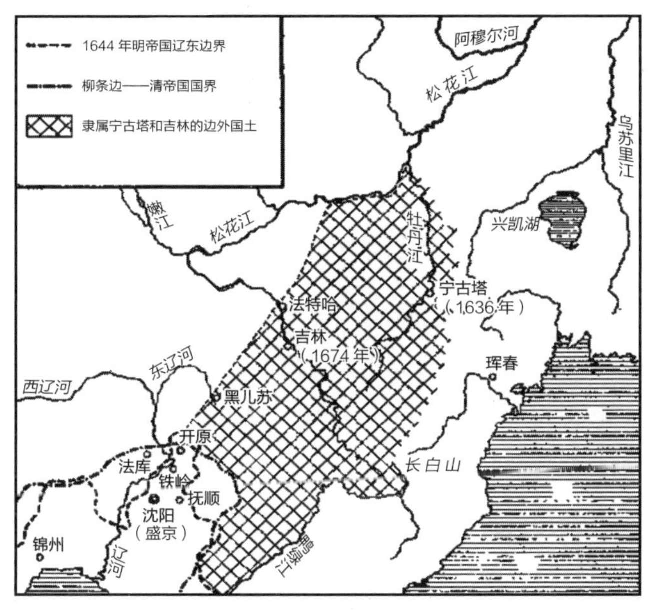

▲ ***1680年前的清朝东北边防形势示意图***

上级。之后为了逃避惩罚和以功抵过[①]，他就带着34名同伙，携款带枪，再次窜入黑龙江雅克萨，重建了此前被毁的所谓“阿尔巴津”城堡，并以雅克萨据点为巢穴，四处抄略土著居民。到1669年，他们已经和先后到来的哥萨克集合起了300多人的队伍，其足迹一直深入到今天的齐齐哈尔一带。宁古塔边镇为之震动。吴振臣所著的《宁古塔纪略》描述这些“深眼高鼻，绿睛红发，其猛如虎，善放鸟枪”的“逻车国人”，使用了一种威慑力相当大的爆炸火器——“状如西瓜，量敌营之远近，虽数里外，必到敌营始裂”[②]，给当地居民制造了极大的恐慌。

1660年后，清廷自以为东北边防已定，随即将宁古塔驻军大量撤回盛京及关内，导致当地防务再次出现空虚局面。万般无奈之下，宁古塔将军巴海一面向北京方面求援，一面尽己所能武装辖区内的流犯准备抵抗。抢完东西之后的俄国人见此情形，知道自己的行动已经打草惊蛇，遂扬长而去，打道回府了。

边防局势的紧张也引起了朝廷内部一些有识之士的关注。1669年8月，掌山西道监察御史莫洛洪就上疏朝廷：“宁古塔以外，黑镇以内，皆朝廷（贡）貂百姓所居之地，而罗刹常为侵犯。其宁古塔亦应酌量增兵。如此沿边布置设兵，严加守备，则边圉永固矣。”然而，正忙于整顿内部的清王朝，根本没有精力顾及边防事务。不过，朝廷倒也不是因此就无所作为，虽然暂时无力再组织一场驱逐入侵者的军事行动，却仍然采取了一些必要的措施：迁徙土著，坚壁清野。

① 事实上沙俄政府最后也确实赦免了他和他的同伙。
② 根据其描述，应该是臼炮发射的爆炸榴弹。

早在1662年清廷就向宁古塔方面专门下达文件：招降土著100户及以上者授予一等军功，招降80户者授予二等军功，招降60户者授予三等军功，招降40户者授予四等军功，招降20户者授予五等军功。鼓励宁古塔的官员将佐通过规劝、赏赐等怀柔的手段，尽可能地把黑龙江一带的土著居民迁入宁古塔、盛京这样的清朝实际控制区域，加以妥善安置，断绝俄国人的粮食和税收来源。对于迁入后的新人口，清廷免费发放粮食、家具、牲畜等生活必需品。如此高福利，自然吸引了很多土著氏族背井离乡，往清朝统治区搬迁。这些居民后来被安置在嫩江流域布特哈地区，“编为世管佐领，分旗永戍”。到1667年（清康熙六年），这些居民人口数量已经达到了一定的规模，形成了总数达40个佐领的“索伦—达呼儿八围”，这就是著名的“索伦八旗”的前身。

当然在此形势下，存在别有用心者。40个佐领中，有一个叫根特木儿的鄂温克首领。他违抗清朝要他戍守呼玛堡的命令，率其亲属40人开了小差，向西北叛逃至被沙俄占领的尼布楚。他为了博取新主子的信任，竟然在当地通古斯人中招募了几百人充当“伪军”，欺压自己的同胞。这种恶劣行径导致此后很长一段时间，对他的处理问题成了清朝每次和俄国人交涉都要提及的重要内容。

见“博格达大军”未至，俄国人就更加无法无天了。截止到1681年，卷土重来的哥萨克们在黑龙江中游及其支流结雅河流域，先后沿江修筑了“波克罗夫斯卡娅”“安德留什金纳”“上结雅斯克”“西林穆迪斯克”“多隆堡”等多处据点。他们后来又在额尔古纳河地区修筑了额尔古纳堡，形成了一条“黑龙江沿线俄国城堡走廊”。虽然清廷把黑龙江的大部分土著人南迁，着实让俄国人过了一段苦日子。不过很快，来自西伯利亚其他俄国城堡的农民、渔民和猎人就纷至沓来，从事各种生产贸易活动。他们更开挖银矿，展开了疯狂的经济掠夺。

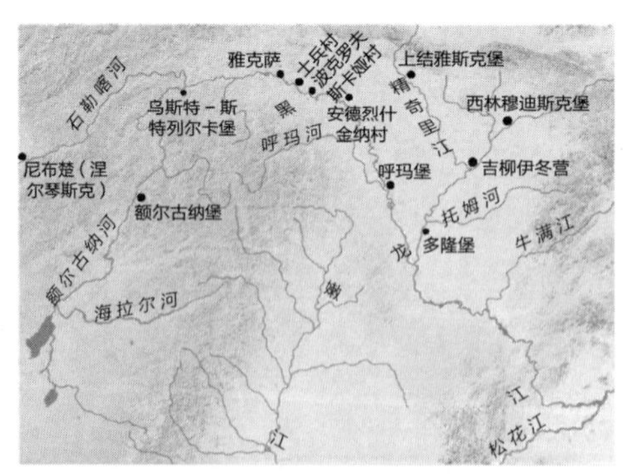

▲ ***17世纪80年代俄国在黑龙江流域城堡据点分布示意图***

据不完全统计，到1682年（清康熙二十一年），在黑龙江流域，俄国人播种的耕地面积达到1.7万多亩。其出产的粮食不仅可以自给自足，甚至还供应到尼布楚、雅库茨克等地。当时，整个黑龙江沿线，俄国据点村庄里的成年男子总人数已超过了1500名。沙俄当局即以阿尔巴津堡为中心设立阿尔巴津督军区，与外贝加尔督军区、雅库茨克督军区分别统辖黑龙江上游、中游和下游地区。就这样，俄国人堂而皇之地把清廷的“后院”当成了自家的“前院”。

于是，康熙皇帝面临两个抉择：收复失地和默认既成事实。作为一位国力上升时期的有为君主，他毫不犹豫地选择了前者。

当三藩之乱尚未平定的时候，康熙皇帝就开始对东北的防务进行调整。1671年（清康熙十年），清廷从宁古塔调出700名士兵，驻防于新增吉林乌拉兵站。1678年（清康熙十七年），清廷又从外地调入290名八旗兵驻宁古塔。1677年（清康熙十六年），清廷再次增调722名八旗兵驻防吉林乌拉。三藩之乱平定后的1682年9月，康熙派遣满洲正白旗副都统瓜尔佳·郎坦、正红旗满洲副都统董鄂·彭春等人，率精干人员秘密前往东北边境，指导对俄国人的战前侦察工作。蒙古科尔沁部5位王公受命，率180名士兵，以打猎为名，深入到雅克萨一带勘察地形及交通情况。同年12月，郎坦等完成任务回京，将“罗刹情形具奏”，作为皇帝的决策参考。

对于郎坦等人“攻取罗刹甚易，发兵三千足矣”的结论，康熙深以为然。但身为一个国家的统治者，他所要考虑的不可能仅仅限于军事手段解决问题，还要考虑如何从各方面为军事打击提供保障的问题。虽然朝野中某些大臣对东北用兵颇有异议，但是在康熙亲自主持下，围绕东北边疆备战问题的各项工作，还是紧锣密鼓地开展起来。

1683年（清康熙二十二年），康熙将宁古塔将军[①]北部“东至额尔白克河二千二百里宁古塔界，西至喀尔喀九百余里撤陈汗界，南至松花江五百里宁古塔界，北至外兴安岭三千三百余里俄罗斯界”的“羁縻之地”，纳为帝国的本部疆域。清廷设立“镇守黑龙江等处将军”，这是继元朝之后，中国政权第二次在黑龙江地区建立直属中央政府管辖的行政区。虽然与内地的省府行政体制有别，但是其管理权限仍超出了唐、明等王朝在当地曾经设置的“都督府”和“都司”等羁縻机构。首任黑龙江将军是在协调边民内迁的工作中表现突出，出身于满洲镶红旗的宁古塔副都统富察·萨布素。他总领齐齐哈尔、墨尔根等副都统辖区，将军府驻地为这一年刚刚修筑的城堡瑷珲[②]。这座重木构造的将军府城，当时俨然成为集战时指挥中心和后勤保障枢纽为一身的大本营。鉴于当地陆上交通不便，为保证战时运输兵力和军需粮秣，清廷从瑷

① 作为军政区划的“昂邦章京”一词自1662年之后被统一改称为“镇守XX处将军”，简称“XX将军”。
② 原址在黑龙江东岸今俄罗斯一侧的维笑勒依村。

▲ *17世纪末的瑷珲，反映了该城初建时的情形*

珲城到宁古塔境内松花江上游的吉林乌拉造船厂（1674 年兴建），依照地形路程的情况下设墨尔根、兴安岭等驿站 20 余个，以保证运输线和军情传递的畅通。吉林乌拉的造船厂则昼夜开工，修补和建造大军所需的战船和运输船。枪炮火药、刀矛弓箭、甲胄棉衣、粮草药品等的军需物资源源不断地从关内走陆路，经盛京到达宁古塔。而后大部分物资在吉林乌拉装船起运，走松花江—黑龙江航线抵达瑷珲；少部分则走陆路，以牛马车辆运输，穿过蒙古科尔沁部和嫩江一带的“索伦八围”，与当地蒙古人和索伦人等所筹集的食用牛羊等牲畜一道，送至瑷珲。为了鼓励当地土著积极投身到备战工作中，康熙甚至下旨免除了他们一年的赋税。

截至 1685 年（清康熙二十四年）年初，宁古塔方面已经整修和新建用于作战的水师战船 80 艘，用于后勤运输的大小船只不下 200 艘。其中包括 10 艘大战船、40 艘二号战船、10 艘江船、10 艘划子船在内的 70 艘战船，被划拨给扩建中的黑龙江水师营。瑷珲各处粮仓已囤积存粮 5770 余石，足够参战人员两年的用度。

在今天看来，这场即将爆发的雅克萨之战可能仅仅是古老帝国边陲一起规模不大的军事冲突，但实际上这场小仗的胜败所可能造成的后果却非同小可。清王朝的西面，是当时的中亚霸主——基本统一了蒙古卫拉特四部、征服了哈萨克的准噶尔汗国，北面是表面臣服大清、背地里心怀鬼胎的喀尔喀蒙古各部。俄国人为防止二者联合起来，威胁自己在西伯利亚的势力存在，就暗中挑唆这些本就积怨已深的草原各部进行火并，等到他们两败俱伤再拉拢其中部分王公投向自己的怀抱。

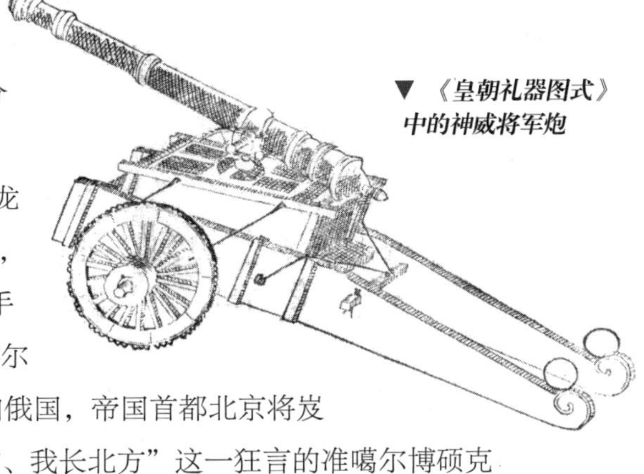

▼《皇朝礼器图式》中的神威将军炮

可以想见，如果清王朝在黑龙江一带与俄国人的角逐中败下阵来，那么康熙将要面临的就是非常棘手的局面：本就是一盘散沙的漠北喀尔喀蒙古部落或倒向准噶尔，或倒向俄国，帝国首都北京将岌岌可危。届时，发出“圣上君南方、我长北方”这一狂言的准噶尔博硕克图汗噶尔丹将提前开始他“光复大元朝，重建蒙古帝国”的军事行动，大举东侵。而在黑龙江，得胜的俄国人则有可能乘势南下，直接威胁大清朝的龙兴之地——盛京和宁古塔。如此一来，大清的江山将岌岌可危。

所以，这一时期康熙皇帝的神经高度紧绷。备战工作中每一个细节他都要亲自过问，包括战备粮储存的具体数目和运输船只的数量，甚至尺寸大小这些细枝末节。没有谁比他更清楚，此次有组织、有预谋的清剿行动一旦失败，将引发多么恶劣的连锁反应。于是，康熙皇帝在此期间表现出了一股莫名的焦躁易怒情绪。前方官员在执行决策的过程中倘若稍有迟疑，都会引发他的不满和愤怒，结果就是倒霉者轻则被训斥，重则丢乌纱。1683 年，宁古塔将军巴海以“报田禾歉收不实，部议夺官，削世职”。黑龙江将军萨布素主持的移民和驻军屯田工作中，出现耕牛病死过多和农具损坏严重的现象，又因为手头上人力有限，对于康熙皇帝要他派人去强行收割俄国人在雅克萨周边所种庄稼的命令无法执行，惹得皇帝下旨指责他“籍端延误进兵”，结果原本应当在接下来的军事行动中担当主将的他，就这样被临时换了下来。虽然他没被罢官，但却退居二线。

1682 年 3 月，康熙皇帝出山海关东巡盛京、宁古塔各地，视察防务，宣慰边民，泛舟松花江上写下了“我来问俗非观兵”的诗句。说明即使在备战期间，康熙皇帝依然希望能够通过外交途径解决问题。

此时中俄双方已经有了一定程度的外交往来。前文提到的特使契奇金并没能把特兰斯别科夫那封充满硝烟味道的信件带到中国，他和 10 余名哥萨克在一次抢劫中被达斡尔人全歼。所以直到 1656 年（清顺治十三年），沙皇阿列克谢二世的信使巴依科夫才抵达北京，得到顺治皇帝的接见。其后康熙年间又先后两次接待了来访的俄国使团。1681 年 2 月 6 日，清朝大理寺卿明爱、理藩院郎中额耳塞等人，奉康熙旨意

▲ *清圣祖康熙皇帝朝服像*

前往雅克萨向俄国人传达谈判旨意，得到时任雅克萨总管报告的尼布楚督军，也曾派人远赴嫩江流域和清廷和谈。

俄国人此行的目的：一来为了通商；二来为了收集情报，以便服务于本国的侵略扩张事业。所以俄国人对于清朝关于确认领土主权、勘定边界、处理偷渡叛逃者等相关呼吁充耳不闻。如此鸡同鸭讲的外交自然不可能有任何结果。康熙皇帝终于明白：要维护清王朝在黑龙江的领土完整，除了开战，已经别无选择。

《平定罗刹方略・卷二》中记载，康熙皇帝在朝会上，对那些仍然在是否对黑龙江上的俄国人用兵这一问题摇摆不定的大臣们说："兵非善事，不得已而用之。"表明自己并不想穷兵黩武。其后，他历数俄国人"无故犯边。收我逋逃；后渐越界而来，扰害索伦、赫真（赫哲）、费雅喀、奇勒尔诸地，不遑宁处，剽劫人口，抢夺村庄；攘夺貂皮"等罪状，虽然清朝"屡遣人宣谕，复移文来使"，但是骄横的俄国侵略者无视朝廷的严正警告，"竟不报命；反深入赫真费雅喀一带扰害益甚"。在领土主权和国家尊严遭到粗暴践踏的时刻，必须采取进一步措施解决问题，所以出兵东北势在必行。"俟发兵爱辉，扼其来往之路。罗刹又窃据如故，不送还逋逃，应即剪灭……"

1684 年（清康熙二十三年），清朝派水师将领施琅东征，于澎湖列岛一带歼灭明郑军队主力；末代明郑延平王郑克塽投降。海内尘氛已息，是时候跟俄国人摊牌了。

决战雅克萨

确切地说，零星的军事行动在 1683 年 12 月就已经开始。最先投入战斗的就是那些生活在俄国人控制区的土著民众。这些不堪忍受俄国人盘剥的沦陷区人民，得悉天

▲ ***17世纪后期在西伯利亚诸城堡中承担守备任务的射击军士兵***

朝大兵将要征讨罗刹，都争先恐后地行动了起来。先是牛满河一带奇勒尔氏族的奚鲁噶奴等人“杀十余罗刹携其妻子来归”，接着鄂伦春的朱尔监格等人也在精奇里江“杀五罗刹并获其鸟枪”。牛满河的部分哥萨克见势不妙，在一个名叫米哈洛夫的头目率领下，退往黑龙江下游。1684 年 1 月，他们在恒滚河附近，和另一股活动在鄂霍次克海岸的哥萨克队伍会合，随即与费雅喀人武装发生冲突，结果被费雅喀人击退。

之后，萨布素根据康熙的指示，派遣鄂洛诚等军官，率兵 300 人和 4 门火炮，前往剿灭俄国人。走投无路的米哈洛夫与部下 21 人向清军缴械投降。萨布素派人将俘虏和缴获枪支一起押送回京，鄂洛诚等 300 名官兵则于伯力就地驻扎，黑龙江下游各处再次被肃清。很快，俄国人在此地区的据点就只剩下雅克萨一座孤城而已。1685 年3月，清军和土著武装的小股部队开始到雅克萨附近活动，截杀或俘虏落单的哥萨克，以获取更准确的情报。

其时的雅克萨，城防体系是切尔尼戈夫斯基任总管时，在斯捷潘诺夫修的城堡旧址上建成的。这是一座长 18 俄丈、宽 13 俄丈的四角方城，四周围以木墙和 2 俄丈宽的壕沟。在靠陆地那一侧的墙上，修起了一座高塔楼，塔楼下开辟了一座出入的城门。塔楼的上层是议事房，房中安设哨岗，从那里可以监视敌人靠近。在临河的那一侧，修建了两座带有住房的塔楼。后来在城里增建了粮仓和带钟楼的教堂。当开始有商人前来阿尔巴津之后，该处又盖起了进行交易的店铺。军役人员的住处位于城外，护以拦马栅和 6 排刺障。此后不久，根据哥萨克自己的意愿，在阿尔巴津附近建筑了一座斯巴斯基修道院。到 1670 年（清康熙九年），切尔尼戈夫斯基又在城堡周围增修了一层木障壁，此后再无大修。

清军即将展开大规模军事行动的消息，被雅克萨派出的信使传到莫斯科。意识到事态严重性的俄国宫廷不愿就此放弃黑龙江这头“奶牛”。在沙俄当局的指令下，西伯利亚各个俄国城堡都开始行动起来，有人出人、有枪出枪，总共凑出了 600 多人的队伍，由来自德意志地区的退役军人阿法纳西·拜顿担任团长，增援雅克萨。在他们赶到前的 1685 年年初，来自托博尔斯克的军役贵族阿列克谢·拉·托尔布津已经抵达雅克萨。他带来了莫斯科朝廷关于将“阿尔巴津”城堡升格为“阿尔巴津督军区”的命令，而督军就是他本人。他在城内聚集了包括军役人员、农民和猎人在内的 450 名哥萨克，算上妻儿老小等非战斗人员在内，接近 1000 人。他们的武器是 3 门火炮和 300 支火绳枪，弹药则来自猎户和商人的供给。就这样，雅克萨据点里的俄国人在一片风雨飘摇中，等待着清军的到来。

1685 年 6 月 10 日，水陆并进的清军部队抵达雅克萨城下。或许是为了彰显天子的宽仁，或许也是为了留出部署攻城的时间，刚升授都统衔不久的清军总指挥彭春在阵前向俄国人发布了用满、蒙、俄三种文字写成的最后通牒：

“前屡经遣人移文，命尔等撤回人众，以逋逃归我。数年不报，反深入内地，纵掠民间子女，构乱不休。乃发兵截尔等路，招抚恒滚诸地罗刹，赦而不诛。因尔等仍不去雅克萨，特遣劲旅徂征。以此兵威，何难灭尔。但率土之民，朕无不恻然垂悯，欲其得所，故不忍遽加歼除，反复告诫。尔等欲相安无事，可速回雅库，于彼为界，捕貂收赋，毋复入内地构乱；归我逋逃，我亦归尔逃来之罗刹。果尔，则界上得以贸易，彼此安居，兵戈不兴。倘执迷不悟，

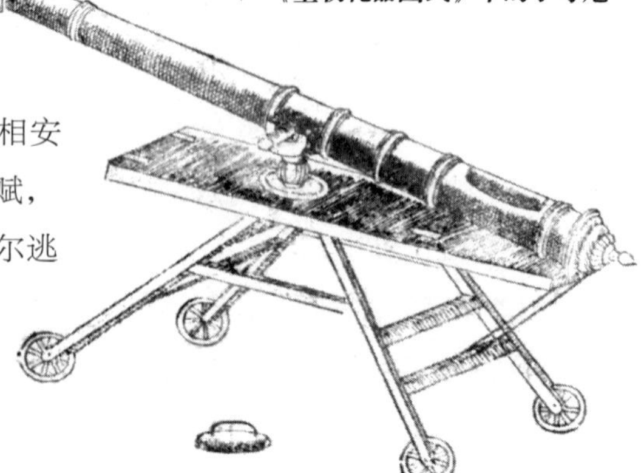
▼《皇朝礼器图式》中的子母炮

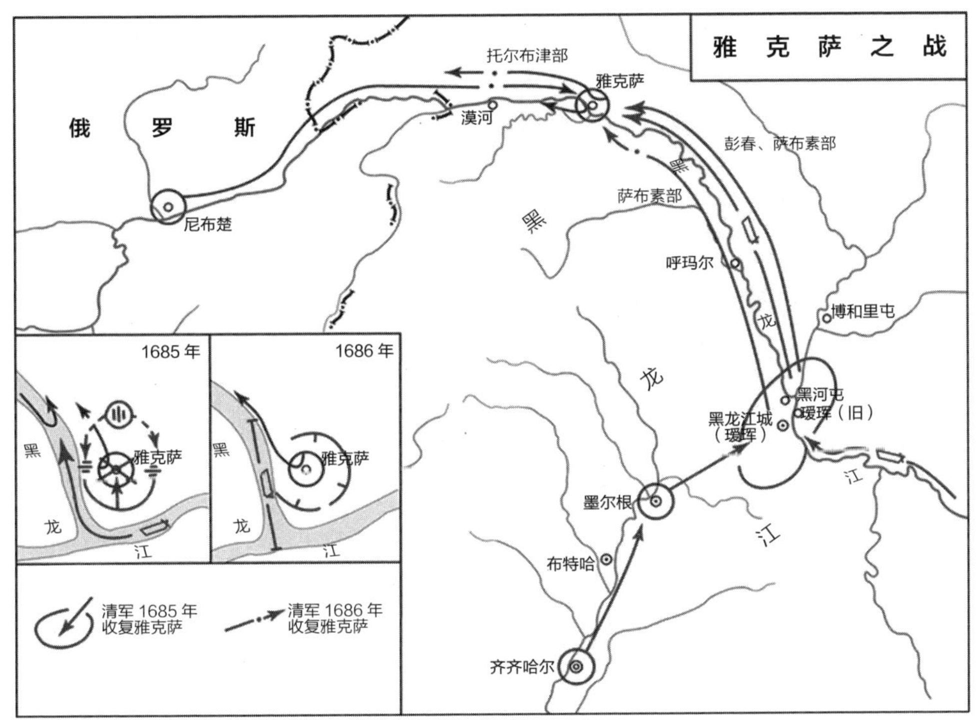

▲ ***雅克萨之战示意图***

仍然拒命，大兵必攻破雅克萨城，歼除尔众矣。”

妄想凭借城防固守待援的托尔布津傲慢地无视了清军的最后通牒，于是战斗终于23日正式打响。

为了给俄国人一个大教训，康熙皇帝用了两年的时间打造了这支远征军。主要指挥官郎坦、彭春、温岱、瓦哈纳等人久经沙场，先后参与过灭三藩、平台湾等重大战事，并颇有战功。根据《平定罗刹方略》中的相关记载，配属他们的作战部队包括：来自关内直隶、山东、山西、河南四省各自选派的火器兵250名，总数1000名；其他官兵400名；福建藤牌兵400名[①]；黑龙江本地官兵500名；满族上三旗官兵170名；杜尔伯特、扎赉特两部蒙古兵共500名，总记3220人。以上是直接投入一线的作战部队，如果算上随军夫役、水手等后勤运输人员，以及负责屯田的黑龙江、宁古塔、

① 传闻他们配备的双层夹棉藤牌能抵挡俄军的鸟枪子弹，后来在实战中被证明是无稽之谈。

盛京本地驻军等，则此次边境作战清王朝动员的人员总数达到近万人。[①]这对于当时道路、驿站等基础设施建设尚不完善的东北地区而言，实属不易。

这支清军单兵火器数量不多，全军仅携带了 100 杆鸟枪。但这并不代表他们就器不如人。为了攻克雅克萨城，他们带来了 43 门火炮（不含水师战船配备的火炮）。其中包括 4 门铸造于 1676 年（清康熙十五年）的“神威无敌大将军”炮和 1 门用于攻坚、名为“冲天炮”的臼炮，以上两类火炮主要负责轰击城墙及城内建筑。余下的 12 门铸造于 1681 年的“神威将军”炮、21 门子母炮和 5 门龙炮等轻型野战炮，则用于攻击出城反扑的俄国人。上述五种火炮还有 45 门存放在瑷珲各处的军火库以资调用。相对于雅克萨城里只有区区 3 门火炮且只能依靠木城防守的俄国人，清军在重火力上具有压倒性的优势。虽然实际上，即使是体量较大的将军炮系列，所配备的最重的实心炮弹也不过 10 磅左右。放到同时代的西方，这个级别的火炮只能承担野战火力支援任务，若是用它对巨石与厚土构成的棱堡打攻坚战，结果只能是隔靴搔痒。不过，这些火炮用来轰击雅克萨的木城，却是绰绰有余。

6 月 25 日傍晚，清军开始炮轰雅克萨城。次日凌晨，正式的进攻开始。副都统雅钦和营门校尉胡布诺等统领鸟枪手、弓箭手等，在城南设大盾牌、堡篮，虚张声势作攻城状。在他们的后方是携带龙炮和子母炮的护军参领马世基部。两翼是携带 12 门神威将军炮，并隐蔽起来的护军参领博里秋、营门校尉乌沙和藤牌兵左提督何佑部。副都统温岱、护军参领瓦哈纳等则率一部，携带 4 门神威无敌大将军炮和 1 门冲天炮出奇兵，趁夜色搭乘由汉军镶白旗出身的黑龙江水师提督刘兆麒率领的运输船，秘密过江，潜伏于城北伺机而动。副都统雅齐纳、镇守达斡尔提督白克等率黑龙江水师部分战船于东南，以备水战，严防俄国人走水路逃跑。城西山林一带，清军也秘密隐蔽了杜尔伯特、扎赉特两部的蒙古骑兵，以警戒和堵截尼布楚方向来援的哥萨克队伍。

这一布置果真迷惑了托尔布津，这位督军大人见南面清军没什么重火力武器，遂放心大胆地组织了一次出击。100 多名手持火绳枪的哥萨克在己方炮火的掩护下，猖狂地从城堡里钻了出来。他们一边前进，一边向清军射击。雅钦和胡布诺率军佯退，俄国人则见状发起追击。在此时，清军后军和两翼的野战炮兵就掀去火炮上的伪装物

① 值得我们注意的是，在俄国古文献研究委员会编著的《历史文献补编》第十卷中，为了显示俄国人面临强敌的无畏和英勇，俄方夸张地把雅克萨战场上的清军作战部队兵力记载为 1.5 万人。这一不实的数据至今仍被许多史学家所采用。

开始射击。遭到三面攻击的哥萨克猝不及防，数十人当场毙命，余者狼狈逃回城内。

与此同时，奉命率部携带火炮潜进至城北的温岱所部，已经构筑好了炮兵阵地并随即向城内轰击；城墙被“神威无敌大将军”轰得千疮百孔，城内的许多塔楼、房屋等建筑物和一门火炮则被拥有曲射能力的“冲天炮”炸毁。其他方向的清军也对雅克萨发起强攻。大队福建藤牌兵遵照副都统郎坦的指示，在汉军镶黄旗建义侯林兴珠带领下，到附近的山林里收集了一大堆柴草枯木，准备用来直趋城墙下放火。其时的雅克萨在俄国史家的笔下，已经是一片地狱般的景象：

“攻城炮弹重量分别为十二、十五、甚至二十俄磅，破坏力很大，城中建筑物被火药箭射中，燃起了熊熊大火。十天轰击的结果，真是令人惊惧：一百人被击毙，塔楼与城堡破坏无遗，商铺、粮仓以及教堂，连同钟楼，统统被火药箭烧毁。除此以外，全部火药和铅弹，皆已告罄。”

▶ 清军高级将领布面甲胄

城内的修道院住持赫尔莫根和神父费奥多尔·伊凡诺夫等人见此惨状，知道负隅顽抗下去绝没好下场，于是向托尔布津请愿，请求督军大人去找清军谈判，有条件投降。屋漏偏逢连夜雨，此时又传来了消息。一支从尼布楚派来的小股援军见雅克萨城外清军炮火猛烈，竟然不战而退。在又进行了几天无效的抵抗后，求援无望、内外交困的托尔布津，派使者赴清军军营，提出献城。但他要求清军答应一项条件：允准雅克萨全体俄国居民携带私人财物、牲畜和各种储备物资返回自己的国家，而不扣留他们作为俘虏，不使他们妻离子散。

清军统帅彭春同意了他们的要求。于是，除了包括神父伊凡诺夫在内的 45 名自愿归顺中国的俄国人以外，托尔布津及残余的俄国战斗和非战斗人员 600 人，被允许携带除了枪炮弹药等军用物资以外的私人财产，于 6 月 29 日启程返回尼布楚。

第一次雅克萨之战就此结束，“四十年盘踞之众，数日而行击破”。

清军派出部分人马一路追踪托尔布津余部，在确定他们已经离开国境不会返回之后，即会合大部队一同班师回朝。但临行前，彭春只是指挥清军将雅克萨城堡的残存部分焚毁掉，竟然没有在如此重要的据点留下一兵一卒把守。

1685 年 7 月 5 日，清军战胜的消息传回北京，喜上眉梢的康熙皇帝在朝野一片歌功颂德声中，重赏了都统彭春以下的一众有功将士和积极支援朝廷备战的民众。康熙皇帝还将历年来俘虏或投诚的俄国人安置于北京居住，并编入满洲镶黄旗，设置俄罗斯佐领。除此之外，他继续督促萨布素在黑龙江境内执行增修驿站、扩大屯田面积等一揽子增建基础设施和农业开发的计划。在康熙皇帝看来，“罗刹丑类”经此一役似乎已没有胆量再回来找打。然而后来的事实证明：他错了！

7 月 10 日，托尔布津带着残部回到尼布楚城堡。此后不久，本该日夜兼程支援雅克萨，却因一路上忙着胡作非为而迁延不进的拜顿军团 600 人携带 10 门火炮、220 发实心铁炮弹和大量火药也来到尼布楚。

于是，“兵强马壮”的尼布楚督军弗拉索夫做出了重新进占雅克萨的决定。7 月

▲ **第一次雅克萨之战战图**

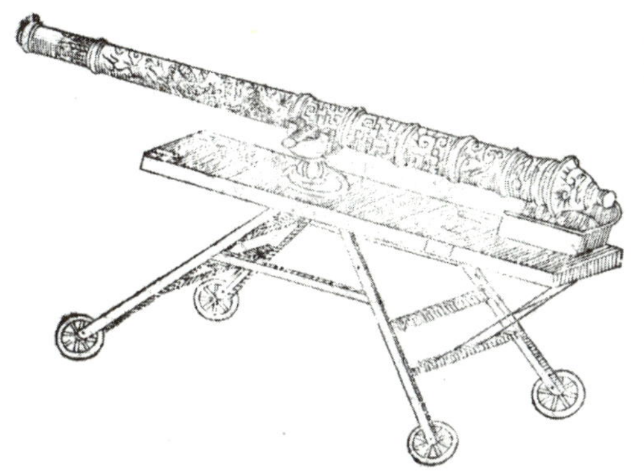

▲《皇朝礼器图式》中的龙炮

▲ 陈列于北京中国人民军事博物馆的“神威无敌大将军”火炮

15 日，托尔布津秉承上级意愿，派遣一名叫帖利金的五十人长，率侦察兵 70 人潜回黑龙江。8 月 7 日，这支侦察小分队回到尼布楚并带回了重要情报：

雅克萨附近一个中国人也没有看到。虽然城堡被焚毁，但是城外庄稼地里的粮食全部留下来了——战前康熙皇帝曾一直强调，要把雅克萨城外俄国人的粮食全部收割运走，结果一直没能到手下臣属的执行。

又惊又喜的托尔布津随即和拜顿带领 671 名哥萨克出发。8 月 27 日重新回到雅克萨后，他们构筑了临时工事，开始在严密的警戒下，收割田里的庄稼，随时准备采取预防措施，以防清军突然袭击。一个月后的 9 月 25 日，他们又开始在被焚毁的城堡旧址上建新城堡，虽然上次被围困表明原来的位置有许多不足之处，例如，城堡里不能挖掘可供饮用的水井等。但俄国人还是决定重建这个重要据点。9 月 25 日，俄国人开始动工，但是到了 10 月就不得不中断了工程。因为严寒已经来临，直至春季才可复工。同时，工具不足造成了极大的窝工现象。无奈之下，托尔布津只好命人从尼布楚运来了铁（那里用手炉炼铁），自行动手打造工具。到第二年春天，工程终于结束了。

在原来俄国城堡的旧址上，耸立起一座合乎当时欧洲工程技术规则的城堡。城堡四面围以底宽 4 俄丈、高 3 俄丈的土墙。土墙系草土、黏土和植物根修成，奇厚无比，坚固异常；四面都筑有四棱突出形式的炮垒；围绕土墙掘有壕沟。此外，在陆地一侧，还竖起一道直抵江边的木栅。堡内修建了粮仓、火药库、军需仓库和近 10 所居民住房。这座新城堡的设计出自拜顿的手笔。

特别要指出的是，虽然这座城堡带有欧式元素，但却不是当时欧洲军事上常见的棱堡。所谓棱堡，是最早于 16 世纪由意大利人创制的堡垒。其实质就是把城塞从一个凸多边形变成一个凹多边形。这样的改进，使得进攻方无论进攻城堡的哪一点，都会暴露在超过一个棱堡面（通常是 2—3 个）前。防守方可以使用交叉火力进行多重打击。在火药时代之前，要塞的城墙通常筑得很高大，并且用石或者砖进行加固，还设置了一些塔楼或者马面来获得额外的火力输出。如果有什么不同的话，就是一些特别坚固的城市拥有不止一道城墙。而棱堡则显得低矮厚实，更重视火力打击的发扬和防御。到了 17 世纪后期，法国著名军事家沃邦元帅将棱堡的设计和建造推向了一个新的高度。

虽然雅克萨这座城堡的防御功能和西方那种“星形”棱堡无法相提并论，充其量只能算作类棱堡工事，但在接下来的战争中，它还是给清军的进攻造成了很大的麻烦。

至于清廷方面，尽管早就有边民向黑龙江将军禀告，俄国人已经重返雅克萨，然而由于种种原因，这一重要军情一直未能“上达天听”。直到 1686 年（清康熙二十五年）2 月 11 日，黑龙江将军萨布素在康熙帝的传旨追问下才发出“鄂罗斯复来城雅克萨地”的上奏。

3 月，一支正在呼玛河畔巡逻的清军小部队，与正在顺流而下准备去征收实物税的 300 名哥萨克交上了火。40 名连弓箭都没带的清军士兵战死了 30 人，一人被俘，剩余 9 人则被迫逃跑。

得到奏报，顿感被耍了的康熙皇帝于盛怒之下，颁布诏书命令萨布素即刻领兵前往消灭这伙言而无信、卷土重来的俄国人。同时他还传谕外蒙喀尔喀部，令他们召集人马骚扰牵制尼布楚方向的俄国人，使他们不能增援雅克萨。

1686 年 6 月底，经过为期三个月的准备，黑龙江将军萨布素率领 2200 名清军，携带火炮 21 门，水陆并进。7 月初，大军进抵雅克萨城。尽管有“谙习地形”的郎坦等人在军前参赞军务，但是萨布素明白，自己手上这支部队和之前彭春所部相比，在兵力和火力上都打了折扣，要想强攻拿下眼前这座布局奇异的土木合构城堡，恐怕不是那么容易的事情。此时雅克萨棱堡里集结的哥萨克是清一色的战斗人员，数量为 826 人，拥有大小火炮 12 门。俄国人除了火绳枪 100 杆，还有新式燧发枪 750 杆、140 颗炸弹和其他军需物品，以及足够维持一年的粮食，又有军事经验丰富的拜顿在辅佐指挥，显然不是上次那座木城那么好对付的了。

7 月 7 日，在岸上火炮和黑龙江水师炮火的掩护下，清军开始进攻雅克萨棱堡。

此后攻城作战一直持续了一个多月，清军的将军炮攻坚能力不足的缺陷终于暴露出来。雅克萨棱堡坚厚的城墙有效地抵挡住了清军猛烈的炮火。到了 8 月份，萨布素见久攻不下，便决定改变战术。清军在雅克萨城俄人炮火射程之外的地势较高处，围绕城堡筑起一整套土墙系统，从陆地方面围成三个半圆形紧压上去。围墙上设有炮位，为掩护炮位，又修筑起一道木墙，木墙后面堆满了潮湿的木材。在黑龙江上一座毗邻雅克萨的岛屿上，清军完全按工事建筑规程修建起一座高大且有堑壕防护的炮台。几门安置在炮台上的臼炮居高临下，和陆上土墙的炮群一起以极其猛烈的火力轰击城堡内。类似的围城战术在当年和明朝争夺辽东各要塞的攻坚战中已经被清军所采用，对于清军而言，如今算是把当年曾经施之于明军的战术重演一回。

就这样，雅克萨之战进入了持久战阶段，在清军的优势兵力面前，俄国人选择了坚守不出。9 月，托尔布津丧命于清军的炮击，随后雅克萨城内的粮仓为游弋在城西江面的黑龙江水师炮火击中，大量粮食未来得及转移到地窖就被焚毁。俄国人在拜顿的指挥下继续顽抗。拜顿组织俄军进行了几次突围，使用炸弹炸掉了一些清军的工事，但是最终都被压回城堡中。另一方面，尼布楚方面派出的 100 多名援军则由于蒙古喀尔喀部的袭扰而不得不停止前进。战事进行到这一年 11 月，严寒已至，雅克萨棱堡内的 826 名俄国人因战斗伤亡和疾病减员只剩下 150 多人，粮食和弹药都已经告罄。

▼ *旷日持久的第二次雅克萨之战，那三道半圆形工事就是清军为堵截俄国人修的土墙系统*

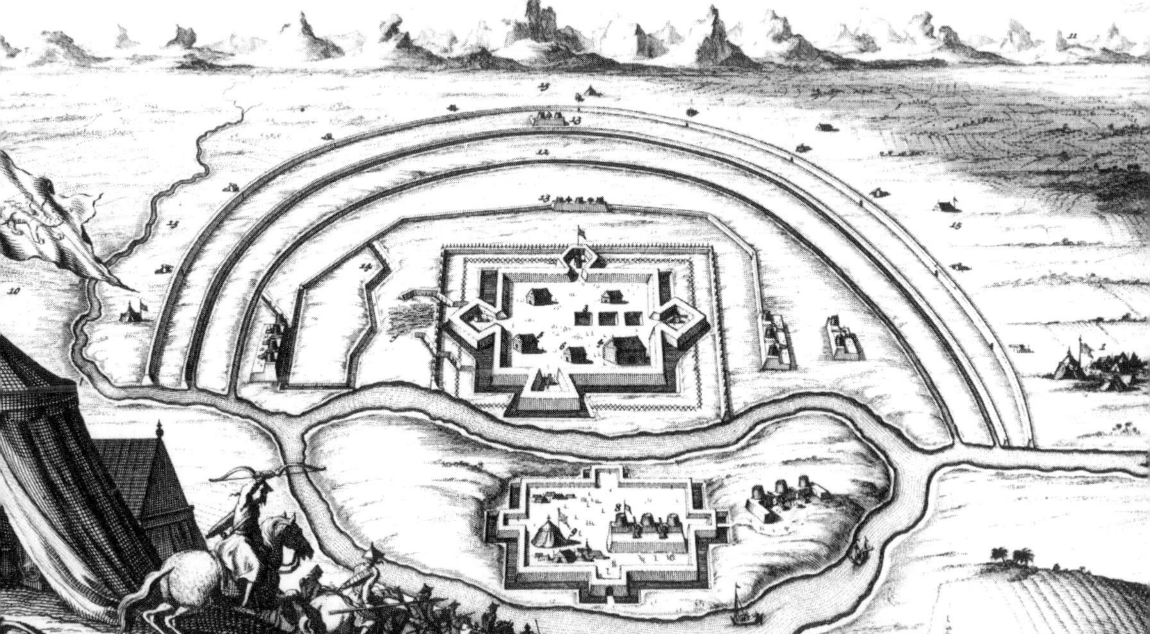

反观清军的情况也不容乐观，部队中的南方军士因为受不了北国的严寒而病倒不少，当然和俄国人相比，至少清军不缺乏粮食和弹药。战场上的双方仍在咬牙相持着，看看谁先倒下。11 月下旬，北京方面传来了康熙的指示：

"鄂罗斯察罕汗以礼通好，驰使请解雅克萨之围，朕本无屠城之意，欲从宽释，其令萨布素撤回雅克萨之兵，收集一所近战舰立营，并晓谕城内罗刹，听其出入，毋得妄行攘夺，俟鄂罗斯后使至定议。"

于是清军停止了对俄国人的敌对军事行动，从 1686 年 7 月到 11 月的第二次雅克萨之战就此结束。虽然清军没能最终攻下雅克萨棱堡，但通过长期围困的方式使敌人大量减员失去战斗力，也算是不小的胜利。双方停战后，萨布素曾经派出军医携带药品去给城内的俄国人治病。然而拜顿也很有骨气，反而给萨布素寄去了几公斤重的烤饼表示不需要帮助。不过之后的日子里，又有大量俄国人因感染疾病不治而死。1687 年（清康熙二十六年）5 月，清军解除了对雅克萨的封锁。但是这次萨布素多了个心眼，依然在距离该地 10 公里左右的查尔丹屯附近，驻扎大军警戒。要是俄国人再有什么异动，清军就重新开战。这种戒严状态一直持续到《尼布楚条约》签订之后才终止。

终章

迫使清朝跟俄罗斯在战争打得正激烈的时候，却忽然决定坐下来好好谈一谈的原因，是这两个国家的西边都有个不安分的邻居：康熙皇帝要防止准噶尔部趁着清朝跟俄国人角力正酣之时，在背后捅刀子；俄国的实际掌权者索菲娅公主则准备和奥斯曼土耳其争夺黑海出海口。最终，为了避免两线作战，两个强权都做出了"舍东保西"的明智决策。索菲娅公主首先服软，以斯捷潘·柯罗文为首的俄国使团于 1686 年 11 月 19 日到达北京。柯罗文向康熙转达了沙皇的问候，并表示愿意通过和谈解决边界争端等问题。

1689 年（清康熙二十八年）8 月 22 日，因种种原因而拖延的中俄谈判终于在尼布楚举行。中方代表赫舍里·索额图和俄方代表费多尔·戈洛文正式会晤，两国大臣都各自带了 1500 多人的部队赴会，一旦谈不拢就开打。经过将近半个月的唇枪舌剑，最后，在军事斗争失败的现实面前，俄国人不得不妥协，当然清朝也做出了一定的让步，承认了沙俄对尼布楚等地领有主权的事实。9 月 7 日，《尼布楚条约》签订。

条约规定：

从黑龙江支流格尔必齐河到外兴安岭直到海（鄂霍次克海），岭南属于中国，岭北属于俄国。西以额尔古纳河为界，南属中国，北属俄国，额尔古纳河南岸之黑里勒克河口诸房舍，应悉迁移于北岸。

雅克萨地方属于中国，拆毁雅克萨城，俄人迁回俄境。两国猎户人等不得擅自越境，否则捕拿问罪。十数人以上集体越境须报闻两国皇帝，依罪处以死刑。

此约订定以前所有一切事情，永作罢论。自两国永好已定之日起，嗣后有逃亡者，各不收纳，并应械系遣还。

双方在对方国家的侨民“悉听如旧”。

两国人持有往来文票（护照）者，允许其边境贸易。

和好已定，两国永敦睦谊，自来边境一切争执永予废除，倘各严守约章，争端无自而起。

条约签订以后，拜顿带着剩下的66名哥萨克在清军士兵的监控下离开雅克萨回国。随着他们的离去，这场中俄两国围绕黑龙江地区归属的争夺战也暂时告一段落。

回顾这段历史，俄国由于战略重心在欧洲本土，所以虽然为获取财源而不断雇用、整编哥萨克武装进行东扩，但是对于如何管理新征服的土地，却没有制定一套明确具体的规划。沙皇朝廷抱着赢则坐收渔利，输也不至于伤筋动骨的心理，设置了督军区，但督军府衙门的大人们贪眼前蝇头小利，任由哥萨克头目们自行其是，即使做出有损国家长远利益的事情也不予以制止。最终的结果就是被征服地区的土著民族极力反抗这些侵略者。

相对于西伯利亚和黑龙江流域的众多土著武装来讲，俄国人的哥萨克雇佣兵有两个优势：

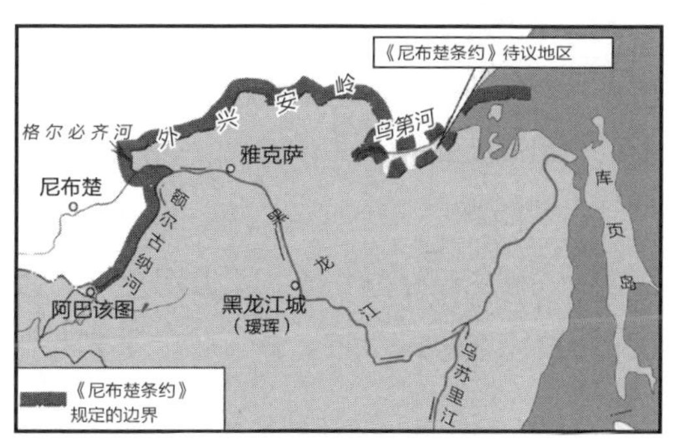

▲《尼布楚条约》签订后的东段边界

其一，手中持有枪炮等热兵器。尽管在这一时期由于技术不完善，无论是火绳枪还是大炮，以及之后的燧发枪在性能上都存在一定程度的缺陷，但是对于那些土著来讲，这些他们从未见过的新式武器，光是发射时腾起的烟雾和巨大轰鸣声就足以对他们的内心产生极大的威慑力。这样的事例简直不胜枚举，例如1582年春季，图拉河畔，叶尔马克攻打失必儿汗国的第一场战斗中，数千失必儿汗国境内的沃古尔人武装，竟然在哥萨克的第一轮火枪齐射后就溃散而去，虽然实际上他们当中并没有多少人被击中。1645 年 10 月 31 日，勒拿河上游的上勒斯克城堡，500 名布里亚特人骑兵围攻 130 名哥萨克，布里亚特人在发起三次攻击后，仅仅伤亡了 25 人就坚持不住而撤退。同样的事情也发生在 1651 年桂古达尔屯早期的接触战当中。

其二，合理的军事组织和战术安排，以及以堡垒线为基础，步步为营的占领方式。虽然在历次东扩中，俄国方面一次性投入的哥萨克队伍总人数并不多，规模大的不过千人，规模小的兵力不过是两位数，而且他们没有上头明确的战略目标指引。但是这并不意味着他们就是一群乌合之众。其内部组织编制和基本战术操练师法正规军的模式。这一点让他们在实现征服目标的过程中，采取的行动比起“利则胜，不利则去”的土著人更有计划性。一般来讲，常见的哥萨克队伍最大的编制单位是百人队，往下则是五十人队和十人队等。因此在面对原住民武装时，他们的兵力常常处于劣势，所以尽管出生于南俄大草原，哥萨克不到万不得已，绝不会选择在旷野和原住民进行野战。这是他们的“先辈”叶尔马克用生命换来的“宝贵经验”。叶尔马克人生中的最后一战，就是因为其扎营于瓦盖河畔无遮无拦的冲积平原，才被库楚姆汗偷袭要了命。于是，哥萨克们逐渐养成了据守在自己修筑的堡垒等防御工事里，以逸待劳、后发制人的习惯。在缺乏攻坚能力的原住民因久攻不下而撤退时，他们就从工事里钻出来发起追击。这种打法已被事实证明行之有效而且屡试不爽。哥萨克所修筑的堡垒等防御工事，在规格样式上，和俄国人在西线防御克里木汗国而修筑的边障极为类似，以碉堡、树障、鹿砦和壁垒连接而成，[①]后来更是吸收了西欧棱堡的设计理念。这些壁垒往往修筑于大小河流的交汇点或河口处等通衢，既是哥萨克的冬季宿营地和庇护所，又是他们用于储备粮秣武器弹药等物资的前进基地，以及压缩原住民生存空间的有力凭借。此外，西伯利亚境内河流众多，纵横交错。哥萨克在进行扩张时利用了这一点，采用了“水陆联运法”，逐步蚕食。即把队伍分作两支，一支乘坐大小船舶走水路行动，另一支则在陆上沿水路而进。很显然，比起武器装备这种硬件上的差距，组织战术等软件上的一边倒，对原住民来说更为致命。

此外，他们还对原住民部落采取分化瓦解、挑拨离间的手段。17 世纪中叶，俄国人基本控制贝加尔地区之后，发现当地渔猎民族和游牧民族的矛盾，就以保护当地

① 参见呼玛堡和雅克萨木堡。

通古斯人免受来自南方的蒙古族攻击为条件，逼迫前者上交实物税，从而激化双方的矛盾。

正是具备了以上三个因素，加之没有遇上强有力的竞争对手，哥萨克雇佣兵才能以少得可怜的军力，为沙俄打下那么大的一块地盘。否则他们的行动只能沦落到小偷小摸级别，即使不死于原住民的箭雨下，也会葬身在西伯利亚的暴风雪中，成为野兽的美餐。这群亡命徒一度在西伯利亚肆意横行，直到他们在黑龙江地区遭遇了清王朝的反击。

尽管有着相对优越的地缘位置，以及先入为主的优势，还深得边境民众的支持，但原本能轻而易举击败入侵者的清朝政府，仍颇费周折才取得胜利。其主要原因在于清王朝内乱未平，外加朝野对俄国人吞并东北的野心认识不足，“对俄国在黑龙江上取得立足点可能造成的后果，中国人也是一无所知。他们把黑龙江上发生的骚乱看成如同鞑靼人的抢劫活动一样”。虽然在早期，清廷曾多次派遣军队击退入侵的哥萨克武装，但始终未把对手干净彻底地消灭掉。到了康熙年间，在扫清内部的反抗力量后，清廷终于开始着眼于解决边患，并为之进行了周密的准备。地缘上的便利，使得清朝可以把强大的国力和军力投射到黑龙江地区。在俄国人七拼八揍的援军队伍还迟迟没有出发的时候，清朝已经集结了数千人的作战部队和人员更多的后勤保障部队，并且做好了开战的准备，从而以战略上的优势弥补了战术上的劣势。清廷正是倚靠一支军事组织尚处在中世纪末期水平的旧军队，在集中了优势兵力的情况下，击败了一支装备相对先进但人数不多的西方雇佣军，而后以战促和，迫使俄国人签订城下之盟，从而维护了帝国的尊严和边疆的安宁。学者何秋涛在《朔方备乘》中这样写道：“夫鄂罗斯从昔不通中国，其人最犷悍难驯。今一旦弥首顺从，自极北不毛之地，兴安岭以内数千里境，悉归版图。”

此后，慑于清王朝，俄国人没敢再越雷池一步，中俄东段边界亦由此得以风平浪静将近二百年。当然，这种平静，到了 19 世纪，随着鸦片战争的到来宣告结束……

参考文献

原始文献

[1] 程开祜，《东夷努尔哈赤考》

[2] 严从简，《殊域周咨录·卷二十四》

[3] 佚名，《平定罗刹方略》

[4] 吴振臣，《宁古塔纪略》

[5] 杨宾，《柳边纪略》

[6] 西林清，《黑龙江外纪》

[7] 曹廷杰，《东北边防辑要》

[8]《清太祖武皇帝实录·卷一》

[9] 徐宗亮，《黑龙江述略》

[10] 申浏，《北征日记》

[11]《清史稿》

现代文献

[1] 韩狄，《清代八旗索伦部研究——以东北地区为中心》，中国社会科学出版社，2011 年 .

[2] 刘民声、孟宪章，《十七世纪沙俄侵略黑龙江流域编年史》，中华书局，1989 年 .

[3] 吴春秋，《俄国军事史略（1547–1917）》，知识出版社，1983 年 .

[4]（苏联）格·瓦·麦利霍夫，《满洲人在东北：十七世纪》，黑龙江哲学社会科学研究秘第三室 译，商务印书馆，1976 年 .

[5]（俄）瓦西里耶夫，《外贝加尔的哥萨克史纲》（第一卷），徐滨 等译，商务印书馆，1977 年 .

[6]（俄）谢·弗·巴赫鲁申，《哥萨克在黑龙江上》，郝建恒、高文风 译，商务印书馆，1975 年 .

[7]（美）弗兰克·阿·戈尔德，《俄国在太平洋的扩张：1641—1850》，陈铭康、严四光 译，商务印书馆，1981 年 .

[8]（英）G. 拉文斯坦，《俄国人在黑龙江》，陈霞飞 译，商务印书馆，1974 年 .

五败十字军骑士的车堡

胡斯战争与15世纪捷克宗教改革简史

作者 / 李楠

引言

2016 年 4 月开始，捷克共和国首都布拉格的国家美术馆将举行一次为期一年的画展，名为“慕夏《斯拉夫史诗》系列画作展览”。其中第 6 幅名为《胡斯战争》的作品，是所有作品里表现人数最多、气势最恢宏的。也是在布拉格，老城广场上，耸立着捷克伟大的民族英雄、学者、牧师扬 · 胡斯的雕像。

为什么捷克人会对胡斯战争和胡斯如此推崇？这一切恐怕都要从 600 年前说起。

在 600 年前的捷克，曾经爆发过一场超大型农民战争——胡斯战争。绝大多数德国史与捷克史称其为“内战”，不过笔者更愿意叫它“第一次全欧战争”。因为这场战争除未波及北欧诸国外，其他所有欧洲国家全参加了，称其为“第一次全欧战争”应该并不为过。

胡斯战争从 1419 年持续到 1434 年，规模十分巨大，远大于当时在英、法等国发生的农民战争。这场战争可以说是欧洲社会结构转型过程中的一个决定性事件。战争期间，整个波希米亚形成了一个由胡斯派领导的军事政权。他们击败了神圣罗马帝国西吉斯蒙德皇帝与教皇组织的五次十字军（1420 年、1421 年、1422 年、1427 年、1431 年）以及多次贵族反攻。这次战争起始于胡斯本人被烧死，结束于神圣罗马帝国皇帝在宗教上妥协——允许胡斯信徒使用两种领圣体方式。这一战争的结果是，王

▼ *布拉格广场胡斯纪念碑*

权被进一步削弱，宗教改革的脚步逐渐临近整个西欧。

胡斯战争也是欧洲从中世纪走向近代社会的转折点之一。它可以说是最重要的中世纪末期事件，敲响了十字军运动的丧钟。虽然之后教皇还有一些组织十字军的尝试，但已经不再具有中世纪时期的重大宗教和拯救意味，反倒是为了抵御外族入侵，如 1444 年的瓦尔纳之战、1456 年的贝尔格莱德之战，以及胎死腹中的 1464 年十字军战争。

胡斯战争中，十字军的主要组织者也不是教皇，而是具有“宝剑旗手”之称的西吉斯蒙德皇帝。他可谓屡战屡败，在 1396 年组织了欧洲十字军，结果于尼科波利斯之战惨败，之后他又组织了多次十字军，但基本都是以失败告终。

其实，胡斯战争之所以会爆发，主要有三个因素，即波希米亚和摩拉维亚人对神圣罗马帝国人强势地位的不满、教会代表与城市民众的冲突、宗教改革的兴起。这些因素尽管很早就已经出现，但到胡斯战争时期才突然放大，并相互结合、碰撞，最终导致了胡斯战争的爆发。

在这次战争中，胡斯军队在军事技术与军队建设方面都有一定的创新。特别是军队的构成、火器的使用等方面，变化非常之大，甚至前所未有。而且，战争中还涌现出许多新的战术，如使用战车工事，结束了步兵无法抵挡骑兵冲锋的劣势；野战军与轻炮兵结合，使军队协同作战机动性更强等等。可以说，这次战争是火器时代全面来临之前的一次预演。其战术、战例对未来的世界军事发展，有极强的示范作用和参考价值。

本文旨在抛砖引玉，期望广大军事爱好者能有更好的关于胡斯战争的作品问世。

波希穆斯人的土地：从捷克人出现到胡斯之前

今天的捷克，由波希米亚、摩拉维亚和捷克西里西亚三部分组成，但最早捷克仅指波希米亚。据捷克历史传说，在很久很久以前，斯拉夫人从东方来到了波希米亚，他们发现这块土地正合适居住，便定居下来。在这些斯拉夫人中间，最强大的是捷克人，正是他们后来组建了以捷克人为主体的国家。据说，这些捷克人的领袖名为波希穆斯，为了纪念他率领大家获得这块土地，捷克人便将伏尔塔瓦河和奥勒河之间的最早定居地称为波希米亚。

从 9 世纪开始，大摩拉维亚公爵与波希米亚公爵先后统治这一地区。

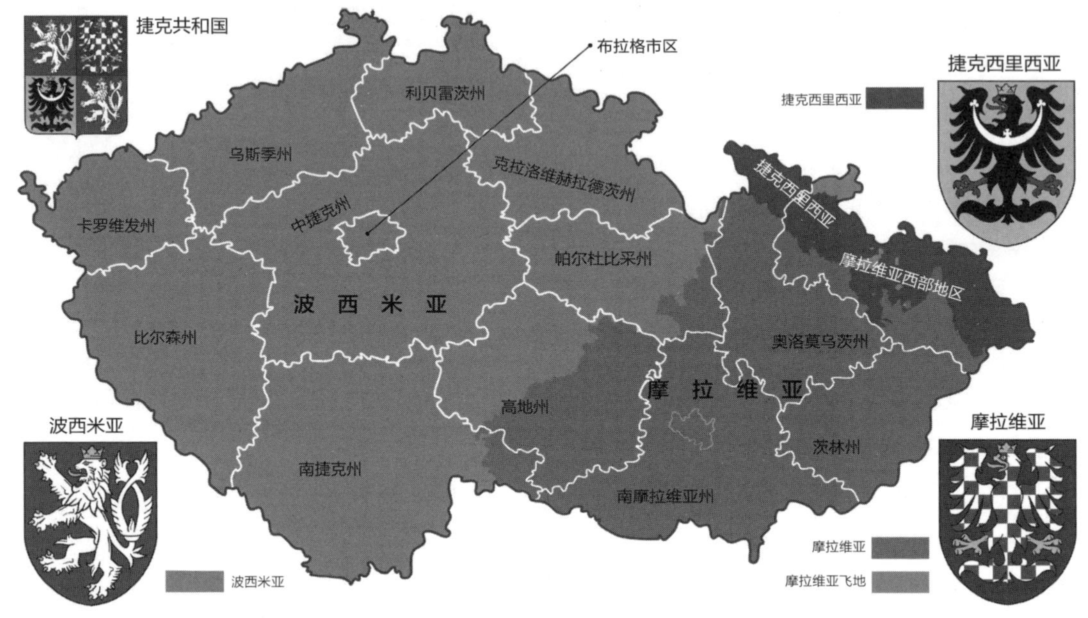

▲ *今日捷克领土组成示意图及其国徽由来*

973年，布拉格主教区成立，隶属于神圣罗马帝国的美因茨教省，波希米亚也由此成为神圣罗马帝国的一个附庸国。后来虽然几经反复，但波希米亚名义上一直处于神圣罗马帝国皇帝的统治之下。

普什米塞王朝时期是捷克历史上第一个鼎盛时期，波希米亚君主从公爵升格为国王。1204年，神圣罗马帝国同意波希米亚成为世袭王国。1212年，波希米亚国王成为神圣罗马帝国七大选帝侯之一。特别是"金铁国王"鄂图卡二世（1253—1278年在位）在征服了附近的几个小伯爵领地后，曾进一步谋求皇帝之位。但哈布斯堡的鲁道夫一世的当选，令这一计划付诸东流。1278年，鄂图卡二世在进军维也纳途中遭遇挫败，战死沙场，他所得的新领土也几乎被鲁道夫一世全部攫取。

1283年，瓦茨拉夫二世即位为新国王。他一改之前半个世纪的对外扩张政策，主要发展内政。在他统治时期，境内接连发现金矿和银矿。王室通过采矿与铸币获得丰厚利润，由此也促进了波希米亚工商业的迅速发展。数年功夫，波希米亚一跃成为神圣罗马帝国境内数一数二的经济强国。

眼馋的近邻——哈布斯堡家族虽然在14世纪初的几年内短暂获得过波希米亚的王位，但"天不助汉助尔曹"，在位的国王不是无子就是死于谋杀。1310年，在欧洲中世纪后期地位仅次于哈布斯堡家族的卢森堡家族，获得了波希米亚王位。哈布斯堡家族直到胡斯战争之后，才将波希米亚置于自己的统治之下。

第一位卢森堡家族的波希米亚国王是扬·卢岑布尔斯基（1310—1346年在位）。他是前任国王卡琳西亚的亨利的儿子，同时也是普什米塞王朝最后一个国王瓦茨拉夫三世的妹夫。他像这个时代很多国王一样，只靠法律即位，根本不懂自己臣民的语言。他大部分时间都待在法国和卢森堡，为卢森堡家族扩大在欧洲的势力而奋斗。虽然他对波希米亚的政治事务并不熟悉，但他却对法国和神圣罗马帝国的政治事务了若指掌。所以这也促使他在即位初期，任命了一些日耳曼贵族来统治波希米亚。这些贵族的统治混乱不堪，使捷克人非常愤怒。1315年，这些贵族被强行赶出波希米亚。

扬见此法行不通，就仿照法国和神圣罗马帝国的习惯，与贵族之间协商获得了一个折中方案。方案规定，波希米亚和摩拉维亚贵族可以根据需要管理捷克的土地，王室很少或基本不干预他们。同时，贵族要向王室缴纳现金收入，作为王室开销所用。这一方案令本就弱化的王室更为虚弱不堪。王室的大量地产和财政资源被贵族们从国王手中转移，国王所剩的资源寥寥无几，甚或只有税收。

富有讽刺意味的是，到了1333年，捷克贵族们遭到哈布斯堡家族的蚕食，无法抵御，只能共同要求扬回到波希米亚，重坐王位。扬感觉自己没能力统治，所以派儿

▲ 鄂图卡二世

▲ 查理四世

子查理回到波希米亚，成为波希米亚的实际掌权者。1336 年，扬在与立陶宛的战争中失明。1346 年，在英法百年战争中的克雷西会战中，扬阵亡。

与父亲的一系列不顺利不同，查理在波希米亚几乎有如神助。到达波希米亚后，查理发现王室已极度衰微，大量资产和土地早已被贵族们瓜分。他只有获得贵族们的支持，才能重振往日荣光。

接着，查理开始发挥自己的才干。仅用了三年的时间，他便学会了法语、德语、拉丁语、意大利语与捷克语，可以与境内的任何人交流。他还努力争取收回原属于王室的资产。在接下来的诸次战争中，他战胜了神圣罗马帝国皇帝路易四世，成为实至名归的统治者。1347 年，他成为波希米亚国王。1355 年，他被其余六位选帝侯一致选为神圣罗马帝国皇帝，称查理四世。

查理四世在位期间（1347—1378），开创了捷克历史上的第二个鼎盛时代。1356年，查理四世在纽伦堡颁布了《金玺诏书》，确定了皇帝选举的多数票制度，以及波希米亚国王在七大选帝侯中的显赫地位。同时，布拉格升为神圣罗马帝国首都。捷克语与德语、意大利语成为神圣罗马帝国必须使用的三种语言。

1344 年，他要求罗马教皇把布拉格主教区升为大主教区，成为新的宗教中心。为了表示自己的虔诚，查理四世下令建造了圣维图斯大教堂与圣瓦茨拉夫小教堂。接着，一场建筑教堂的风潮吹遍整个波希米亚，王国四处大兴土木。相应地，波希米亚的教士也呈几何倍数地增加。

▲ 查理四世的铜像，位于查尔斯桥附近，布拉格查理大学在1848年校庆500周年时所立

这些有利政策的推动令布拉格急速发展。当时这里有 4 万人口，各行各业的能人齐聚于此。虽然，短暂的黑死病时期（1347—1350）布拉格的人口稍有下降，但很快又获得回升。政治和经济在查理四世统治时期获得前所未有的繁荣，欧洲各地的香料、葡萄酒、水产、水果及奢侈品源源不断地输入波希米亚。

查理四世知道，他的这些举措将会令卢森堡家族一枝独秀，随之而来的，卢森堡家族将受到其他家族的排挤，甚至会不可避免地发生冲突。为了使这样的事件不至于出现，他找上了阿维尼翁教皇。他力争推动教皇的统一，并且允诺可以帮助教皇脱离法国控制，重新回到罗马。在教皇的协助下，查理四世拥有了世俗的各种权力，而且欧洲的其他大家族也不敢对他怎样。

与他的父亲一样，查理四世在王室中也吸收了大量的日耳曼人作为自己的左膀右臂。这些日耳曼贵族与原来的波希米亚贵族一起组成了自上而下的封建统治阶层。同时，查理四世还从神圣罗马帝国其他地区引入日耳曼人教士，让他们占据教会中的上层地位，而那些波希米亚教士则下到基层，作为最底层的传教人员。

对捷克经济的把持，成了神罗贵族和教士们维护统治的首要任务，因为对货物的买卖，在捷克境内是一件有利可图的事情。贵族们将自己的钱财放到市场中去放高利贷赚钱；教士们也不再守贫，他们像其他商人一样到处买卖，甚至连神职都进入了他们倒卖的范围。堕落腐化的作风开始在捷克的上层社会逐步蔓延。

1378 年 11 月，查理四世于布拉格去世。人们安葬了他，并称他为“祖国之父”。

炼狱的考验：对立教皇与异端

14 世纪以来，欧洲经历了各式各样的考验。14 世纪初，欧洲天气出现反常，各地轮耕制遭到破坏。再加上蒙古人的进攻，人们无序迁徙，各种战争和病痛不断。1348 年，大鼠疫爆发，欧洲人口急剧减少。同时，英法百年战争开始。此外，1305 年发生了教会大分裂，出现两个或三个教皇对立。那时，人世间充满着恐惧：对撒旦和巫师的恐惧、对鼠疫和战争的恐惧、对最后审判和炼狱的恐惧……与此同时，改良教会的思想也不断涌现。首先是英国的约翰 · 威克里夫，接着便是扬 · 胡斯，之后还有集大成者马丁 · 路德和约翰 · 加尔文。

在查理统治后期，波希米亚的教会迅速腐化。查理四世当然也看到了这个问题，所以他一方面允许一些虔诚的教士与信徒加入一些比较纯净的修会；另一方面，他希望通过在城市与乡村鼓励福音布道来解决教会腐化问题。

首先到来的是奥地利奥古斯丁教团传教士康拉德 · 瓦尔德豪泽。他受到了查理的欢迎，应邀在布拉格旧城广场的提恩教堂用德语布道。他向人们传播福音，同时斥责教士们的道德沦丧，特别是倒卖圣职和其他欺骗行为。

第二位来到波希米亚的著名人物是摩拉维亚克罗梅日什的扬 · 米利奇，他是前多明我会[①]教士。这个人极富煽动性，他认为自己是瓦尔德豪泽的福音传人。他利用《圣经》中的语言，告诉民众最后审判已经到来，教士们的堕落，就是最后审判到来的预兆。而且，他还指责查理四世，认为他对阿维尼翁教皇的操控，以及其他所作所为都是对基督的敌视。他在传播福音时，也传播平均主义的思想，认为所有人在上帝面前都是平等的。这一口号令许多民众追随他，捷克的基督教徒开始出现两极分化。接着，他和一些激进者着力翻译捷克语《圣经》，大肆宣传，力争使捷克语《圣经》成为捷克人使用的最标准版《圣经》。

1378 年年末，查理的儿子、17 岁的瓦茨拉夫四世（1378—1419 年在位）即位。他既没有父亲的关系网，也没有父亲的能力和手段。在他主政期间，王室迅速衰落。

雪上加霜的是，1380 年整个捷克遇到百年不遇的大饥荒，这次饥荒令波希米亚人口锐减 15%。人口的减少，造成农民劳动力不足，地主和富人只好与农民协商解决税收问题。农民借此获得一些权力，不再完全依附于地主阶层。与此同时，教会大量收集无主土地及捐赠土地。到 14 世纪末，捷克 40% 的土地已为教会所有。这些教会土地不向国王纳税，一时令王室收入严重不足。

为增加王室收入，瓦茨拉夫四世强行要求收回之前查理四世封赐的领地和爵位。他宣布，只有为王室效力的人才能获得土地和爵位。同时，他也开始偷偷买卖官职。1393 年，克拉多鲁布修道院院长去世，国王秘密安排自己的宠臣古拉去接任。只因为他献上为数不少的钱财，至于其是否是虔诚的基督徒，国王根本不在意。修道院的修士们当然不愿接受这一结果，他们在几个主教的支持下，自己推选了另一位德高望重的教士任新院长。瓦茨拉夫四世愤恨至极，立即将这几个主教逮捕。这几个主教至死也不愿接受国王派遣的院长，瓦茨拉夫四世便狠心将其中一位最德高望重的涅波莫克的扬主教淹死在伏尔塔瓦河里。

贵族们抓住这个事件，大做文章。他们迅速结成了“反国王联盟”，于 1394 年春围攻布拉格，将瓦茨拉夫四世关进监狱。贵族们强迫他退还从贵族们手中抢走的土地，并承认查理四世时期封赐的土地与爵位有效。瓦茨拉夫的侄子——摩拉维亚的约什特宣布自己成为新的波希米亚国王。

这时候，瓦茨拉夫的弟弟西吉斯蒙德跳了出来，称自己可以成为国王和贵族之间

① 多明我会（拉丁名 Ordo Dominicanorum，又译为道明会），亦称“布道兄弟会”。会士均披黑色斗篷，因此被称为“黑衣修士”，以区别于方济各会的“灰衣修士”，加尔默罗会的“白衣修士”。是天主教托钵修会的主要派别之一。

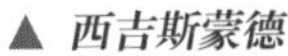

▲ *西吉斯蒙德*

▲ *威克里夫*

的调停人。这是一场豪赌，后来的日子里西吉斯蒙德会为他的这场豪赌付出极大的代价。不过，此时的他还是协助国王和贵族制定了各自需要遵守的条款，总体来说是对贵族有利的。特别是条款中要求在国王下面设立一个贵族议会，等于基本上将国王的权力架空。

瓦茨拉夫对内对外的无能，令神圣罗马帝国的选帝侯们对他感到失望。他们于1400年宣布瓦茨拉夫的神圣罗马帝国皇帝无效，令立他人为新的神圣罗马帝国皇帝，瓦茨拉夫四世只能自称波希米亚国王。瓦茨拉夫四世暗地里调兵遣将，希望能重获神圣罗马帝国皇帝之位。但他却提前暴露了，西吉斯蒙德率领贵族们，在他动手之前又一次围攻布拉格。瓦茨拉夫四世再次被投进监狱。1402年，西吉斯蒙德被贵族们推选为波希米亚的实际掌权者。

可是，西吉斯蒙德一直将自己的侧重点放在匈牙利，因为他本身是匈牙利国王。对他来说，如果大后方不稳，不要提神圣罗马帝国皇帝之位，就算匈牙利国王之位都不一定能坐稳。因此他在1402—1410年之间，一直在匈牙利，很少到波希米亚来管理。眼见如此，贵族们还是希望波希米亚有个国王，他们便将监狱里的瓦茨拉夫四世又迎回王宫，继续他那混乱的统治。

就在如此混乱之时，英国扬·威克里夫（1330—1384）的言论也被引入了捷克。威克里夫是英国牛津大学教授，曾作为英国的皇家神学顾问出访欧洲各国。他认为：只有《圣经》才是唯一法律经典和行事准则；教会不应独立于国家，应向国王纳税；同时，国王应收回教会的地产和财产，安贫才是教会的一贯作风。他还反对教士有赦罪权，希望简化教会礼仪。他的这一主张一抛出，立即受到教皇格里高利十一世的反对，表示要将他严惩。1384 年，威克里夫去世，其作品也在数十年内被全部销毁。不过，其后继者罗拉德派却一直保留着他的著作，对社会和政治上的不公正发起挑战。

《三人对话录》是威克里夫最为著名的神学作品。在他去世几年后，该书就被介绍到布拉格大学。该大学于 1348 年由查理四世建立，今天被称作查理大学。这部作品甫一译成捷克文，便在大学内引起强烈反响和争论。

大学的老师和学生因这部作品分成了四派，即波希米亚人、巴伐利亚人、波兰人与萨克森人。1403 年，大学校长提议大家一起投票，确定威克里夫的言论是否正确。当其他三派与波希米亚人意见向左时，民族情绪开始被煽动起来。

与此同时，瓦茨拉夫四世正在比萨召集一次特别会议，讨论敌对教皇的问题。他希望解决这个问题能令他再次获得神圣罗马帝国皇帝之位。可是布拉格大学的教师和学生们却反对他的这一行为。作为报复，瓦茨拉夫四世于 1409 年颁布《维滕伯格法令》，将 3 个外籍学生群体的选票改为 1 张，捷克学生改为拥有 3 张选票。这一动作的结果便是将原来占据半壁江山的日耳曼教师与学生排挤出大学，布拉格大学成为波希米亚宗教改革的中心。

扬·胡斯：承前启后的英雄

1371 年，扬·胡斯出生在捷克南方的一个小村庄里。18 岁进入布拉格大学文学院学习，1393 年获得“七艺”学士学位。不久，他便留校任教，成为神学院的一名讲师。他的课程广受欢迎，学校中的教师和学生都对他十分尊重。1401 年，胡斯成为文学院院长。次年，他又晋升为布拉格大学校长。1403 年起，胡斯又成了王后索菲娅的告解神父。同年，他开始在伯利恒礼拜堂进行他的讲道活动。

生活在这样一个混乱的时代，胡斯耳濡目染地接受了许多先进的思想，其中也包括威克里夫的作品。他强调：“波希米亚人就应该在波希米亚王国里被上帝协助，在宗教生活中占有绝对的地位。这就如同法国人和神圣罗马帝国人在他们的土地上一样。”

在伯利恒礼拜堂，他用捷克语向大家讲道，深刻地批判教会的放荡、堕落和丑恶。他历数“教会榨干每一个信徒兜里的钱财，只为喂饱他们的荷包”，特别是买卖圣职已经离开了教会安贫的本质。他认为教会应该还像耶稣时代一样，为公众谋福利，而不是谁给钱多，也不论此人是否有能力，便将其放到要职上去。他认为，教士阶层应该服从世俗阶层，在传教上应当遵守规矩。

之前，教皇乌尔班二世曾创造了一种朝圣文书，名为“赎罪券”。该券本是给东征的十字军使用，为的是十字军们宽免自己的罪行。但到 14 世纪之时，这种文书竟然成了教会买卖的物品。他们开始向未犯罪的人兜售赎罪券，告诉他们把钱财送给教会，获得该券就能升到天堂。这一做法已经完全背离了当初的意义。而且，在乌尔班二世时期，还有一种“大赦年”，即人们可以去罗马朝圣，教皇会赦免人们的一切罪行。这种年份每隔一百年才会有一次。到 14 世纪，因为教皇分立，竟然改为三十三年一次，而且只要给钱就可以赦免任何罪恶。

这些教会的腐化过程与事件，胡斯及其信徒四处宣扬，希望所有人都能看到教会的嘴脸。他希望进行一次宗教改革，将教会重新拉回到原始的位置和目的上来。

胡斯的这些控诉，令当地的一些教士愤慨不已。他们认为教会的缺点是可以讨论和改变的，但不应该如此明目张胆地对教会进行批评。因此，1408 年这些人向教皇提出控诉。他们认为胡斯已经是一个中等程度的异端。1410 年，教皇格里高利十二世向瓦茨拉夫四世正式通谕，要求开除胡斯的教籍，同时焚烧所有威克里夫的书籍。胡斯挑战性地在学校组织了一场场布道，向大主教们提出抗议，随后又向梵蒂冈提出申诉。当然，罗马教皇并未接受他的申诉，还是判其为异端。

因为这件事，胡斯曾经的一些志同道合的朋友离开了他，唯恐避之不及。他们加入了反胡斯的队伍，对胡斯的言论大加指责和鞭挞。胡斯也不甘示弱，他以布道团结到更多的民众，加深对教会的控诉，让人们知道他们正在受骗。他在布道之时，不用拉丁语而用捷克语，这也让他与群众更加接近。

胡斯对于赎罪券的批评，令瓦茨拉夫四世很不满。因为他也正从倒卖赎罪券中分一杯羹，如果再信由胡斯如此讲述，自己的财路岂不是被断了？瓦茨拉夫四世与教皇联合，一起对胡斯加压，要求他去梵蒂冈接受审判。为此，胡斯的同事和朋友——布拉格大学教授哲罗姆纠集了一大堆民众和学生，于 1412 年 7 月进行游行，反对瓦茨拉夫四世的倒行逆施。惊慌失措的瓦茨拉夫四世并未找到组织者，只好随便揪了 3 个年轻帮工处以死刑。这三人成了胡斯战争中最初的殉道者。

▲ 遭受火刑的胡斯

▼ 胡斯在康斯坦茨会议上慷慨陈词，奥匈帝国画家瓦茨拉夫·布兰奇卡1883年绘

为防止事态进一步恶化，布拉格大主教决定给胡斯以禁止礼拜的处分，随后将其赶出布拉格。胡斯接受了大主教的“善意”决定，离开布拉格，到了波希米亚南部地区继续他的布道。1412 年 10 月，胡斯到达山羊堡，并以这里为中心继续他的传道事业。在当地贵族的保护下，他完成了捷克语《圣经》的翻译工作，接着将其扩散到整个波希米亚，从而形成了捷克语《圣经》的标准。

波希米亚南部在胡斯的经营下，逐渐成为胡斯信徒活动的中心地带。大量的追随者在附近的城市布道，收拢了一大批有相同见解的人士。由此，胡斯运动正式成型。次年，全捷克三分之一的城市都拥有大批的胡斯信徒。

1414 年，西吉斯蒙德在康斯坦茨主持了一次宗教会议。这次会议有数位大主教、近 200 位主教、100 位修道院长与 300 余位大学教授出席，神圣罗马帝国皇帝及诸选帝侯代表全部在列。这次会议结束了教会的分裂状态，宣布马丁五世是未来的唯一教皇。另外需要解决的便是对教会影响最大的“异端”案件，而其中最大的异端便是胡斯。

西吉斯蒙德随即邀请了胡斯，他向胡斯保证已经赦免了他的罪。11 月 13 日，充满渴望的胡斯刚刚到达康斯坦茨，便被皇帝逮捕。接下来的整个冬季，他都被关在城堡里，手戴铁链，脚栓镣铐。

次年春，胡斯被从监狱里带出，多次参加审判。宗教会议说，他如果放弃原有的想法，便可以重新回到教会组织里。但胡斯并不买账，仍旧坚持自己的说法，认为应该改革的是教会，而不是自己。在半年多的时间里，宗教会议一直都无法动摇他的观点。不得已，教会与皇帝一致做出决定，宣布将胡斯处以火刑。在行刑路上，胡斯说：“如果我在会议上因为自己的软弱而动摇，我还有什么颜面去见上帝，去见千千万万的人民呢？”他很高兴能为自己的信仰而死。1415 年 7 月 6 日，扬・胡斯被押上火刑柱活活烧死。之后，他的骨灰被撒进莱茵河，永远无法回到波希米亚。五百年后的 1915 年 7 月 6 日，人们为了纪念他，在布拉格的城市广场上竖立起他的雕像，纪念这位英雄。1416 年，胡斯的同事兼朋友哲罗姆也被押上火刑柱烧死了。

不要木杖要铁棍：胡斯党人最初的战斗

实际上，在胡斯宣布要前往康斯坦茨时，他的追随者们就知道胡斯此去必定凶多吉少，纷纷劝他不要去参加宗教会议。但胡斯意志坚决，早已做好最坏的打算。他自称，希望自己的殉道能令大家觉醒。

果然，1415 年胡斯被架上火刑架，烧死。此事在几乎整个捷克引起巨大骚动：城市平民上街游行，针对西吉斯蒙德提出抗议；还有 452 名贵族联名上书要求恢复胡斯的教职，认为他并不是异端。除此外，在波希米亚人占多数的教会里，都开始实行胡斯在狱中表示同意使用的圣餐礼仪，即使用酒杯领受圣体。

1415 年 11 月，心硬的西吉斯蒙德与教会宣布整个波希米亚教会全为异端，他们强行将自己的意志向下贯彻。这时，胡斯的拥护者们自称胡斯派或胡斯党人，而后又发展出了胡斯军。他们纷纷表示与教会决裂，自立门派。

不过，在一开始，胡斯派便分成两部分，一部分激进派名为塔波尔派；另一部分温和派名为圣杯派。这就是后来胡斯军左右摇摆得非常厉害的真实原因。以下简单说一下他们的由来。

在布拉格以南，教堂被禁，胡斯派便开始举行“上山运动”。他们将附近的塔波尔山、奥列布山和十字山统统认为是圣山。这三座山都位于今捷克西南部的伏尔塔瓦河、奥德河交界处，范围约 1600 平方公里。其中塔波尔山最高，主峰马赫莱尼克峰高 633 米，是当地最

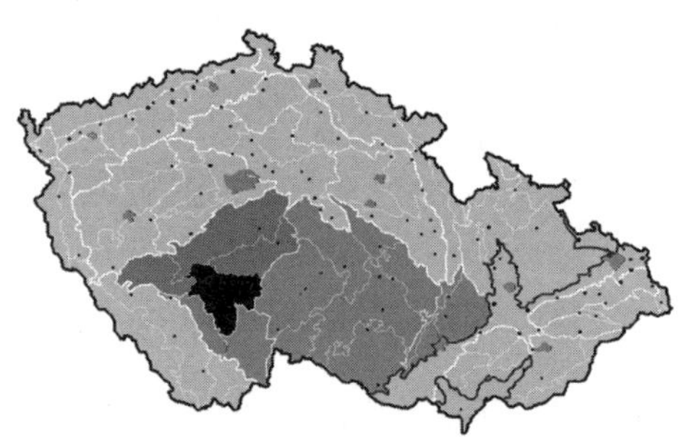

▲ *塔波尔山在捷克的相对位置示意图*

▼ *今日塔波尔山*

高的山峰。人们在礼拜的时候必须要在山上由教士布道，随后大家一起领受圣体。他们的口号和行动都比较激进，所以他们根据集会的山名称为塔波尔派。

另一派圣杯派则来源于前面说的圣餐礼仪的改革。他们只崇尚按照胡斯的意见改变领圣体的方式，并不愿与罗马教会决裂。

1418 年，西吉斯蒙德要求其兄波希米亚国王瓦茨拉夫四世镇压胡斯派中的激进分子。并称，如果瓦茨拉夫四世不愿做的话，他便要使用十字军来征讨波希米亚。当时胡斯派势力正在南部急速扩张，但天主教的实力又极其强大，令瓦茨拉夫四世处于摇摆状态，但鉴于武力的威胁，瓦茨拉夫四世只好于 1419 年要求全捷克重新恢复天主教礼拜，原本被捷克人赶走的日耳曼传教士重新回到教堂里。这一举动如同一石激起千层浪，事件终于发展到不可收拾的地步。

7 月 22 日，4.2 万胡斯派信徒来到塔波尔山集会，他们在达成一致后宣誓，要用生命来保卫“神的言论”。随后，他们自行组织了几支队伍，企图抢占捷克南部部分地区的城市领导权。不过因为大部分是散兵游勇，还是被当地官员镇压下去。见自发的起义失败，当地的一位著名人士——小贵族胡斯·米库拉什将大家组织起来，他成为塔波尔派最早的领导者。

几天后的 30 日，布拉格也发生了一场骚动。在一名叫作扬·热列夫的传教士的号召下，城市平民组织起来。他们一起冲进新城市政厅，将瓦茨拉夫四世新任命的 11 名市议员全部抛出窗外，制造了著名的第一次布拉格掷出窗外事件。接着的三天里，城市平民冲击了整个布拉格新城，将这里凡是说德语的都赶出城外，并将他们的房屋捣毁。8 月 2 日，布拉格新城全部落入平民手中。在这场战斗中，扬·杰士卡崭露头角，成为布拉格塔波尔派的领袖。

扬·杰士卡于 1378 年左右生于博洛尼亚的安东尼奥村的一个破落骑士家庭，小时候因染病致一目失明。但也有捷克文献证明其是在 10—12 岁玩耍时，因利器插入眼中造成一目失明。但这并没令他失去信心，相反他还给自己起绰号为“独眼杰士卡”。据布雷佐瓦的劳伦斯写的编年史《胡斯纪事》所称：当 1400 年他的父亲格里高利去世后，他便参军成为一名普通士兵。最早，他效力于瓦茨拉夫四世的军队，但是一直没有获得升迁，因此他放弃了王军的优厚待遇，成为一名雇佣兵。1408 年左右，他被巴伐利亚的亨利·罗森伯格所雇用。1408 年年底，亨利要求他与其弟弟杰尔卡一起进攻一座位于比尔森的城堡，那座城堡为波希米亚贵族马修所拥有。在战斗的最后一刻，杰士卡与弟弟放下了武器，逃出了城外，他们自称不想做自己兄弟的罪人。

1409 年 4 月 25 日，瓦茨拉夫四世为了表彰其功劳，特地为其颁发奖状。三个月后，他受封骑士，成为当地的一名小贵族。

1409年年末，他成为波兰国王的一名随从。在波兰编年史中，也曾有他的名字出现。据说，就在 1410 年年初，他曾经随波兰国王远征条顿骑士团，并在其中的格伦沃尔德之战崭露头角，被人们所熟知。

▲ *杰士卡的家族徽*

▲ *格伦沃尔德之战中的杰士卡*

1414 年，杰士卡从国外回到捷克，积极参加到胡斯的运动之中。说起来，杰士卡作为一个雇佣兵，已经获得了如此多的荣誉，再参加胡斯派恐怕总有些那么不伦不类。故笔者个人认为，很可能杰士卡的某些战斗是胡斯派们虚构的，只是为了凸显其领袖地位。只有拥有如此之多的荣耀，人们才愿意跟随他，胡斯派才有光明的未来。

让我们再次来到 1419 年，这时候在捷克的其他地区，特别是南部地区也发生了数场战斗，战斗大部分以胡斯派的胜利告终。

8 月中，瓦茨拉夫四世去世。因没有子女，他只能将波希米亚王位传给他的弟弟、当时的神圣罗马帝国皇帝西吉斯蒙德。人们对这个选择绝对不买账，他们拒绝西吉斯蒙德来到首都布拉格，同时西吉斯蒙德也害怕到波希米亚去。不得已，西吉斯蒙德折中地让瓦茨拉夫的遗孀索菲娅成为波希米亚的摄政者，不过波希米亚大贵族希内克才是真正掌握政权的人。

当时，西吉斯蒙德已经拥有摩拉维亚、匈牙利和西里西亚，手握众多军队令他感觉有能力镇压胡斯派的起义。他立即从神圣罗马帝国各地召集十字军，准备将胡斯派一网打尽。

说到这里，要特别提一下，实际上十字军是一个很宽泛的概念，很多地方它与欧洲骑士的概念是重合的。十字军最早出现于 844 年阿斯图里亚斯王国收复失地的运动中，结束则是在近千年后的1798年，那年拿破仑将马耳他的医院骑士团击败。这一千年中，十字军一直存在，只不过较八次十字军东征，其他时代的十字军并不著名而已。

回到正题，这时候波西米亚的摄政女王索菲娅与大贵族希内克也在寻机镇压胡斯派。他们举行议会，商讨如何调兵，以及想办法"妥协"地承认胡斯派非异端。其真实目的还是积聚力量，对胡斯派信徒加以报复。

在其拖延时间之时，各地的胡斯派信徒纷纷开进布拉格。9月29日，以传教士瓦茨拉夫·柯兰达为首的塔波尔派向全国宣称："现在不是拿起木杖的时候，而是拿起铁棍的时刻。"

布拉格城是今天捷克的首都，也是当时神圣罗马帝国东部的最大城市。该城名字来自德语"布拉哈"，意为门槛。据说当年建城之时，国王发现此处的木匠都在兢兢业业地制作门槛，便把此处叫作"布拉哈"，当城市建成后讹为布拉格。

10月25日，希内克从其他地方调来军队1300人，向布拉格新城进发，希冀剿灭胡斯派。但在11月4日王军还未接近之时，布拉格城的各教堂钟声突然响起。很显然，他们已被胡斯派信徒发现。原来，在前一天即11月3日，一群约300人的胡斯派信徒在布拉格以南12公里的一座小村庄休整，准备于次日向布拉格进发。恰在此时，王军的先头部队到达这里。所以这些信徒决定提前出发，向在布拉格的胡斯派信徒告知状况。由此，王军的动向已被胡斯派完全知晓。

11月4日，布拉格之战开始，胡斯派参加的人数约为4000人。早晨太阳刚刚升起，两军便开始接战。作为防守者，胡斯派信徒有2000余人选择了附近的一座小山丘进行固守，另外还有1300人在城市各处埋伏。王军见到山丘上的军队，马上分为两队，从左右攻袭胡斯派阵地。作为回应，胡斯派使用弩兵四射，城内埋伏的军队也一哄而上，将大部分王军消灭。次日，城内到处是尸体，希内克的军队全军覆没，胡斯派取得胜利。6日，王军获得新补充，胡斯派内的圣杯派与塔波尔派部分决裂，加入王军；同时，塔波尔派也有更多人参加，战斗继续。

据捷克《老编年史》记载："十字军由斯滕伯格的彼得率领……十字军骑士们各怀鬼胎，并不愿意一起奋勇向前。他们督促那些枪兵像炮灰一样向前冲击，尽管那些步兵们很有勇劲，但却被胡斯派的弩兵一次次击退而败下阵来。见无法获胜，十字军们于夜间撤到附近的一座小山丘上。他们希望从那边可以看到胡斯派内部的运动情况。但不幸的是，胡斯派的军队竟然趁着夜色攻到十字军的山丘上，十字军慌乱中踩踏了不少自己人……”

第二天一早，斯滕伯格的彼得发现了胡斯派的另一支人马。就在他还未将残兵败将收拢之时，军队就被胡斯派众多的人马分成了两部分。在战斗中，王军凭借精良的装备，勉强冲出了包围。

11 月 10 日，胡斯派诸领袖在布拉格举行集会。他们选举布什涅克为胡斯派的领导人，继续领导塔波尔派的战斗。13 日，王军败势已现，女王索菲娅代表波希米亚贵族们与塔波尔派签署停战协议。18 日，协议签订。协议同意胡斯派使用胡斯制定的圣餐礼仪，胡斯的神学也被部分承认。作为对协议的确认，布什涅克率领胡斯军撤出布拉格，转到另一位领袖柯兰达的老家兼根据地——比尔森城，并希望在捷克南部建立一个永久性的根据地。在这里，他们继续进行着艰苦卓绝的战斗。

就在此时，西吉斯蒙德在摩拉维亚的布尔诺召开会议，包括波希米亚、摩拉维亚和匈牙利的国王，主教，大贵族，普通贵族与部分中产阶级代表齐聚布尔诺。会议主要商讨对胡斯派异端的惩治问题。各地方贵族都同意出兵，一起将捷克的胡斯派一网打尽。这次会议后，贵族们纷纷认为：异教徒的末日就要到了。

为什么西吉斯蒙德会对神圣罗马帝国东部一隅的波西米亚如此关注？这是因为查理四世在位时，波西米亚发现了中欧最大的银矿——霍特纳山银矿。到 15 世纪初，

▼ *今日布拉格老城*

该处的银矿每年产出值至少 10 万马克。对于在数次十字军战争中耗费巨大、早已捉襟见肘的西吉斯蒙德来说，这不啻于天上掉下来的礼物。因此，他不能容忍波西米亚的任何反叛行为。否则他将会失去巨大的财政来源。

1420 年 1 月，王军开始反扑，他们向塔波尔山进攻。在山上，胡斯派已经建立起一座城堡，名为塔波尔。此后的很长时间，塔波尔城都是起义的中心城市。这些人固守城堡，生怕王军攻入其内。在比尔森与当地武装作战的布什涅克与杰士卡听到王军来袭后，非常震惊，立即调派部分军队去塔波尔城堡解围。不料，王军这次使用的是声东击西战术，增援军队刚出发，王军就立即转变方向，向比尔森前进。

扬・杰士卡提前想到王军可能要进攻，所以在比尔森西北 17 公里处的尼克米尔镇埋伏了 300 名步兵与 7 辆胡斯车堡。胡斯车堡是杰士卡的秘密武器。在上一次布拉格之战中，他发现胡斯军大部分是贫苦农民，他们仅靠有限的武器战斗和自卫。当遇到王军的重骑兵与重步兵时，几乎就是被压着打。所以他创制了一种胡斯车堡。车堡一般为四轮货车，长 5 米，宽 2 米，高 1.5—3 米。在一人高处开孔洞，便于士兵观察和射击。车堡成员一般为 16—22 人，分别为车手 2 人、弩兵和火门枪手 4—8 人、戟兵 2 人、连枷手 6—8 人、盾牌兵 2 人。在战斗中，车堡会一字排开或者围成圆形，

▲ 杰士卡率领军队前行

▲ 早期胡斯车堡

杀伤力与自卫能力都很强。

王军由波古斯拉夫带队，为 2000 名骑兵与步兵混编队。大约在 1 月 15 日，两军在尼克米尔镇相遇，史称尼克米尔之战。在战斗中，胡斯车堡首次发挥效力，王军步兵很多被歼，但王军却无法接近胡斯车堡一步。据编年史记载，胡斯车堡因为首次使用，所以当时根据战场情况将 7 辆车堡围成半圆形，从三个方向共同用弩箭和火门枪射杀敌人，后面则紧靠尼克米尔镇。王军骑兵自恃全副武装，小看胡斯军。他们一次次地向前冲击，但还没冲到车堡近前就被弩兵射下马来。最后，尼克米尔之战以胡斯派的胜利告终。

在捷克《老编年史》上还记载："王军一部分重装骑士在符腾堡的希内克率领下，不顾死活地向胡斯车堡投射长枪，并发射弓箭。可是，坚固的车堡挡住了他们的袭击。就在战斗正酣时，车堡内的箭射中了希内克，骑士们见状纷纷逃窜。"

尽管这次战斗胡斯派获得了胜利，但接下来王军却越来越强。忌惮于胡斯车堡，王军并不采取进攻态势，而是加强军队数量，一批批地向比尔森城进发。在 3 月，王军已数倍于胡斯军，不得已胡斯军表示可以接受王军的谈判。

3 月中旬，王军的使者来到比尔森，与布什涅克签订了和约。和约同意胡斯派和平撤出比尔森城，胡斯军的家眷和财物也不会受到损失。3 月 23 日，胡斯派的最后一批压阵部队——400 名步兵、12 辆胡斯车堡与 9 名车手离开比尔森城。王军虽然根据条约并未继续跟着胡斯派的军队，但比尔森地方贵族却表示这个和约与自己无关，组织其军队追击胡斯军。

布什涅克与杰士卡获悉这些人到来，立即将军队拉到苏多曼什村附近的一块开阔地。这里的地势对胡斯军十分有利，两面都有池塘，剩下两面一面是山丘，另一面是开阔地。以贵族斯滕伯格的彼得、波古斯拉夫、米库拉什、杰迪里奇为首的贵族军队 2000 人于 3 月 25 日也来到了此地。贵族们见胡斯军人数很少，且刚刚经历过尼克米尔之战，早已筋疲力尽，所以想将胡斯军一网打尽。苏多曼什之战由此开始。这场战斗在诸多编年史中的记载都非常详细，其中以亲历者布雷佐瓦的劳伦斯的编年史的记载最具戏剧性。

这是 3 月（也称圣母月）的一个中午，贵族军队骑兵组成方阵，手持长枪冲击由胡斯车堡保卫的苏多曼什村。尽管胡斯军用强弩与火门枪从车堡内攻击敌人，但终究因为之前多日战斗，大部分人体力不足而受伤。结果有一辆车堡被攻破，30 名胡斯派军士被俘虏。

▲ *苏多曼什之战*

情况危急之时，胡斯派的妇女儿童纷纷祝告上帝，希望上帝能让他们赢得这场战争。

不知是否是上帝听到了胡斯派的声音，太阳在四五点钟的时候突然变黑，再也没有亮起来。胡斯派戟兵与矛兵趁着黑暗突然从车内冲出，刺伤了几名贵族将领。贵族军队看到这个奇迹，大呼上帝已然站在胡斯派一边，忙不迭地撤出战斗。他们边跑边大声喊着："我们的矛刺不中他们；我们的剑砍不到他们；我们的箭更射不中他们。上帝啊，你为何怜悯他们却不怜悯我们？"

另有一批贵族军队在斯滕伯格的彼得以及波古斯拉夫的率领下，从池塘偷袭。池塘泥泞得厉害，他们的骑兵无法在池塘快速机动，不得已下马卸鞍，缓慢步行向前。几乎就在他们将要走出池塘时，天黑了，伸手不见五指。在池塘中他们受到了胡斯派的反击，因无法后退而动弹不得。

在随后的两天里，贵族军队认为上帝一直在胡斯派那边，根本不敢进攻，这场战斗以胡斯派的再次胜利告终。不过胡斯派的领袖布什涅克因为被刺中脚趾，突发高烧，在几日后去世。扬・杰士卡作为新的胡斯派领袖，继续带领胡斯派向塔波尔城进发。

3 月 29 日，杰士卡率领军队到达塔波尔城。他观察了塔波尔城附近的情况，认为应该加强防御。因此，他与其他几名先到达的胡斯派领袖一起决定将附近城市的居民一起迁入塔波尔城。此时，塔波尔城已成为胡斯派南方政权的中心。

此后，胡斯派开始对外扩张。他们将第一个目标定在塔波尔城东南 2 公里外的姆拉达沃日采城（今塞季莫沃乌斯季城）。这座城市人口众多，且拥有粮食储备，自然成为胡斯派的目标。

4 月 5 日凌晨，杰士卡率领一支军队偷袭了姆拉达沃日采城外的王军军营。

布雷佐瓦的劳伦斯记载："前一天，也就是 4 月 4 日是一个周四，这天还是复活节的前夕。王军为了庆祝即将到来的复活节，开始做起各种准备。他们相信，杰士卡的军队也会庆祝这个节日，大家这几天应该是相安无事的。"

▲ *俯瞰塔波尔旧城*

结果，王军想错了。4月5日凌晨，王军正处于睡梦中，胡斯军悄悄打开了军营的木栅栏，然后偷走了马匹与辎重。接着，这些胡斯派军士在军营四处放火，并大声喊着火了。王军听到喊叫，一个个赤膊逃出营帐。就在这时，胡斯派军士一拥而上，将王军悉数砍杀。在偷袭中，杰士卡的军队获得了大量盔甲。德国编年史作家埃尔·西奥多尔还记载：“王军的尼古拉斯爵士负责押运王军的辎重，他自己藏有私心，将路上搜刮来的部分金币藏在了粮草车中。结果，由于杰士卡的偷袭，他的金币全部被胡斯军劫走。”

城市的居民见军营已被火焚烧，便举城投降，与胡斯军一起迁入新城塔波尔。在塔波尔，杰士卡发现大量青壮年希望参加军队。作为对他们的鼓励，他将从王军那里获得的盔甲悉数发给了他们。

4月7日，胡斯派举行大会，选举4名领导者为指挥官。其中第一指挥官为胡斯·米库拉什，第二指挥官为扬·杰士卡，第三指挥官为茨贝涅克，第四指挥官为赫瓦尔。杰士卡因为战功卓越，在不久后便成为胡斯派的最高军事领导人。整个捷克，也被随之而来的革命风暴所吞没。

皇帝与胡斯派的争端：第一次十字军战争

在1420年年初的布尔诺会议闭幕后，西吉斯蒙德皇帝一直关注着胡斯派的动向。他到达西里西亚的沃济斯瓦夫，举行了又一次帝国会议。在会议上，西吉斯蒙德皇帝斩首了23名布拉格市民，同时说出了那句一直为后人称道的话：“就算天塌下来，基督教十字军的长矛也能将其推回去。”当然，这句话本来是针对奥斯曼人说的，不过此处的胡斯派在其心中已经与奥斯曼人没什么区别。而刚刚被西吉斯蒙德皇帝推上教皇宝座的、唯一的教皇马丁五世对其言听计从，他立刻于3月17日写了一份对胡斯派进行咒骂的诏书，同时还呼吁神圣罗马帝国及法国各地的军队参加十字军战争，将胡斯派一网打尽。

神圣罗马帝国以及法国、捷克、匈牙利等地的地方势力，当然乐于看到胡斯派失败，因为如果他们按兵不动的话，神圣罗马帝国各地的人民可能就会效法胡斯派起来斗争。因此他们于当年的1—4月，纷纷向西吉斯蒙德派出精锐部队。当然，还有许多从其他国家来的、希望捞一把的雇佣兵也参加了进来。布雷佐瓦的劳伦斯记载，这些操着德语的混乱军队至少有15万人之多。这个数字显然是太多了，劳伦斯可能将那些自称出兵但没出兵的也算上了。不过，其他编年史作者称大约有8万人，这个记载还算比较符合实际。

这时，波希米亚各地突然出现了一个传说。说这个世界上有条戴着七顶王冠的龙，它会在每天夜里出来，伤害波希米亚的农民们。如果农民们愿意晚上点起篝火，再派一些人守卫，它就不敢来伤害大家了。很显然，七顶王冠的龙指的就是神圣罗马帝国皇帝。人们将他视作一条害人的恶龙，只有篝火和战斗才能将其打败。一些胡斯派传教士就是根据这个传说，将人民武装起来，准备迎接西吉斯蒙德皇帝的十字军的到来。他们在布拉格以及邻近地区搭起防御工事，并制造了不少大车堡。4月初，波希米亚东北部有一批胡斯军的增援到了，在布拉格附近的胡斯派总兵力接近3万人。

见到胡斯派如火如荼地发展，索菲娅女王与大贵族希内克宣布不再与布拉格的胡斯军敌对，反而愿意与他们合作。作为交换，数百名曾被胡斯派监禁的贵族被放出，送到索菲娅女王与大贵族希内克所在的维腾伯格。与此同时，西里西亚的十字军也基本集合完毕。十字军约15万人，由西吉斯蒙德皇帝带队，下面按照武装力量不同分为数个支队。

▲ ***胡斯派军旗***

皇帝的十字军从波希米亚东北部切入，一路上势如破竹，一直来到索菲娅女王所在的维腾伯格。希内克见势马上向西吉斯蒙德皇帝臣服，维腾伯格也被升格为皇帝的行宫所在。

眼见如此多的军队，胡斯派也十分害怕。5月17日，他们派出使者与皇帝接洽，希冀获得一个和平条约。但皇帝一心想将胡斯派一网打尽，根本不愿缔结和约。作为报复，激进的塔波尔派人士对布拉格附近的贵族与中产阶级进行了大肆掠夺与冲击，数百人丧命。这场暴行发生在5月19—20日。

贵族们害怕胡斯军在布拉格坐大，便提前将布拉格附近的两座城堡——哈拉德坎尼堡与威瑟哈拉德堡占领，从而将布拉格通往西部和南部的交通要道全部封锁。尽管胡斯军希望拿下其中的一个堡垒，但并未成功。

6月12日，维特卡夫山之战开始。根据编年史作家的记录，这次战斗中十字军参加人数有10—20万人，不过根据今天的研究应为5—10万人。他们包括5个选帝侯、巴伐利亚公爵、黑森伯爵与奥地利公爵所率领的队伍。胡斯派一方的人数为1.2万人，全部都是杰士卡的军队。

在布拉格附近的防御工事之中，最为重要的莫过于东面的维特卡夫山工事。该工事坐北朝南。北边是直上直下的悬崖，南边是平缓的平地——一片葡萄园。在南面，胡斯派还特意建起一座瞭望塔。该工事又恰好位于十字军的补给线上，所以成为十字军最重要的突击地点。

在十字军到来之时，瞭望塔工事里只有26名男子与3名女子保卫。不过，十字军还是围困了一个月的时间。麦森侯爵弗雷德里克记载："十字军将异端们围困在了布拉格附近的一座小山上。……我们越过了他们设置的一个个战壕，最终将其围困在一个很小的区域内。"

▲ *为纪念波利希之战而修建的波利希教堂*

7月13日夜，十字军总攻开始。他们进行了一个小时的晚间祈祷后，越过伏尔塔瓦河，从南面进攻山顶。这些十字军大部分是连枷兵与枪兵，而且没有攻城武器，对山顶的威胁反而并不是很大。这一夜，十字军都未攻进维特卡夫山工事。

萨克森公爵见十字军并未获得任何进展，便带领1.6万人从北面最难以攀爬的地方进攻。因为他发现，在那边几乎没有人看守。不知是不是老天眷顾胡斯派的人，萨克森公爵的十字军在爬到多一半时，竟然被两名准备武器的胡斯派妇女发现。两名妇女迅速将烧着的石块与木头往下扔。几个十字军士兵掉落悬崖，其他人见到后都立刻向后退缩，爬下了悬崖。结果，萨克森公爵也无功而返。

第二日晨，扬·杰士卡的军队突然出现在南坡。这次及时的救援，马上扭转了战局。他们令本就劳累不堪的十字军立刻溃散。在溃散途中，有 300 名骑士淹死在伏尔塔瓦河里。据布雷佐瓦的劳伦斯的编年史记载："圣玛格丽特纪念日那天（7 月 14 日），杰士卡与我们一起进行了约一个小时的祷告，然后便出发了……在维特卡夫山附近，我们发现了数千间临时搭建的房屋，很显然这是给骑士们预备的。另外，萨克森公爵的 1.6 万人在布拉格附近的城堡中休憩。我们并未放火烧毁他们的营地，而是继续向前急行军。……获得前方萨克森公爵失败的消息，杰士卡命令大家高呼着耶稣基督的名字，往南坡前进。他先命令部分弓箭兵提前站住，向王军狂射，以宣告自己的到来。接着他命令我们高声呐喊'胡斯提！'同时将马蹄声与马匹上的铃铛声弄得非常响，很显然这是在扰乱（对方的）军心……然后我们冲击王军的部队，我们拿着长戟、长矛、斧子、狼牙棒等奋勇进攻。王军先前还加以抵抗，后面根本就是还没见到我们杀到面前，就纷纷溃散。一些人跳崖致死，还有一些人在河里被淹死。伤残的士兵则被他们扔上马匹，一起逃脱了。事后据统计，王军差不多死亡了 500 余人。"

就这样，维特卡夫山之战以胡斯派的胜利结束，同时宣告第一次十字军的解体和第一次十字军战争的结束。一座纪念碑随后被竖立在此，维特卡夫也因此改名为杰士卡。

不过，第一次十字军战争不可能就这么一个战场。之前 5 月下旬，西吉斯蒙德皇帝要求奥地利公爵率领一部分军队，前往杰士卡主力所在的波希米亚南部的塔波尔城附近。在城内，加上妇孺大约有 9000 人（另有一羊皮卷称共有 3000 人）。杰士卡的军队共有 350 辆胡斯车堡，沿着整个塔波尔山严密防守。

先头部队率领者——奥地利公爵阿尔布雷希特见势，向西吉斯蒙德皇帝要求增加兵员，以攻破车堡阵。但西吉斯蒙德皇帝表示军队正在布拉格围攻，派不出更多的兵。也就是说，奥地利公爵只能使用自己的近 5000 人马与杰士卡正面对决。对于这样的情况，奥地利公爵并无任何把握，所以他拖着不与对方正面战斗。杰士卡也在等待，可是等待了一个月都不见对方来攻打自己。

既然对方不来打自己，那何不去偷袭他们呢？杰士卡想到这里，立即调兵准备偷袭。6 月 29 日周六夜，杰士卡的一位将军大普罗科普带队，偷偷进入了奥地利公爵的营地。他们先烧毁了辎重，随后大喊："塔波尔军队来了，大家快跑啊！"奥地利

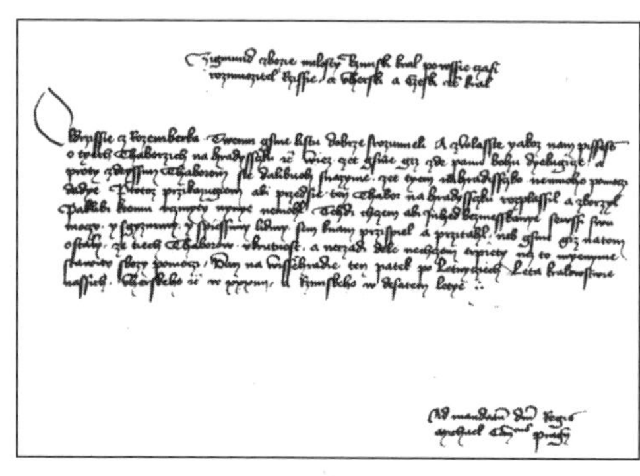

▲ 西吉斯蒙德皇帝给奥地利公爵阿尔布雷希特的亲笔信

▲ 西吉斯蒙德皇帝（左）与希内克（右）

▲ 维特卡夫之战之后，杰士卡环顾四周，奥匈帝国阿方索·穆查（Alfons Maria Mucha）1916年作

公爵的士兵们被从睡梦中惊醒，他们惊慌逃窜，被踩踏而死者无数。第二天清点战场，营地满是死尸。这次战斗中，普罗科普崭露头角，他将成为西吉斯蒙德心中继杰士卡之后的另一个噩梦。取得了此次胜利后，杰士卡才去支援的维特卡夫山之战。

不过，西吉斯蒙德此时心思并不在绞杀胡斯派上，而是在夺取波希米亚国王之位上。即使遭遇如此败绩，他还在继续说上帝在自己一边，将来一定会打败他们。尽管他一直没有夺下布拉格，但还是在维滕伯格举行了一场加冕礼。在教皇和贵族们的默许下，他被加冕为波希米亚国王。

与此同时，在布拉格附近，又发生了一场混乱。这场混乱是十字军引发的。此前4月，西吉斯蒙德皇帝曾信誓旦旦地向贵族与十字军宣称，将在三个月内将胡斯派打败。可是现实情况是已经7月中旬了，十字军与胡斯军战斗竟然没有胜利过一次。十字军的军粮至此已经告罄，人心也开始浮动。他们开始到处抢劫，从他们身边经过的男女老幼，一概被他们认为是胡斯派信徒，全部杀光。西吉斯蒙德皇帝见自己的计划即将流产，不得不与布拉格人士交好，但却毫无结果。不得已，7月30日，他命令撤去对布拉格的围攻。早已按捺不住的大贵族们立即调回自己的1.6万军队。一时间，十字军离心离德，各自散去。

“布拉格四纲领”与维斯海尔德之战

没有十字军的围攻，胡斯派希望有共同的纲领来领导大家。为此，胡斯派的几位领袖在布拉格宣布了“布拉格四纲领”，该纲领实际来源于扬·胡斯的学说。纲领为：

1. 在波希米亚，允许各级神职人员向人民宣扬“神的话语”。

2. 在圣体圣事中，只要没有严重的罪责必须提供给信徒面包和酒。

3. 神职人员不应拥有自己的私有财产，应该遵守《圣经》中“四福音”和《使徒行传》的要求，终生守贫。

4. 凡有重大过失和对宣传上帝言论进行阻碍的人都要受到处罚。

有了四条纲领的指示，胡斯派转守为攻。他们的第一个目标就是不远处的罗什姆贝克。守卫罗什姆贝克的贵族叫作奥尔德里奇，他拥有2座城堡与1万余雇佣兵。教士柯兰达率领的胡斯派军队还未到城堡便被发现，他与一些主要人员被投进监狱。后来直到11月，他们才从监狱中逃脱。

8月中旬，杰士卡的军队向南方挺进。9月初，他们在一座残缺不全的维谢赫拉德城堡扎营，并多次抵挡住了当地贵族的进攻。10月12日，杰士卡出其不意地在南方的贸易中心普拉哈迪采城向贵族军队发动攻击，并获得大捷。捷克《老编年史》记载：那天，是基督教玫瑰月的一个礼拜日。杰士卡率领大家在城外的一座小教堂进行了礼拜。在教堂中，杰士卡好似获得了大启。他认为当天正是打败贵族们的好日子。因此，礼拜完他便带着军队将普拉哈迪采围困起来。没想到那天波古斯拉夫等人也在该城内。波古斯拉夫等人害怕围困时间长后会遭遇粮食短缺，便强行出城迎战，没想到正遇上杰士卡军队的埋伏。两军迅速进入肉搏战，最后以各自损失800余人告终。包括波古斯拉夫、乌尔里希、海德里希等贵族在内的贵族军队纷纷逃窜，将普拉哈迪采城让给了杰士卡。贵族们表示与胡斯派暂时和解，签署了一份为期三个月的和平条约。

就在杰士卡接连取得大捷之际，西吉斯蒙德皇帝再次组织军队向布拉格进攻。10月底，皇帝的摩拉维亚部队在布拉格城外集结。

10月31日，西吉斯蒙德皇帝的主要军队驻扎在布拉格城外的维斯海尔德地区。相较而言，这里的城墙要比其他地方更矮，更容易攻入，所以皇帝选择了这个地点。因此此役史称维斯海尔德之战。

皇帝统领的军队约有1.8万人，而胡斯派则仅有不足万人守城。是日夜，西吉斯蒙德皇帝命令投石机和弓箭手一起向布拉格城墙发起猛攻。这突如其来的进攻，令胡斯派守城士兵应接不暇，有数人受伤。不得已，守城人员开始后退。西吉斯蒙德皇帝见状，在次日凌晨命令步兵放上云梯，希望爬墙而入。据捷克《老编年史》记载，为了增强士气，西吉斯蒙德皇帝穿着他那沉重的盔甲，爬到布拉格附近的一座小山上，然后他抽出佩剑，四处挥舞，象征着自己的军队必胜。果然，皇帝的军队士气大增，个个奋勇向前，在两军对阵中已经拥有压倒性优势。

维斯海尔德的贵族亨利不愿看到布拉格城被毁灭，便前去觐见西吉斯蒙德皇帝。正值此时皇帝说："上帝保佑我们，你们看，这些农民就要失败了。"亨利插嘴道："陛下，你看，布拉格正在遭受着巨大的破坏，如果这样下去，人民是不会放过你的！"还没等皇帝回答，摩拉维亚的一位领主抢着说："我们的陛下即将打败那些异端，是天大的好事。你这样胆小，怎么能当我们陛下的大臣呢？"

可就在胡斯派守城士兵快要崩溃之时，胡斯·米库拉什的援兵竟然奇迹般地出现在皇帝军队的后面。原来，当时米库拉什正在布拉格附近扫清敌人。他与部队听到投石车扔出巨石的轰鸣和喊杀声，心知布拉格受到攻击，便率领军队急行军到达布拉格城外。他恰好遇到皇帝军队在攻城，便率军从对方军队后面偷袭。

获得米库拉什偷袭的消息后，皇帝军队立时大乱，纷纷抛弃阵地，向两侧逃跑。他们大部分跑到了附近的一个小教堂——圣潘克拉斯教堂。他们希望获得上帝耶和华的力量。可是他们还没站稳脚跟，就被米库拉什的军队赶上，大量士兵丧命。见大势已去，西吉斯蒙德皇帝在护卫的协助下一路跑到维滕伯格，才缓过气来。

这场战斗中，皇帝军队400余人死亡或被俘。相比之下，胡斯派仅有十几人伤亡而已。

很大程度上，1420 年西吉斯蒙德军队的失败，是因为西吉斯蒙比较想尽早铲除胡斯派，从而获得更多人的支持，借以巩固皇位。可是他过早地向胡斯派开战，让还未磨合的军队令出多头，不知所措，结果错过了本来能打败胡斯派的机会。不过，之后的西吉斯蒙德好像并不着急报复。编年史作家认为，他已经和胡斯派偷偷做了口头协议，暂时停战。虽然很多人不认可这个说法，但第二年 4 月在纽伦堡的会议中，讨论胡斯派问题时西吉斯蒙德的无故缺席，也着实令人不能不思考这个传言的真实性。

这时的布拉格，虽然胡斯派还是由塔波尔派主导，但除了还在城外的胡斯·米库拉什外，其他 3 位指挥官全部不在布拉格坐镇。由此，塔波尔派的激进者们放肆起来。他们首先撵走了米库拉什，然后将城内的小贵族不分是否帮助过胡斯派，五花大绑，游街示众，甚至连一些小店主都被殃及。这引起了布拉格民众的愤慨，他们自发武装起来赶走了还在城内的胡斯派，自己组织政府，建立铸币厂，同时还向远在波兰的波兰国王弗拉迪斯拉夫（也是立陶宛大公）发出要他当波希米亚国王的要求。

这时候，胡斯派中的圣杯派也开始私下诋毁塔波尔派的所作所为，要求与波希米亚的其他大贵族联合，建立一个新政府。

12 月初，杰士卡率领胡斯派大军回到布拉格。杰士卡在离城市很远的地方就听到了这些刚刚发生的事情。这时候暂住在尔日昌城的米库拉什也派人向杰士卡说明了事情的原委。杰士卡认为，此时不应该再动用武力，便会合米库拉什的军队于 12 月 5 日来到布拉格城下，要求进入。鉴于杰士卡的威望，城内百姓不敢不纳，胡斯派又一次占领了布拉格。

经过三天的磋商，塔波尔派、圣杯派和布拉格贵族都同意于 12 月 10 日举行会议，重新商讨布拉格政治分野。米库拉什坚决不去参加会议，他认为自己现在的处境就像恺撒，如果参加会议必定会被杀。事实证明他是对的。几天后的塔波尔山会议前，米库拉什骑马经过塔波尔城堡护城河桥时，不知是意外还是人为，马突然飞奔冲过大桥，而且缰绳也一起断裂。没有拉住缰绳的米库拉什随即跌落，两条腿被摔断。12 月 24 日，米库拉什因伤口感染、伤势过重而去世。

▲ ***杰士卡进入布拉格，捷克画家阿方索·里贝斯查尔19世纪90年代作品***

在布拉格，会议也进行得相当不顺

▲ *胡斯派《圣经》*

▲ ***1420年的杰士卡与胡斯士兵***

利，几派的观点完全没有共同点。最后，不得不由布拉格大学教授将已经各方同意的 76 点意见，汇总为“胡斯派七十六条纲领”。今天，这份纲领的复制品被保存在布拉格大学，是现代人了解当年胡斯派思想的最重要材料之一。

到了 1421 年，胡斯派内部再次发生分裂。与两年前胡斯战争开始时相比，胡斯派的人数和构成已经发生了相当大的改变。经过多次战斗，胡斯派已经不再是农民为主体，而是下层骑士、小贵族、城市平民和农民相互混杂的一支队伍。特别是在 1420 年年底，为了显示与天主教会的分离，胡斯派选出了自己的主教——贝利其格莫夫的米库拉什。这更加深了胡斯派内部各个阶层的隔阂。

1421 年 1 月，胡斯派选出新的领袖扬・罗加奇作为新的指挥官，以填补米库拉什死后的空缺。扬・杰士卡因为战功卓著，被大家选为塔波尔第一指挥官与军事首领。

维滕伯格的鏖战：第二次十字军战争

1421 年春，杰士卡作为军事首领，继续他的征战生涯。1—3 月，他率领胡斯军占领了一些堡垒。见胡斯派势力越来越大，几乎已经占据波希米亚的半壁江山，西吉斯蒙德皇帝立即退到摩拉维亚，聚拢军队以求自保。

3 月，时隔一年后，胡斯军再次挺进比尔森城。在围攻了半个月后，比尔森城仍旧没有半点投降的迹象。懊恼的杰士卡便放弃围攻比尔森城，率领军队继续向北挺进。到 3 月 22 日，布拉格周边除比尔森城外，全部都已被胡斯派占领。3 月底，胡斯军兵分两路向东西继续推进。西路总指挥为杰士卡，东路总指挥则为季涅克・克鲁辛纳。

在整个 4 月，胡斯军攻无不克，10 余座大城市与近百乡村都被胡斯派收归囊中。4 月 23 日，哲里夫斯基率领的胡斯军开入维滕伯格，他表示放过人民，但不放过那些大贵族。惊慌失措的贵族们赶忙表示都是皇帝的错，自己将来会效忠于胡斯派，暂时免过一死。三天后，杰士卡的军队与其会师。至此，波希米亚的 80% 领土已被胡斯派占领或是支持胡斯派。

经历一个月的休整后，在杰士卡的一再要求下，一场选举临时政府的会议于 6 月在恰斯拉夫举行。恰斯拉夫是当时波希米亚的大城，它在斯拉夫语中的意思是“即将来临的光荣”。可见，杰士卡对未来还是充满希望的。参加这场会议的有 20 名主宾与数百名群众。这 20 名主宾分别为：5 名波希米亚大贵族、5 名波希米亚小贵族、4 名布拉格市民、2 名胡斯党人与 4 名其他城市的代表。

这次会议的主要议题是：废除西吉斯蒙德的皇位，由波希米亚人组织共和政体；废除布拉格大主教康拉德的位置，由米库拉什作为新的主教领导波希米亚人；选举新的临时政府；以及要求波兰—立陶宛大公来做新的波希米亚国王等。几天后，波兰—立陶宛大公即表示愿意接受这个位子，同意建立一个统一的波兰—捷克王国。虽然这次会议基本解决了未来胡斯派的政权稳固问题，但胡斯派的领袖哲里夫斯基等人却完全不同意。他们认为杰士卡出卖了农民的利益，便私下决定在选举新的布拉格官员时，清一色由胡斯派组成。虽然后来这件事被杰士卡压了下去，但一场胡斯派的内讧正在逐步形成。

6 月下旬，杰士卡继续着战争。可天有不测风云，在围攻比拉城堡时，杰士卡差点殒命。6 月 30 日，当杰士卡去比拉城堡掠阵时，从城堡上射下一支箭，恰好射在其仅剩的一只眼上。虽然因为救助及时而性命无忧，但是他的视力严重受损，已经和瞎了没有什么区别。不过，他还是在同僚们的帮助下，继续指挥了四年。

在大家的一致同意下，哲里夫斯基接替杰士卡对胡斯派进行指挥。在他的指挥下，胡斯军变得可怕、激进和冒险。在几天的时间内，他占领了比林纳城，并包围了莫斯特城。由于贵族军队的反击，他放弃莫斯特，重新回到布拉格。

在胡斯派向外扩张的同时，西吉斯蒙德皇帝也在组织他的新一波十字军们。在教皇的授意下，一批由领主军队、英国骑士、法国骑士、阿拉冈骑士以及德国强盗团组成的乌合之众，成为第二批剿灭胡斯派的十字军。他们由梅森侯爵弗雷德里克带队，都想从剿灭胡斯派的战斗中分一杯羹。另外，西吉斯蒙德皇帝联络奥地利公爵，希望他在 8 月出兵援助。

7 月 22 日，十字军战士集结完毕，从西北方向波希米亚境内移动。24 日，在比尔森城附近，哲里夫斯基的军队与十字军先头部队相遇。见胡斯军势力过大，十字军先期退入比尔森城。哲里夫斯基则以比尔森城外的一座修道院为中心组织扎营。双方都在等待进一步的行动。

几天后，比尔森城的贵族代表来到哲里夫斯基的营地。他对哲里夫斯基说道："作为一个城市的保护者和两个儿子的父亲，我希望能保护我的子民以及我的妻儿们。虽然我们的城池非常坚固，但城破后大家也即将无家可归。为了大多数人的利益，我希望能与你们议和。"哲里夫斯基的回答是："你和你的妻儿我可以送到布拉格城暂避。但是这座城我要定了。况且，在你的城里，还有那么多的十字军战士们。他们可是我们的敌人！"

这名贵族回到比尔森城，告诉大家哲里夫斯基不接受议和。随后，他含着泪说："我不能让你们受苦，就算死也要死在这里。"与此同时，哲里夫斯基正在为他的士兵们鼓劲。他说："这将是我们的一次大胜，未来还有更多的城市在等待我们的解救。"

8月5日，梅森侯爵弗雷德里克的军队开进城池，布拉格的援兵也到达胡斯军阵地，战斗正式开始。布雷佐瓦的劳伦斯的编年史记载：梅森侯爵的军队与王军先头部队混编，沿着城市周边的山岭地势一字排开。其中，占据重要位置的主要为骑士们。哲里夫斯基则沿用杰士卡的战术，将胡斯车堡放在前端，空隙处插入步兵，另在车堡后布置大量弩兵和火门枪手。双方具体参战人数不详，但都已过万人。

当王军的骑士向前猛冲之时，胡斯车堡里的弩兵和火门枪手纷纷开火，骑兵一排排地倒下。不过也有一些英勇的骑兵冲入胡斯军阵内，砍杀不少胡斯步兵。仅仅开战几分钟，双方便各自死伤千人以上。虽然这次王军还是杂牌军组成，但梅森侯爵自己的那部分队伍还是发挥了作用。他使用炮兵与骑兵冲击相结合的战术，把胡斯车堡阵冲开了一个缺口。如果在以前，杰士卡应当会马上率部进行冲锋。可哲里夫斯基并未如此，只是找更多的人去堵缺口。结果损失惨重。布拉格援兵见胡斯军处于劣势，纷纷逃离战场。他们扔下车堡、弓弩和其他武器，只为跑得更快一些。

◀ **比拉城堡，1620年的版画**

梅森侯爵的军队在后面紧追不舍，直追出数十英里才放弃。

这次战斗中，胡斯军损失1000余人，是胡斯战争以来的第一次大败。据布雷佐瓦的劳伦斯分析，应该是车堡前排的部分布拉格援军阵前开小差，他们被十字军的骑兵吓坏了。虽然他们只是部分后撤和想躲在胡斯车堡后面而已，可是，前排的后退令后排以为前排被冲垮，使后退变成了溃退。之后，便是一败涂地。

8月，十字军来到西北部大城札泰斯，这里是哲里夫斯基的根据地。十字军虽多日围攻，但并未获得任何实质性进展。城内的成功防守反令十字军丧失信心。8月底，围攻的十字军已经纷纷撤离，不再对札泰斯城构成威胁。

那么这些十字军去了哪儿呢？很显然，他们去了附近的乡村。城市难以攻破，乡村还是比较好进攻的。他们到处抢劫，杀害平民，搞得怨声载道。而乡村的民众也对十字军怒目而视，他们组织起来，拿起武器，武力对抗十字军。

对于这个结果，各地领主都埋怨起西吉斯蒙德皇帝，认为他组织的十字军贻误战机。特别是奥地利公爵，更是对皇帝的慢吞吞表示愤慨。9月初，十字军继续围攻札泰斯。中旬，胡斯派援军到达，十字军未与之正面接触就溃散而逃。

可是在奥地利公爵进攻的那边就不同了，他接连打下几个胡斯派占领的城市，杰士卡的军队虽然奋力抵抗，但收效甚微。不得已，杰士卡带兵也来到札泰斯，与哲里夫斯基会合。与之相对的，10月16日，西吉斯蒙德皇帝与奥地利公爵也结成盟友，共同向前推进进入摩拉维亚。神圣罗马帝国皇帝临阵换帅，任命意大利雇佣兵将军菲利普·奥索拉（曾与奥斯曼帝国作战，经验丰富）为总指挥，准备与胡斯军正面对抗。这次的军队约5万人，以骑兵为主，兼有部分枪兵、戟兵与炮兵。

很显然，西吉斯蒙德皇帝是个聪明人。他见十字军根本就是乌合之众，便开始选择其他战略，如东西联合作战。在十字军溃败之时，他与奥地利公爵以及佛罗伦萨雇佣兵将军奥索拉一起合作，加大了成功的概率。

10月19日，西吉斯蒙德皇帝的军队到达布拉格城外驻扎，连同奥地利公爵的军队，共有约10万人。这时的布拉格已经在哲里夫斯基的要求下进行了改选，小贵族扬·维扎达成为布拉格军事指挥官。维扎达很有军事才能，在没有外援的情况下使用声东击西之术，便使十字军不再想进攻布拉格，转而去占领他们认为"更好"的战略要地维滕伯格。十字军转战维滕伯格的消息被杰士卡的密探截获，几乎是接到消息的同时，杰士卡便下令星夜行军赶往维滕伯格。很显然他已经意识到占领维滕伯格的重要性：那里进可攻退可守，还处于控扼布拉格的咽喉要道上。

11 月初，十字军 5—10 万人从东，胡斯军 1.2 万人从西，同时进攻维滕伯格。杰士卡指挥得当，先十字军一步进入，首先占领城市。但十字军也未放弃，他们开始劫掠维滕伯格城周围的乡村，封锁道路，阻止货物输入维滕伯格，企图饿死胡斯派的军队。几天未进米粮的胡斯军自愿撤出城，向边上的一块高地退却。该高地名为库特拉霍拉山。该山三面悬崖，只有一面平地。杰士卡便根据具体情况在平地的一面设置大量车堡，车堡前增挖战壕，并竖立削尖的木头作为屏障，多层交叉抵挡十字军接下来的进攻。西吉斯蒙德皇帝这次带有炮兵，由他们发射炮弹轰击胡斯派的阵地。

12 月 21 日，库特拉霍拉之战（也名维滕伯格之战）开始。当日午间，十字军的匈牙利雇佣军开始攻击胡斯军最前锋的 3 辆车堡。匈牙利雇佣军一波波地向前，却一次次地被车堡中的胡斯军打下去。就这样直到黄昏，匈牙利雇佣军已经伤亡惨重，可还是没走近一步。见冲击没有效果，奥索拉转而围攻城市。在维滕伯格贵族武装的协助下，十字军夺取了城市，此时库特拉霍拉的其他三面已经被团团包围。

第二天清晨，杰士卡命令突围。十字军激战了一夜，早已疲惫不堪。趁着这个机会，胡斯军突然以车堡为前锋，猛攻那些匈牙利雇佣军。未料到胡斯军还有这手，匈牙利雇佣军纷纷退却，留出一条通道，使胡斯军平安通过。胡斯军向科林方向撤退，奥索拉认为这是胡斯军的大溃败，便没有进行追击。

▲ *库特拉霍拉之战*

这场战斗中，胡斯军虽然伤亡不大，却失去了维滕伯格城。十字军则付出了极大的代价，亡 2000 人，伤近 1 万人，但也夺取了维滕伯格城。

圣诞前夜，西吉斯蒙德皇帝进入维滕伯格城。他奖赏了十字军，认为这是一场大捷，胡斯派即将在十字军的铁蹄下被剿灭。但他不知道就在不远处，杰士卡的军队正在重新扩张，几天后就将粉碎他的梦想。

▲ *逃窜中的十字军，捷克画家雨果·斯楚林尔作*

1422 年 1 月 5 日，杰士卡率领数万军队重新回到维滕伯格，据说还带有数十辆车堡。在杰士卡军离维滕伯格还有数十公里远的时候，城内就听到了这个消息。城内的十字军与贵族武装都很惧怕杰士卡的复仇，纷纷收拾细软准备逃离。西吉斯蒙德皇帝第一个坐马车逃离。随后十字军们抛弃了武器和辎重，骑着马逃跑。城内的富户也早已不吝惜自己的财产，一齐逃出城区，朝着伊格拉瓦而去。而且，在西吉斯蒙德皇帝的授意下，奥索拉烧毁了城市。1 月 6 日，胡斯军队抵达维滕伯格，匈牙利骑士已占领奈波沃迪村，准备与之战斗，奈波沃迪之战开始。仅仅一个小时后，在火力密集的胡斯车堡面前，匈牙利骑兵便溃败而走，而胡斯军则对逃跑的十字军紧追不舍。1 月 8 日，匈牙利斯科拉里伯爵在哈布里镇周围的高地组织骑兵与步兵，再次与胡斯军对阵。战斗中，虽然斯科拉里指挥十字军多次冲击胡斯车堡，但十字军早就无心恋战，仅仅几次冲击后便放弃了。随后，胡斯军的反击就如入无人之境一般。有 2000 余名十字军阵亡（其中主要是步兵），更多的十字军则带伤逃窜。1 月 10 日，在伏尔塔瓦河边的小镇德斯其博德（也称山羊滩），杰士卡又遇到一次抵抗。奥索拉率领 2500 人在河边抵挡胡斯军的 14 辆车堡以及其内的 400 余名士兵，为西吉斯蒙德皇帝的逃跑拖延时间。这场战争名为德斯其博德之战。可接战还没多久，奥索拉的士兵就全面溃败，冒险穿过结了冰的伏尔塔瓦河。虽然伏尔塔瓦河宽阔异常，但绝对经不住如此多士兵、大车、辎重。很快地，一场灾难来临。冰面开裂，不少十字军淹死在河中，其他人则丢弃辎重和兵器，顺利逃脱。胡斯军搜集到五六百车粮草、辎重、兵器、铠甲，甚至还有 3 车维滕伯格城的羊皮卷账本。

在山羊滩清点了物品后，1 月 11 日，杰士卡及军队凯旋进入已经被烧得残缺不全的维滕伯格城。杰士卡当着维滕伯格市民和自己士兵的面，接过市民们赠予的佩剑，宣布愿意成为维滕伯格城的主保圣人。1 月 15 日，杰士卡回转布拉格。在布拉格，人们又为他举行了一次凯旋仪式。同一时间，西吉斯蒙德皇帝在伊格拉瓦宣布十字军军队解散。至此，第二次十字军战争仍旧以胡斯派的全面胜利告终。

胡斯派的内斗：镇压毕卡特派与哲里夫斯基被害

对十字军的战斗已经告一段落，可是在 1421 年到 1422 年，胡斯派内部却发生了多次火刑事件，而被烧死的人都来自胡斯派中的毕卡特派。

要想说清楚这些内斗，就要重新梳理一下胡斯派的信仰与派别问题。1415 年，在胡斯派出现之时，就已经分为两个派别，其一激进派即塔波尔派；其二温和派即圣杯派或叫双形派。塔波尔派主要由小贵族、平民和农民组成；圣杯派则主要由大贵族、学者和市民组成。从一开始，他们就有一定的分歧，不过他们总体来说还是同意胡斯的主张，即后来的“布拉格四纲领”的。

塔波尔派主要信仰千禧年说。该说法认为，千禧年时基督会再临，撒旦将被捆绑，所有圣徒将被接上天堂，与基督共同做王一千年。塔波尔派将其进一步发挥，认为地上将没有皇帝、国王、统治者们，苛捐杂税也将不复存在。人们会像兄弟姊妹一样生活下去，不再有私有财产。国王应当是上帝，人民的事务就应该交给人民来管理。他们反对天主教的豪华礼仪、圣像崇拜与希腊语或拉丁语祈祷仪式。认为神父和主教应该由人民来推举，不限男女都可传教，祈祷只要用人民听得懂的语言就行。在圣事中，他们只承认圣体圣事。正因为这些，塔波尔派中的人都互称兄弟姊妹。也正是他们所信仰的学说，使他们成为胡斯派的中坚力量。

圣杯派则与塔波尔派不同，他们属于天主教改良派别。他们认为在宣传上帝的言语中，应该允许反天主教的改良宣传自由。圣体圣事中要求用酒杯盛放圣体和圣血，即“饼酒同领”，而且非教徒也拥有领圣体的资格。他们要求教士们应该终身守贫，不应有自己的财产。同时他们要求矫正教徒的过失，限制他们的作用，以改良和巩固教会。特别是随着时间的推移，不少有产者参加胡斯派后，发现自己的财产时刻有被没收的可能，所以他们便像墙头草一样，时而转向波希米亚贵族，时而转向塔波尔派。

在塔波尔派中，除纯粹的塔波尔派外，还有诸多小派别，如毕卡特派、奥尔比特派、什罗尔派（小兄弟派）、斯尔特斯派（孤儿联盟），以及布拉格市民派等。其中

▲ 塔波尔派军旗

▲ 圣杯派军旗

▲ 布拉格市民派军旗

最著名是毕卡特派，即本章开头所说的在胡斯派内部最终被其他派别联合绞杀的一派。

毕卡特派，即亚当派，属于基督教早期异端。该派别最早出现于4世纪的北非，表面上带有诺斯替派①和禁欲主义的色彩。他们主张像亚当、夏娃那样过无罪的伊甸园生活，在礼拜时完全裸体，群居并取消婚姻，甚至还有记载提到他们乱交。蛮族入侵后的一段时间里他们销声匿迹，但在13世纪之时又在荷兰死灰复燃，并传遍了整个欧洲。不过因为他们的主张

① 深受诺斯替教（起源于公元1世纪，比基督教的形成略早）影响的派别，又称灵智派。

过于激进，几乎在各地都受到主流教会的打压。也正是这个原因，他们被吸收进了同样被称为异端的胡斯派中。

起头还没有什么关系，但当胡斯战争深入开展起来时，他们的观点变得越来越偏激。他们否定教会组织，认为教皇是异教徒的首领；他们否定财产，否定家庭；他们认为上帝和魔鬼都不存在，基督是人不是神，自己才是永恒存在的；他们还认为自己未来将在“无罪的天国”中生活。这些看起来过于偏激的观点并未获得大多数人的支持，相反令人民群众对他们深恶痛绝。特别是那些新加入胡斯派的有产者和教士们，这些人才刚刚与胡斯派协作，这样的言论会使他们望而却步。这对于胡斯派吸引人民大众也具有一定的阻碍作用。因此，这帮蛮干者并没受到大家的欢迎。

到了1420年年底，毕卡特派的分裂倾向越来越严重，甚至已经超过圣杯派，到了另拉山头的境地。当时，胡斯派选举出他们的布拉格主教贝利其格莫夫的米库拉什，为的是与势力强大的教皇抗衡。其他派别都认为这是个正确的选择，只有毕卡特派公开宣称不愿接受米库拉什成为主教。次年1月，以马丁·洛克维斯为首的400名毕卡特派成员，更是宣布不再进入布拉格的教堂，要自己按照自己的观点在其他地方另选择教堂。他们认为这个神圣的祭坛，不能被“打碎圣杯而流出的基督的血”所灌溉。为此，布拉格大学的教授们针对毕卡特派专门撰文予以驳斥。

1421年3月，毕卡特派离开塔波尔派，悉数迁到离布拉格不远的一个堡垒中生活。他们积极向附近的农村传播他们的信仰，引得不少人前来听讲。同月，当杰士卡正在围攻比尔森城时，毕卡特派领袖安托赫表示应该与布拉格市民决裂并杀光他们，同时马上建立胡斯派的政权。这一举动令胡斯派内军心不稳，杰士卡只好撤出围攻，稳定军心。随后，他任命克鲁辛纳为东部总指挥。在西部，他一边进攻其他波西米亚城市，一边镇压毕卡特派的离心倾向。

在接下来的几个月中，毕卡特派诸首领如彼得·卡尼西、马丁·胡斯卡等人都被处以火刑。很显然杰士卡在杀鸡儆猴。

9月，杰士卡又大开杀戒。当时，在瓦洛夫，有两个毕卡特派农民彼得和尼古拉，自称是摩西与耶稣转世，他们是来惩罚那些犯错的人的，只有拥护他们的人才能被提升到天堂。这一事件可捅了马蜂窝，把毕卡特派的分离倾向提升到顶点。杰士卡为结束这场闹剧，同时将毕卡特派一网打尽，便派遣军队到瓦洛夫，把毕卡特派全部歼灭。几个抵抗到最后的毕卡特派领袖也被送上了火刑架。此后的几个月，虽然还有自称毕卡特派的搞内乱，但几乎都是零星的，不再对胡斯派的其他派别构成威胁。

当主要矛盾消失后，就会有次要矛盾上升为主要矛盾。毕卡特派消失了，布拉格市民派与塔波尔派的冲突开始加剧了。前面说过，在 1421 年 6 月的恰斯拉夫大会选举临时政府议员时，扬・哲里夫斯基并不同意重新从立陶宛寻找一个国王来领导波西米亚。但是因为多数人都同意，哲里夫斯基的建议未被采纳。大会闭幕几天后，立陶宛大公派人捎信来，同意就这一问题进一步磋商。6 月底，杰士卡唯一的眼睛被射中，几乎致盲，哲里夫斯基接替他的位子领导胡斯派。在杰士卡养病的日子里，哲里夫斯基积极将胜利的战果扩大化。8 月，他回到布拉格，强行将选出的代表罢免，要求放弃立陶宛大公来做波西米亚国王。但贵族和市民并不同意他的观点，还是向维滕伯格和立陶宛派出了使者。10 月，王军来到布拉格进行围攻。哲里夫斯基罢黜全城在职的大小贵族，重新选举一个绰号叫“臭屁”的小贵族扬·维扎达成为布拉格军事指挥官。然后又从胡斯派中选择了 4 人作为其副官。虽然人民对他感恩戴德，但贵族们却对他深恶痛绝。

当第二次十字军战争结束后，布拉格成立调停政府，改选新任市议会议员，任期为一年。调停委员会宣布，废除哲里夫斯基的总指挥职务，罢黜维扎达的军事指挥官职务。同时，贵族们私下商议，希望结果哲里夫斯基的性命，然后选择国王来领导他们。

1422 年，3 月 9 日，贵族们借口商议要事，将哲里夫斯基骗到国会议事厅，在那里将他杀害。与哲里夫斯基同去的 9 人感觉势头不对，但当他们冲进国会议事厅时为时已晚。这时，有人报信，有人叫喊。城市平民见贵族们杀害了哲里夫斯基，纷纷拿起武器冲进国会议事厅，将所有在场贵族悉数宰杀，共同确定哲里夫斯基的副手——什罗尔为新的总指挥。

什罗尔怕落得跟哲里夫斯基同样的下场，便同意了由波兰—立陶宛派遣一个国王来领导波西米亚人。4 月下旬，立陶宛大公同意获得波西米亚的王冠，不过他不会亲自前来，而是委托他的外甥西吉斯蒙德①到波西米亚做国王。

波兰—立陶宛的西吉斯蒙德一到布拉格，立即宣布遵从“布拉格四纲领”。5 月 17 日，他在恰斯拉夫召开了第一次国会会议。什罗尔派被排除出国会，而后派系成员往南迁徙，形成小兄弟会。见西吉斯蒙德毫无阻碍地进入布拉格，成为新的波西米亚国王，尽管杰士卡并不愿意，但他害怕胡斯派内部再次发生分裂，使西吉斯蒙德皇帝

① 与神圣罗马帝国皇帝同名，但二者是两个人。

有机可乘，所以还是承认了他的波西米亚国王，并同意效忠。同时，杰士卡为稳定塔波尔派的民心，特意发送一封书信，告诉大家他的真实想法，希望大家能保持内部团结。

至此，在胡斯派内部持续了一年半的内战暂告一段落。

乌合之众的体验：第三次十字军战争

1422年7月，西吉斯蒙德皇帝召集神圣罗马帝国境内大小诸侯，在纽伦堡召开会议。这次与会者众多，但主要的议题还是围绕着如何剿灭波西米亚的胡斯派军队而展开。鉴于上一次十字军东征失败，皇帝联合教皇，希望各邦国可以派出精锐部队，不要再组建像上一次那样的杂牌军了，同时还要统一指挥，一起将胡斯派绞杀。他称，胡斯派就是神圣罗马帝国境内的异端毒素，不能让其散开来。为了激励各邦国的信心，西吉斯蒙德皇帝宣布，如果在波西米亚境内获得土地，每位领主可以相应地按照爵位获得一份。

可就在会议召开之时，杰士卡的军队已经开到布拉格西南30公里的最后一个王军城堡——卡尔施泰因城堡，并对其进行围攻，史称卡尔斯泰因围攻战。听到这个消息，与会的各个领主本已被激发起来的热情迅速消散下去。相比在战争中发横财，他们更愿意通过和平地取得赋税发财。在多方博弈后，皇帝同意向这些领主摊派一笔军事特别税，不过同时要求每个领主必须派出一些士兵。这一提议随即引起勃兰登堡伯爵腓特烈等人的关注，他们接受皇帝的摊派，但对应地也要求成为军队主帅与大将。皇帝当然也同意了。

10月，军队组织完成。该军队由勃兰登堡伯爵腓特烈领队，棉森、卢日切尼、西里西亚等领主跟随。此为第三次十字军。

经历了只留下名字而没有过程记载的两次战斗——10月7日的穆霍托夫围攻与10月24日的卡尔斯顿堡围攻，十字军士气迅速低落。他们寄希望于能在附近城市抢劫，然后将抢劫视作打败胡斯派，以填补他们那点可怜的自尊心。可惜，附近的城市都早已做好对抗他们的准备，抢劫失败了。

没有获得任何好处的十字军，不得已于11月初表示与胡斯派和谈。可是十字军们并没有和谈的诚意，和谈刚刚开始就破裂了。接下来便是继续加剧的对峙。

11月8日，十字军中传出杰士卡的军队正在赶来的消息。他们立即向摩拉维亚逃去。十字军丢盔弃甲，沿路留下了大量粮草和辎重，悉数被胡斯派缴获。至此，第

▲ *教皇马丁五世*

▲ *波兰的西吉斯蒙德，带着他的军队*

三次十字军战争结束，仍旧以胡斯派的胜利告终。

1423年春，年事已高且双目失明的杰士卡认为自己已经没有能力领导胡斯派，便宣布隐退。随后，贝利其格莫夫的米库拉什和柯兰达成为新的胡斯派领袖。听到杰士卡隐退的消息，捷克各地的贵族们又再次开始对胡斯派占领的城市发动围攻。一时烽烟四起，胡斯派不得不调兵遣将，四处救火。胡斯派中的圣杯派也在大贵族希内克的威逼利诱下，脱离胡斯派中的其他派别，投入神圣罗马帝国皇帝的怀抱。波兰—立陶宛国王见胡斯派出现颓势与混乱，立即宣布自己与胡斯派势不两立，同时将外甥西吉斯蒙德召回了波兰，不再当波希米亚国王。然而有趣的是，就在波兰—立陶宛国王宣布不再帮助胡斯派的时候，北方的一些十字军战士脱离波兰、立陶宛或是骑士团，反倒加入胡斯派当中，一起反对波兰国王和神圣罗马帝国皇帝。

见胡斯派有分崩离析之虞，杰士卡宣布再次挂帅。他利用手中仅有的武装，成立了奥列布兄弟会。他们承认圣杯派为胡斯派一员，也承认小贵族可以获得胡斯派的认可。不过，他们宣布要惩戒希内克的反叛。4月27日，杰士卡与希内克又进行了一次对垒。因为获得了圣杯派的协助，希内克的军队也拥有了胡斯车堡，两军几乎势均力敌。当天，两军各自派出3000人与120辆车堡在霍日采附近激战，史称霍日采之战。

战斗一开始，杰士卡的军队便抢占了高地，居高临下地从车堡中用弓弩和火器袭击希内克的军队。希内克的军队虽然也有车堡，但其军队大部分是骑兵，车堡里人员配备严重不足，在多次对手的冲击中损失惨重。随后，希内克调来了更多兵员，但就是无法攻入杰士卡的阵地。大约几个小时后，杰士卡听见希内克的军队已不再冲击，便率领军队从山上冲下，一举歼灭了希内克的大量兵士，获得了又一次大胜。

在编年史记载中，大胜后的三四个月里，杰士卡横扫各地，将胡斯派丢失的城镇悉数夺回。在很多城市，几乎没有发生战争，城里的民众就敞开大门，欢迎杰士卡的到来。无法忍受胡斯派的贵族们再次联合起来，他们在波尔什克的率领下，于8月4

日与杰士卡在斯特拉霍夫爆发了战斗，史称斯特拉霍夫之战。该战斗参加人数不详，但因为这次是突然袭击，胡斯派并没有车堡参战。由此，两军进入了肉搏。在数个小时的战斗后，杰士卡率领的胡斯派军队再次取得胜利。

10 月 16 日，在布拉格，议会选举 6 名天主教大贵族与 6 名圣杯派领袖共同行使政令。此后的一个月时间里，布拉格市民对信仰问题进行了大讨论。他们认为，塔波尔派过于激进。他们的千禧年说，虽然来源于《圣经》，但却与现实情况不符，所以还是应该采取折中派——圣杯派的理念。接着，布拉格议会宣布与杰士卡决裂，且派遣了刺客，要刺杀杰士卡。

不过，布拉格教士恩布罗什与维扎达提前到杰士卡的驻地报信，令这次刺杀失败了。见刺杀不成，布拉格市民组织了军队，于 1424 年 1 月 6 日在斯卡利茨与杰士卡爆发了战斗，史称斯卡利茨之战。这次的战斗在编年史中只有一句话：“主显节那天，杰士卡与赫拉德茨在斯卡利茨战斗，多人受伤，一人死。”仍是无悬念的由杰士卡取得了胜利。

乌斯蒂之战：杰士卡时代的结束与普罗科普时代的开启

正如前面所说，布拉格充满了胡斯派和杰士卡的敌人。因此 1424 年年初的三个月，杰士卡再次将军队开回比尔森城。同时，一些和圣杯派有仇的基督教小派别也积极参加到杰士卡的军队之中。

3 月 5 日，一部分激进的胡斯派信徒投奔而来。这时，杰士卡麾下有车手 500 人、胡斯车堡 300 辆、步兵 7000 人；另外还有一些炮兵，具体数字不详。

5 月初，布拉格贵族墨尔本联合各类贵族军队与圣杯派军队数万人，向波希米亚东南挺进。在对方占据绝对优势的情况下，杰士卡向易北河退却。但就在易北河边的卡斯特勒斯，他的队伍被追上了。随后，贵族军队对其三面包围，只留靠河的一边给他。5 月 16 日，这些贵族认为这次已经是瓮中捉鳖，便提前庆祝了胜利。而且，他们还派出斥候，向西吉斯蒙德皇帝提前报告喜讯。

但杰士卡永远都会出人意料。当日夜间，趁贵族军队睡着之际，他率领士兵们从易北河右岸偷偷坐船划向左岸。在第二天凌晨，他们进入伯杰布拉迪，又继续向波希米亚的东南部进发。贵族军队醒来后发现杰士卡已经脱离险境，立即部署兵马顺着易北河的左岸向东南部开始急行军。这是因为杰士卡的军队主要是步兵，可以从河边的小路通过。而贵族军队大部分为骑兵，他们只能从河左岸的大路上通过。

6月6日，杰士卡来到马洛索夫城附近。他发现此处有一个座山，正适合进行战斗，便提前将胡斯车堡放到山上，然后在山下挖了两道壕沟。见杰士卡停下了脚步，贵族军队骑兵在博雷克·冯·米莱亭的指挥下渡河，抵达杰士卡选好的战场。本身，米莱亭是圣杯派的一员，曾与杰士卡一起作战。但后来他投靠了布拉格大贵族，效忠于贵族军队。这次的骑兵便是由他率领。在一天的时间里，骑兵纷纷赶到战场。在山下整装待发，再次形成围困状态。

敌众我寡的情况令杰士卡又有了一个新的想法。他将胡斯车堡一字排开，再在每辆车堡中间设置一门火炮。当骑兵猛冲时，车堡和大炮一起开火，以削弱对方的士气。而且，他还要求提前将一些运送草料的货车腾空，里面装上满满的石头。如果敌军部分小分队从炮火中冲到面前，就推下装有石头的货车，去冲撞敌人。

6月7日，马洛索夫之战开始。胡斯军投入7000人，贵族军投入1.5万人。这场会战不能不说是骑兵时代的结束之战。战斗一开始，贵族军的第一波骑兵便想从右翼突击，可没想到胡斯军的左翼炮火与弓弩接连而下，骑兵损失惨重。第二波骑兵大部分为布拉格贵族，他们位于序列中心，所以采用中心突击。就在他们快要到达胡斯车堡的第一道防线时，一些提前准备好的装满石头的货车从车堡两侧出现，它们横冲

▲ *今日的马洛索夫城堡*

直撞，将贵族骑兵打散，并轧死轧伤了不少人。见讨不到任何便宜，米莱亭宣布撤退。但就在此时，胡斯军的大炮齐响，又将骑士们炸死了不少。经过清点，贵族军队有1200 人死亡，约 3000 人受伤，胡斯军则仅有 200 人伤亡而已。

这是胡斯战争史上对胡斯派最重要的一次会战。首先，杰士卡首次使用胡斯车堡与火炮联合作战，大大加强了胡斯车堡的威力；其次，大量大贵族死亡，令布拉格贵族没能力组织更强大的反对组织；最后，为之后普罗科普的指挥提供了借鉴意义。

随后的三个月里，杰士卡将军队转战到维腾斯堡，沿路的考日姆城、捷克布罗德城和宁布尔克城都打开城门迎接他们的进入。在维腾斯堡，杰士卡建成了新的胡斯派基地，并选出了两名领袖。一名代表塔波尔派，另一名代表奥列布兄弟会。两派联合组织未来的政治和军事体系。接着，波希米亚南部的诸多小城市也加入了，一个新的胡斯派势力在波希米亚南部出现。

9 月上旬，波兰的西吉斯蒙德又被布拉格人召回。布拉格人强行将波希米亚王冠戴在他的头上，要求他来领导他们。但令他们无法相信的是，仅仅几天后，杰士卡就

▲ *马洛索夫之战胜利纪念碑*

▲ *杰士卡来到天堂，来自耶拿·科德克斯的编年史插图*

出现在了布拉格附近。布拉格的贵族们知道杰士卡的力量，还没等杰士卡接近布拉格，就派出数名贵族和市民，由教士罗基查纳带队，向杰士卡摇尾乞怜，祈求得到杰士卡的宽恕。在这些人的要求下，杰士卡与他们于 9 月 14 日签订了休战协定，胡斯军暂时不会再进攻布拉格，但布拉格同时也要派出军队援助胡斯军。

为什么杰士卡会做出这样的决定呢？因为就在他重新征服波希米亚南方的时候，西吉斯蒙德皇帝为了让更多的人支持自己成为波希米亚国王，便将波希米亚西南部部分土地以及摩拉维亚交到奥地利公爵手中，以换取他的支持。同时，波希米亚的北方正被神圣罗马帝国贵族们染指，他们正在慢慢推进，从而令胡斯派占领的土地愈加缩小。而且，比尔森的议会也在蠢蠢欲动，准备下一次对胡斯军的战争。在如此多的内忧外患纠葛中，杰士卡选择了与布拉格贵族妥协。

在布拉格进行休整后，数万人的胡斯派大军从布拉格向南，进入摩拉维亚。10 月初，杰士卡的军队来到控制连接波希米亚和摩拉维亚的要道的要塞普日比斯拉夫。他发动了围攻，但经过十余天的围攻，仍旧没有效果，反而胡斯军死伤众多。因为死者众多，且医疗条件不好，瘟疫流行于胡斯军中。不幸地，杰士卡也染上了瘟疫。几天后的 1424 年 10 月 11 日，杰士卡去世。

就这样，胡斯战争中的英豪离开了人世。他是胡斯战争前期和中期的主要领袖。在整个胡斯战争期间，由他指挥的战斗，没有一场输掉，可见其优秀的指挥能力。特别是在他双目失明后，竟然还发明出胡斯车堡与大炮联合作战的新式作战技巧。

据皮克罗米琪（教皇庇护二世）记载，杰士卡死前，还曾经让手下在其死后将其皮剥下，制成战鼓，以为胡斯军所用。

杰士卡死后，他的将军之一格维茨达接替了他的位置，继续领导胡斯军。他们继承杰士卡的遗志，在摩拉维亚征战。但由于奥地利公爵势力过于强大，胡斯军不得不再次回到波希米亚。在波希米亚，胡斯军发生了分裂。分裂出去的是杰士卡新创立的奥列布兄弟会，他们自称“孤儿军”，他们的领导者是杰士卡的战友米库拉什。他们虽然与格维茨达的军队一同作战，但在战利品的分配上经常会争个你死我活，不过从外面看，他们还是比较团结的。

1425 年上半年，两军转战各地，击灭了又有所抬头的波希米亚贵族武装。但在围攻伏基采尔城堡时，格维茨达突患重病。他命令助手史温贝格继续战斗，自己则留在后方做总指挥。10 月，格维茨达去世。不久后，伏基采尔城堡也被打了下来。

与之同时，孤儿军在波希米亚南部扫荡，取得了几个胜利。史温贝格为了加强南

大普罗科普像，位于捷克圣布罗德

部的力量，也加入了他们。这时，胡斯军又成为一支强大的力量。但天有不测风云，仅仅一个月后的 11 月，史温贝格在战斗中阵亡。此时也没有合适的领袖继任者，胡斯军处于进退两难的境地。

当年年底，胡斯军在布拉格举行了会议，商讨新的领袖问题。在这次会议上，普罗科普被提名为新的胡斯派和胡斯军领导人。普罗科普于 1380 年出生在布拉格一个教士家庭，年幼时便被送进修道院，后辗转欧洲各地巡游，并成为一名教士。所以他也被称作“剃度的普罗科普”。不过为人熟知的还是他担任领袖之后的名字——“大普罗科普”或者“圣普罗科普”。他本是胡斯派里的圣杯派，后转变为塔波尔派，为此也曾被布拉格人投入狱中。1421 年他被解救后，便随杰士卡南征北战，立下汗马功劳。正因为他的突出战绩，人们才选中他作为杰士卡的继任者与胡斯军的新领袖。普罗科普与杰士卡的战斗思想不同，他不喜欢像杰士卡那样先防守再出击，而是喜欢先发制人，在敌人还未醒过来之时就获得了战争的胜利。也正是这个原因，他令胡斯派在胡斯战争后期出现了对外扩张的倾向，即战斗踏出了波希米亚的国境。

1426 年 6 月，易北河乌斯蒂之战爆发。这是普罗科普领导的第一场大战，几乎所有的编年史都提到了这场会战。这场会战异常激烈，不过我们最好先回顾一下此战之前的一些事情。

1426 年春，萨克森公爵腓特烈抢占波希米亚北方城市莫斯提和乌斯蒂。作为回应，普罗科普率领胡斯军往北进发。因为此时南部的奥地利公爵并未过多干涉波希米亚境内的事务，反而是新的萨克森公爵开始奉行对外扩张的政策，成为胡斯军的首要敌人。

普罗科普的军队开到莫斯提，进行围城。可是没想到就在快要城破之时，梅森侯爵及时率领军队前来增援，令胡斯军前面的努力付诸东流。与之同时，孤儿军在继续转战于波西米亚南部地区，但是基本未打下任何地方。不久，普罗科普的军队重新回到南部，与孤儿军并肩作战，将数个大城市从奥地利公爵手里夺回，继续归为胡斯军所有。

5 月 5 日，胡斯军在波利斯拉夫举行会议，选举了多位新的胡斯派领袖，为将来的对外战争做准备。接着，他们开往利帕城。利帕城的守军见胡斯军到来，并未抵抗就直接开门投降。然后，胡斯军又将附近诸小城占领，继续扩大地盘。这半年来，在普罗科普的领导下，胡斯军一时所向披靡。附近的老百姓也积极参加到胡斯军当中，到 5 月止胡斯军有 2—2.5 万人。

当然，西吉斯蒙德皇帝可不希望胡斯军如此蓬勃发展，更不能容忍出现另一个让自己头痛的“杰士卡”。5月19日，在纽伦堡他主持召开了一次帝国会议。参加会议的有教皇的使者红衣主教乔尔丹诺·奥尔尼、巴伐利亚公爵、萨克森公爵、美因茨大主教、梅森侯爵、埃森伯爵等诸多人士。这次会议本来的议题是再次征召十字军，但各大诸侯好像对剿灭胡斯军已经没有多大兴趣，他们兴趣更浓的地方在重新瓜分神圣罗马帝国的土地。不过，经过长时间的拉锯战，大家还是同意协助西吉斯蒙德皇帝继续剿灭胡斯派。其中，最踊跃的是萨克森公爵腓特烈。奥地利公爵阿尔布雷希特等诸多贵族对此已不太感兴趣，但表示愿意出兵。波兰国王也表示愿意出兵协助，但自始至终也未有任何举动。很显然，他的外甥西吉斯蒙德正在享受成为实际上的波希米亚国王的快乐，怎么能去攻打他呢？结果，会议的最后结果就是由萨克森公爵带队，其他人作为辅助，继续西吉斯蒙德皇帝的剿灭行动。

此时，普罗科普正率领几乎所有波希米亚的军队，一起攻打乌斯蒂城。5月26日，胡斯军开到乌斯蒂城下，孤儿军同时也到达城下。接下来的几天，西吉斯蒙德的布拉格及立陶宛雇佣军到达，圣杯派军队到达，波希米亚南部小贵族军队到达。据估计，胡斯派联军约有不到2万人。他们绕着城墙围了三圈。

与之同时，十字军也开赴阵地。他们由萨克森公爵率领，有7万余人。主要由骑兵组成，其他还有步兵、火门枪手与炮兵等，甚至还有部分仿制的胡斯车堡。这些车堡是梅森侯爵夫人凯瑟琳提供的，另外她还提供了不少火炮。诸多编年史都记载：“这次相当于一个捷克人要对付五个神圣罗马帝国人。”

6月14日，梅森侯爵弗雷德里克的队伍提前来到易北河畔，等待其他大军的到来。普罗科普趁这个时机，派遣几个人去梅森侯爵的营地，希望不要进行战争，希望梅森侯爵能够撤走。因为十字军的势力强大，胡斯军的士气高昂，这场战争唯一的结果就是两败俱伤。但梅森侯爵并未采纳他的意见。梅森侯爵认为，这个时候的十字军是正义的，消灭异教徒是他们不可推卸的责任，因此绝对不会撤军。两天后，十字军士兵全部到达。

普罗科普见无法说动梅森侯爵，便率领胡斯军撤出包围，撤到西边10英里开外的一个高地上。在高地上坡，胡斯军扎营，下面挖了两条壕沟，正面部署三排胡斯车堡，侧面各部署两排胡斯车堡。在车堡间，胡斯军还放置了多门火炮，静待十字军的到来。

6月16日，周日，一个炎热的夏天中午，易北河乌斯蒂之战爆发。

据西吉斯蒙德皇帝的随军书记员巴特索克记载，6月16日这个主日，正值圣神降临节，两军却开始了一场大决战。首先发动进攻的是布拉格雇佣军，他们使用抛石机，

▲ *乌斯蒂之战，奥匈帝国画家温克斯拉夫·凯尔尼作*

向乌斯蒂城墙抛出巨石，希望在十字军进入城市之前将城市砸开一个口子，然后占领城市。梅森侯爵的军队随即跟上，想使用骑兵速攻布拉格雇佣军的抛石机。没想到的是，就在他们快要接近之时，迎面碰到了波希米亚国王西吉斯蒙德，两军陷入混战。因为西吉斯蒙德指挥有方，梅森侯爵很快便败下阵来。

另一方，萨克森公爵正在猛攻普罗科普占领的山头。十字军利用骑兵的优势，发起多次冲锋，夺取了最前面的4辆胡斯车堡，并继续冲击后排的胡斯车堡。胡斯军明显处于下风。不过，普罗科普并未被吓怕。他随即命令部分步兵分头到车堡两侧埋伏，专门用钩镰枪与绳索将对方的骑士拉下马来。果然，这一方法立刻减缓了十字军的冲锋速度。见时机成熟，胡斯军转防守为进攻，十字军骑兵落荒而逃。胡斯军大约追了半英里，才停下了脚步。

捷克《老编年史》和布雷佐瓦的劳伦斯的《胡斯纪事》，以胡斯军的角度还记述了一些细节："在胡斯军处于颓势之时，普罗科普要求大家集体念诵经文，祈求上帝的帮助。而上帝也的确帮助了他们。胡斯车堡内的军士们好似获得了神助，加快了弓箭和火枪的速度，将王军骑兵的冲锋速度暂时压了下来。……约5万神圣罗马帝国人就在普罗科普的追击下四处逃窜，他们死亡极多，甚至其中还有诸多诸侯与领主。这场胜利令所有的捷克人欢欣鼓舞，哭出声来。"

据编年史作者统计，这场战争中胡斯军死亡人数为19—30人，十字军死亡人数为4000人以上，可以说胡斯军取得决定性胜利。乌斯蒂被胡斯军所占领。

这次会战令神圣罗马帝国的诸侯和领主们大惊失色。他们一方面开始组织人手防御自己的一亩三分地，另一方面寻找雇佣军，要求西吉斯蒙德皇帝组织第四次十字军。

在波希米亚，尽管普罗科普要求所有的波希米亚军队互相协助，但还是出现了不少问题。布拉格雇佣军与圣杯派军队乘胜追击，联合围攻莫斯提。可当萨克森公爵的军队到来之时，他们并未抵抗，就弃城逃跑，许多辎重被他们留在城下，被敌军抢走。还有另一部分军队与巴伐利亚军队作战失败，放弃了一些原本为胡斯军所拥有的城市。仅一个月间，胡斯军在乌斯蒂的胜利成果损失殆尽。

新的尝试：第四次十字军战争

1426 年下半年，普罗科普循着杰士卡的道路，继续率领胡斯军南征北战。他们包围了希内克的城堡，但围攻战旷日持久，一直没有分出个高低上下。与此同时，布拉格人在西吉斯蒙德国王的领导下，与西吉斯蒙德皇帝决裂，他们不愿再走圣杯派的老路。不过，他们还是希望与教皇和解。

8 月，奥地利公爵阿尔布雷希特与匈牙利贵族联合率军卷土重来，希望能给胡斯军致命的一击。他们先后围困了数个胡斯派的城市，但没有拿下任何一座。一直到 11 月，在奥地利公爵围困布热斯拉夫城时，普罗科普给了他致命一击，把他踢出了波希

▼ *乌斯蒂之战后，捷克画家米库拉什作*

米亚。被围困了三个月的布热斯拉夫城内的军民，也获得了粮食的补给。

1427 年元旦，普罗科普突发奇想，想到奥地利的领土上去教训一下奥地利公爵。这次大反攻定在 3 月实行。这之前的两个月，普罗科普集合军队，几乎将波希米亚南部的贵族军队清扫殆尽。3 月 14 日（也有一些编年史称发生在 3 月 25 日），胡斯军在普罗科普的率领下，来到斯瓦提拉城。该城位于奥地利，属于波希米亚境外的城市。据编年史称，这场战争进行了四个小时。普罗科普还是使用胡斯车堡的优势，杀死不少奥地利骑兵。胡斯军几乎没有人员伤亡，而奥地利军队至少伤亡 4000 人（也有一些编年史称奥地利军队死亡 9000 人，但这明显夸张了）。

这次战斗是胡斯军首次在境外作战，为胡斯战争开启了新的篇章。之后，胡斯军大量在周边进行战斗，最远竟然到达了波罗的海。

这次的失败，令奥地利公爵颜面扫地，他立即去法兰克福见西吉斯蒙德皇帝，要求他组织新一次的十字军。正巧，之前也有其他领主希望组织十字军，大家一拍即合，一起督促皇帝赶紧召开会议。

3 月，在大家的强烈要求下，西吉斯蒙德皇帝在法兰克福举行了会议。大家一致同意结成神圣同盟，共同对付胡斯派异端。当然，会议上大家还是继续争吵，争夺他们的领土多少，而不是派兵多少。经过一个月的拉锯战，大致有了安排。第四次十字军被编为四路独立的军队，第一路军包括来自莱茵地区、阿尔萨斯、斯瓦比亚、法兰克尼亚和巴伐利亚地区的军队；第二路军队出自萨克森地区；第三路是西里西亚诸侯和城市的军队；第四路军队派自哈布斯堡家族领地和萨尔茨堡大主教辖区。他们预计在年中可以组成大军，一部分在西里西亚与西里西亚大公会合，另一部分在奥地利与奥地利公爵会合。如果这些军队真能集结起来，那捷克人就甭想轻易打败这支军队。但是和以往如出一辙的是，许多计划只不过是纸上谈兵而已。

就在帝国会议左右推诿之时，普罗科普的军队联合布拉格的军队正在北部的西里西亚横行。被赶走的波希米亚教会在西里西亚的临时驻地奇道城，被他们一举攻破。许多曾经煽动波希米亚宗教混乱的教士被逮捕。5 月，另外的几座西里西亚大城被胡斯军攻破。虽然西里西亚大公准备了军队，但他从来不敢和普罗科普决战。只是一直看着胡斯军攻城略地，而没有任何举动。5 月末，西里西亚大部分城市已被攻陷，普罗科普回师布拉格。西里西亚大公就一直跟着他，直到目送他们越过边境，重新回到波西米亚为止。

6 月 29 日，西吉斯蒙德皇帝召集 48 个诸侯继续一起商讨十字军事宜。他们确定

7月从纽伦堡和巴伐利亚有两路大军可以向波希米亚进发。也就是前面所说的四路大军，在大家的再次推诿下并没有成行。这两路大军由特里尔大主教与巴伐利亚公爵的军队组成，有2万余人。后来，萨克森和勃兰登堡也出了部分士兵，但基本可忽略不计。

7月12日，十字军部队开到塔霍夫城外。随后又用了八天的时间，才将所有的部队集结完整。

此时，普罗科普的军队正在波希米亚东部。他们拿下了两座城堡，将波希米亚北方和东北方的道路几乎锁死。他们在与贵族的战斗中也获得了不少战利品——黄金、白银以及各种牲口，令胡斯军的粮草不再是问题。7月12—14日，胡斯军的塔波尔军和孤儿军在布拉格会合。17日，在卡尔施泰因的部分其他友军也集结完毕，一起加入普罗科普麾下。据统计，胡斯军大概有1.6万名步兵、2000名车手和200辆胡斯车堡。可以说与十字军基本势均力敌。

就在此时，一些本来投向胡斯派的大贵族反水，他们向十字军提供了胡斯军的所有资料，并且将胡斯军的未来动向也汇报得一清二楚。听说胡斯军离塔霍夫还有一定距离，十字军便改道去劫掠邻近的城市，一路来到斯特雷保罗城。这座城市位于支持十字军的比尔森城与塔霍夫城之间，扼守着通往布拉格的交通要道。当时，该城正在胡斯派手上。为了抢到此城，十字军用炮兵与车堡一起对其进行围攻。在三天的围攻中，十字军没有获得任何便宜。反倒是他们于8月2日听到普罗科普的军队正在向这边开赴，马上就慌了手脚。

十字军将大炮和车堡拉到附近的一座小山上去，希望能获得与胡斯军同样的胜利，但他们根本不知道如何促成杰士卡式的胜利，这一招只能是败招。另外，他们还焚烧了附近的营地，这更是败招。当普罗科普的军队离城市还有5公里的时候，十字军的一些人已经开始逃跑。他们声称十字军已经失败，逃命才是最重要的。8月2日午夜，亨利公爵率领数千人提前逃跑；次日晨，特里尔大主教撤退。随后还有许多小贵族也跟着向塔霍夫方向逃去。

捷克《老编年史》记载，当8月4日普罗科普的胡斯军开到斯特雷保罗城时，发现王军早已大乱。原来就在这天清晨，代表神圣罗马帝国皇帝的旗帜竟然自己倒下，并且一分为二。大家认为这个预兆相当不好，全部士气下降并惊慌失措起来。见此情况，普罗科普立即下令对王军进行追击和屠杀。据说当时有位王军骑士曾说："现在唯一要做的就是向前跑去逃命，不要管敌人在不在我们的后面。"即使如此疯狂逃窜，王军还是有近万人被杀。他们丢弃的胡斯车堡和大批粮食被胡斯军获得。这次胡斯军

▲ *塔霍夫山上为纪念塔霍夫之战竖立的纪念碑*

并未越过边境去追赶，而是回师攻打塔霍夫去了。

8 月 11 日，普罗科普使用从十字军处缴获的火炮攻击塔霍夫的城墙。在两天的时间里，塔霍夫城四周炮火齐鸣，城墙被打开了数个口子。8 月 14 日，胡斯军从缺口处攻入，放火烧了不少房屋。就在此时，塔霍夫城长官声明愿意和谈，并归顺胡斯派。就此，波希米亚境内支持十字军的第二大城市——塔霍夫也被胡斯派占领，孤儿军将领柏泽科成为该城新任长官，第四次十字军已无用武之地。

比尔森城与塔霍夫城本来是西吉斯蒙德皇帝用以进入波希米亚的两大据点，此时失去，相当于被斩掉了左膀右臂，且神圣罗马帝国的诸多主要城市已经暴露在胡斯派面前。如果普罗科普没有野心反攻神圣罗马帝国的话那还好说，但如果他真的大举反击，那神圣罗马帝国的各邦国可是完全受不了的。

11 月，西吉斯蒙德皇帝在法兰克福召开了新的帝国会议。这次会议上大家都心照不宣地再也不去提波希米亚的任何事情，只提征收战争税的问题。他们初步达成了对农民和小贵族征收 5% 所得税用于扩充军备的协定，然后将这项税收全部用于对异教徒的战争。很显然，这项税收是为组织新的一次十字军做准备。

总之，在 1427 年，胡斯派获得了前所未有的胜利，十字军也再没有进入波希米亚干涉其内政。也许，这时的胡斯军该放开脚步向着更远大的目标前进了。

高贵的光荣军队：胡斯派的远征

在普罗科普心中，整个波希米亚内部的敌对势力已经铲平，贵族们也已经听从胡斯派。实际上，这时的胡斯派已经占据了波希米亚的绝大多数土地，几个与神圣罗马帝国皇帝联系的保皇党城市也已被铲除，贵族老爷们和那些骑士们死的死、逃的逃，特别是布拉格人选出的西吉斯蒙德国王竟然也开始向胡斯派伸出橄榄枝。等于是胡斯派已然把波希米亚接管，建立了一个新的王国——胡斯王国。

鉴于前几次的十字军都是从国外而来，然后到国内才开始勾结国内贵族，普罗科普认为，应该改防御为进攻。即把战争打出国门去，将那些干涉波希米亚内政的贵族们打败，让他们再也无法组织起十字军，这才能将波希米亚的战果稳固下来。实际上，在 1426 年乌斯蒂大捷后，他就有了这样的想法。他认为，在波希米亚的土地上打仗，无论胜败都是人民受苦。这时候就不如将战争放到国外，引祸水外流。同时，还可以让外国人民也知道胡斯派是正义的，让他们产生好感。这样，不仅战争的推动会有长足的进展，连对外战争的补给也能从当地获得。何乐而不为呢？由此，一个宏伟的计划开始了，胡斯远征军出现了。虽然和十字军近似，但这支远征军的名字不叫十字军，而叫“高贵的光荣军队”。

1427 年 12 月，胡斯军开始向匈牙利推进，这是胡斯军的第一次远征。为什么要先推进到匈牙利呢？这是因为西吉斯蒙德皇帝也是匈牙利国王，他每次战败都会退到匈牙利。而且，多次十字军都是从匈牙利开入波希米亚境内的。如果能给予匈牙利致命一击，那么胡斯军将无后顾之忧。正是这个想法的推动，令胡斯军首先选择了匈牙利。

1427 年 12 月至 1428 年年初，在摩拉维亚的胡斯军几乎没有受到任何阻碍。可是，这里的堡垒众多，极难攻下。胡斯军便焚烧了附近的小城市和乡村，只留下一个个孤立的堡垒，在原地矗立。2 月，胡斯军进入西里西亚。在西里西亚，胡斯军队还是几乎没受到任何抵御，便将奥德河附近的土地全部征服。直到 3 月 18 日，胡斯军才首次遇到真正的战斗。

这场战斗因在西里西亚的尼斯城展开，所以名为尼斯之战。西里西亚大公、卡斯特罗维斯的普塔三世和奥博特纳扬组织军队，在尼斯城迎击胡斯军。胡斯军的领袖为大普罗科普、小普罗科普和扬·卡瓦特瓦斯基等。据捷克《老编年史》记载，他们在尼斯城外的郊区相遇，仍旧是胡斯车堡对抗骑士。在战斗中，西里西亚的军队一批批地投诚，根本不听指挥。胡斯军等于是在占据绝对优势的情况下取得的胜利。当然，最后还是上演了一次贵族骑士逃跑的“胜景”。大约有 2000 名骑士被杀或淹死在河中。胡斯军不仅没有多少伤亡，相反还获得了不少军力补充。3 月 22 日，西里西亚大公与胡斯军签订和约，表示不会再组织十字军进攻波希米亚，并且同意部分军民信奉胡斯派。

这一和约的签订，令西里西亚的农民也开始揭竿而起。他们组织起来学习胡斯派的战术和战法，在西里西亚与胡斯军里应外合，完成了不少胜利。特别是他们与胡斯军一同努力，于5月1日在西里西亚的弗洛斯拉夫抓住了乌斯蒂之战中逃跑的一些贵族，获得了极大的胜利。之后，在西里西亚打了两个月的仗后，胡斯军胜利开回布拉格。

第二次远征则是孤儿军所发起的。7月中旬，孤儿军北上，围攻波希米亚北方极少数几个还未打下的城市之一——利赫腾伯格城。不久后，该城投降。孤儿军将胡斯派的北方边境完全扩张到西里西亚。

经过几个月的休整，1428年10月，普罗科普的军队占领贝辛纳。同时，胡斯·米库拉什的继承者——扬·克洛维斯率领的孤儿军也继续北上，来到贺拉斯塔瓦。他希望占领这里，将波希米亚北方的敌对势力全部消灭。当地贵族阿尔伯特和汉努斯守在城内，不让孤儿军攻入。包围了许久，孤儿军都没有获得任何进展。11月11日，他们发动了总攻，

▲ *贺拉斯塔瓦之战*

克洛维斯远没有米库拉什的领袖才能，胡斯车堡也不是万能药。他使用胡斯车堡在城周围围成一圈，然后对城内发射火炮和弓弩。但他没想到的是，城内的骑兵突然出现，在城内远程兵种的配合下，将城门口的几辆车堡掀翻，打开了一个口子。然后，贵族军队进行了合围，使胡斯车堡使不出任何力量。孤儿军损失几辆车堡、400余人，其他人望风而逃。不过，

正当城内贵族军队全部冲出城外追赶孤儿军的时候，一部分埋伏起来的孤儿军杀出，打了贵族军队一个措手不及。就这样，孤儿军取得了胜利，不过也付出了不小的代价。

当然，孤儿军对于这样的失败不会就此罢休。仅仅第二个月，他们就迎来了一次新的战斗。12 月，耶赛尼斯之战（也名红山之战）打响。

在这之前的一个月，孤儿军进行了几次小规模战斗，基本都获得了胜利。贵族们以及军队开始北逃，进入波兰境内。大约在圣诞节前后，孤儿军追踪这些溃败的军队来到克劳德斯库城。在这里，下西里西亚的扬·米索特备斯基收集残兵败将，准备与孤儿军进行一次正面交锋。

12 月 27 日，两军来到耶赛尼斯（也叫红山）进行决战。在战斗一开始，孤儿军便使用火炮对准对方的骑兵猛轰，同时，用胡斯车堡向前推进，后面紧跟步兵。贵族军队不是没见过这样的阵势，他们只是因为过于害怕，仍旧是还未接触便纷纷逃散。本来要打的一场决战，再次成为大溃败。指挥者扬·米索特备斯基在逃跑中不幸掉进沼泽，被孤儿军俘虏。

接下来的一个月里，这些贵族军队辗转波兰、立陶宛、西里西亚，一直来到摩拉维亚。而孤儿军也一直在后面跟随追击，贵族军队的绝大部分主力被歼灭或俘虏收编。1429 年 1 月 25 日，孤儿军再次回到利赫腾伯格。这次他们带来的是大量战利品与俘虏。他们这半年的努力，为胡斯军打出了士气，打出了影响，也令宗教改革这个种子在神圣罗马帝国各邦生根发芽。

这期间，完全没有看到西吉斯蒙德皇帝的身影，那么他又去了哪里呢？原来他正在与奥斯曼帝国战斗。1427 年 7 月，塞尔维亚国王史蒂芬为了换取西吉斯蒙德皇帝协助对抗奥斯曼帝国，承认了他的宗主地位。因此，西吉斯蒙德皇帝就要对塞尔维亚负责。恰好这时，奥斯曼苏丹穆拉德认为塞尔维亚应该由奥斯曼统治，因此匈牙利与奥斯曼的摩擦越来越大。西吉斯蒙德皇帝害怕匈牙利不保，自己的神圣罗马帝国皇帝便会不保，所以于 1428 年纠集匈牙利、

▲ *耶赛尼斯之战中贵族军队的大溃败*

瓦拉几亚和卡拉曼一起对抗奥斯曼。同时，他们还怂恿安纳托利亚的小国也加入他们的联盟，一起对付奥斯曼。在这样的抵抗与激励下，塞尔维亚恢复了自由之身，与匈牙利一起反对奥斯曼。这时，反奥斯曼联盟形成。再加上东部帖木儿帝国的夹逼，奥斯曼处于进退两难之地。也就是这时，西吉斯蒙德皇帝才有工夫继续解决胡斯派的问题。

1429 年 1 月，和平谈判在布罗德展开。但是西吉斯蒙德皇帝一再拖延，直到 4 月，会议才正式开幕。在会议上，皇帝故意将承认“布拉格四纲领”的问题岔开。他要求胡斯派统治下的波希米亚必须先同周边国家都缔结和约，之后才能继续研究“布拉格四纲领”的问题。普罗科普早已看出皇帝的目的是让胡斯军队与周边国家妥协，从而削弱胡斯军的力量，然后，皇帝就可以再次发动十字军剿灭胡斯派了。结果，两方拉锯了一个月的时间，一直也没解决任何问题。为了解决争端，5 月布拉格国会希望组织一次全欧洲的宗教会议。要求不仅有天主教的代表参加，还要有东正教的代表参加，从而公平地确定“布拉格四纲领”的有效性。可是，一直到 7 月，这个宗教会议也没有组织起来。胡斯派知道，西吉斯蒙德皇帝根本没兴趣与他们和解，他心中所想的只有绞杀胡斯派。所以他们从 3 月起，便重新开始四处准备，将波希米亚牢牢地掌握在胡斯派手中。

当年 11 月，普罗科普率领塔波尔军、孤儿军、布拉格军和小贵族军数万人，浩浩荡荡开往萨克森境内。在他们进入萨克森之前，当地的大贵族和教士们尽力抹黑他们，说胡斯派是异端邪教，他们供奉人牲，吃人肉……可是当这些胡斯军到达之后，人们才发现他们也是相同的、信奉基督宗教的人，所以对他们产生了好感，还纷纷加入他们。

1430 年 1 月，胡斯军到达莱比锡。该城市防御相当强，胡斯军没有贸然进攻。普罗科普在此地将胡斯军分为 5 个分队，各自为政又统一联系，准备向西南方向进攻瑙姆城。在瑙姆城外，普罗科普扎下营寨。城内的人民早已惊慌失措，不过他们抱着一线希望，希望普罗科普能放过他们。所以，一群由妇女和孩子组成的队伍出发了。这些妇女们穿着白衣，孩子们手捧鲜花，一路被请进普罗科普的大帐。一位叫阿尼塔的姑娘向普罗科普承诺城市将会投降，要求不要屠杀城内居民。普罗科普表示同意，并告诉她胡斯军永远也不会屠杀该城的人民。第二天，胡斯军即拔营撤离。

为了纪念这件事，瑙姆城人特意为普罗科普画了圣像，称其为圣普罗科普。每年到了相同的日期都会举行盛大的仪式，表示对普罗科普的崇敬和纪念。

1430 年 2 月 12 日，勃兰登堡选帝侯表示投降，愿意签订和约，同时支付约 4 万

▲ ***大普罗科普的圣像***

弗罗林的赔款。这些赔款后来一半归胡斯军所有，一半归了国库。2月末，胡斯军开回布拉格。这时的胡斯军有步兵近5万人、骑兵4000余人、胡斯车堡3000余辆，其他的战利品不计其数。第三次远征圆满结束。有趣的是，远在法国的圣女贞德竟然发表言论说，她认为胡斯派这个异端正在像瘟疫一样，席卷整个欧洲，如果不加以禁止将会引起天翻地覆的变革。她愿意——如果皇帝同意的话——去协助剿灭这些胡斯派的信徒们。我们更愿意相信她只是随便说说，可没想到的是她的确一语成谶。不久，席卷欧洲的宗教战争真的打响了。

1430年3月，第四次远征开始。这次的方向是西里西亚和摩拉维亚。在西里西亚，胡斯军一往无前，几乎未遇到任何抵御，便将大部分城市归于自己所有。到8月15日史温贝克投降为止，胡斯军全部取得胜利。然后胡斯军转回布拉格，进行休整。

可是在摩拉维亚，他们却遇到了相当大的阻力。这支在摩拉维亚的军队由小普罗科普、布尔茨尼斯和扬·茨米里克等率领。小普罗科普原本是一名牧师，在1428年尼斯之战中崛起，成为孤儿军的一名重要领袖。

4月16日，孤儿军进入摩拉维亚。在边境地区，孤儿军与奥地利公爵阿尔布雷希特的军队首次交锋。具体战斗过程不详，但孤儿军以损失150余人的代价战胜了阿尔布雷希特的军队。在奥地利军队败退后，孤儿军进入今斯洛伐克境内，夺取了几座小城镇。

4月28日，一场大战在特尔纳瓦发生。之前几天，在特尔纳瓦，西吉斯蒙德皇帝的精锐军队2万余人在此等候，专待孤儿军的到来。到28日，孤儿军约1万人进入战场。据条顿骑士团的小康拉德记载，两军于特尔纳瓦城外的一片平地上开战。王军由皇帝直接指挥，孤儿军由小普罗科普指挥。两军使用的战术和军队排列基本相同，都是使用车堡，前排骑士冲锋，在车堡中间空当位置放置火炮。而且两军的战术都是先发制人的冲锋。唯一不同的就是王军骑士较多，孤儿军步兵较多。其实，皇帝更希望将车堡变为移动的城堡，所以在战场上布置了两层车堡。在一开始，王军多次冲锋，将孤儿军的部分胡斯车堡冲破并掀翻。但孤儿军迅速补位，用步兵与钩镰枪对抗王军的骑兵，从而获得了战斗主动权。随后，小普罗科普展开反冲锋，将王军的胡斯车堡也部分掀翻，然后步兵冲上去与对方进行肉搏。总之，经过一场混战，孤儿军取得胜利。孤儿军损失 2000 余人，王军损失 6000 余人。还有另外一些编年史认为，在胡斯车堡被掀翻时，有不少塞尔维亚和匈牙利雇佣兵去抢夺车辆、武器和财物，造成王军部分混乱。恰好此时，孤儿军开始冲杀，杀死了不少雇佣军。当其他雇佣军后撤时，王军以为溃败，士气立刻下降。从而奠定了孤儿军的胜利基础。

接着的几个月，孤儿军又打了几场仗，不过因为基本都直接与王军对抗，损失过重，只好返回波希米亚，重新进行部署，再寻时机作战。

就在胡斯军和孤儿军休整之时，一件事情在他们眼皮底下发生了。前面曾说过，波兰—立陶宛大公维托尔德同意将外甥西吉斯蒙德借来成为波希米亚国王。但 1385 年形成的波兰—立陶宛王国根基并不稳。在维托尔德统治时期，两国贵族一直内斗，再加上维托尔德对胡斯派的态度一直左右摇摆，令波兰—立陶宛联合统治陷入僵局。这时，西吉斯蒙德皇帝的使者突然出现，自称可以协助调停这个矛盾。不过，这时的皇帝已经与条顿骑士团结盟，很显然他不愿意看到一个强大的波兰出现，更希望将它分裂。所以皇帝提出的建议是，让维托尔德去当立陶宛国王，西吉斯蒙德来当波兰国王。但 1430 年 10 月 27 日，维托尔德突然死亡，并将波兰—立陶宛大公的位置传给其弟弟。皇帝的阴谋没有得逞，而波兰—立陶宛也开始全面支持胡斯派。

这时大普罗科普也派出使者，希望帮助波兰和立陶宛调停争端。很显然，胡斯派已经发现波兰—立陶宛是一个值得拥有的盟友，如果有了他们，胡斯派的力量一定能够大增。所以 1431 年年初，布拉格国会开幕，12 名地方长官一致同意由胡斯派派出代表，与波兰—立陶宛商讨和平协议，并协助调停波兰—立陶宛境内的混乱状态。

1431 年 3 月，一场宗教调停会议在克拉科夫举行。胡斯派与波兰—立陶宛公国各自派了 5 名代表。他们否决了不久前巴塞尔宗教会议的决定，表示宗教改革一定会进行。无论波兰人还是立陶宛人，只要信奉胡斯派的信仰，胡斯派愿意一视同仁地接纳为兄弟姐妹。这一举措，从宗教上解决了争端问题，波兰和立陶宛的贵族们都表示同意，愿意服从胡斯派的宗教体系，并愿意与波希米亚人结盟。

5 月，波希米亚国会开幕。这次会议中除了胡斯派、布拉格联盟、孤儿军、西里西亚的代表外，还包括波兰代表、西吉斯蒙德皇帝的使者（当时皇帝本人正在纽伦堡会议上准备第五次十字军）等，可谓盛况空前。在会议上，代表们表示波希米亚境内在胡斯派的治理下已经实现和平，现在就是要将胡斯战争国外化、世界化，宣扬胡斯派的宗教改革思想，将天主教会的丑恶嘴脸向所有人揭示出来。然后，会议决定印刷《“布拉格四纲领”宣言》，向神圣罗马帝国、法国、意大利诸邦和斯拉夫诸国分发，让他们知道宗教改革势在必行，胡斯战争是正义的。

第五次十字军战争与巴塞尔大公会议

胡斯派的这些行动，以及其在整个欧洲的影响，令周边各国也忌惮起来。他们组织代表，一起参加了西吉斯蒙德皇帝组织的纽伦堡会议。1431 年 3 月 4 日，新任教皇尤金四世派出代表与皇帝接洽，于当月 18 日开始了新一轮的纽伦堡会议。会议结果很简单，就是进行新一轮的十字军战争。军队由西吉斯蒙德皇帝亲自带队，包括萨克森、勃兰登堡、美因茨、巴伐利亚、施瓦本、梅森等选帝侯与贵族，以及教皇和科隆大主教派出的军队。捷克《老编年史》称他们至少有 10 万人，他们的集合地点为巴伐利亚的小镇威登，出发时间为 6 月 30 日。

为给十字军打气和向胡斯派宣战，在 6 月底，教皇特意写了一封冗长的信件，告诉胡斯派，教会的力量是无穷的，如果再负隅抵抗，最后的失败将是不可避免的。7 月 21 日，大普罗科普回信。他将教皇的信件印成传单，并将胡斯派的回信附在后面，然后大肆散发。胡斯派的回信表示，绝对不会与教皇妥协，如果对方愿意继续以十字军来干涉波希米亚的内政，胡斯军必将给予迎头一击。

当然，普罗科普也知道十字军的厉害，而且当时正处于农忙之时，不能抽调更多的人来保证胡斯军的兵员充足。因此普罗科普想了一个简单的对敌方法。首先，他将老弱病残放回家里去进行收割，剩下万余精兵。然后，他命令军队从边境后撤，同时在边境地区挖掘大坑，可让部分骑士掉进坑中，使十字军士气降低。最后，他在边境地区到处散发和张贴传单。传单上写着：“将士们，你们为何要发动战争？你们是为了保卫自己，还是保卫那个可耻的皇帝？你们难道要为这个堕落不堪的教会做卫道士吗？”

8 月 1 日，十字军先头部队越过波希米亚边境，向塔霍夫城前进。8 月 8 日，十字军开始对多马日立采进行围攻。多马日立采距布拉格 75 公里。当 11 日普罗科普获悉消息后，立刻要求急行军。12—13 日，胡斯军急行 75 公里，于 14 日晨到达多马

▲ ***多马日立采战役中胡斯军捕捉十字军***

日立采。这天，著名的多马日立采会战(也名陶斯会战)开战。据记载，这次会战胡斯军投入 6 万人与 3000 辆胡斯车堡；十字军投入 13 万人与 9000 辆胡斯车堡。可谓是一次空前的大决战。

有关这场会战的记载最为完整的是一个士兵的记述，即波希米业南部斯塔克尼斯城的巴尔特索克所写的编年史。他记录道："1431 年圣母升天节的前夕，诸贵族们在皇帝的引领下，来到塔霍夫。在这里，他们对 20 多个城镇进行了围攻，一时士气非常高涨。但是，当他们听到胡斯军到来的消息后，一个个都慌了手脚。虽然十字军是胡斯军的好几倍，但是在胡斯军离战场还有 2 公里的时候，他们就开始逃窜。本来，红衣主教且沙里尼认为十字军还能抵挡一段时间，但他看到的是十字军一个个丢盔弃甲、纷纷逃跑的混乱场面。结果没撑多久，红衣主教也伪装成一个士兵跟在他们后面逃跑了。"

这时的十字军位于一片高地上。在皇帝的指挥下等待胡斯军。可是，十字军根本不听皇帝的指挥，他们到处逃窜，还没开战，就有一半士兵逃离战场。皇帝重新组织起人手，将车堡放在前面，空隙和后面填充大炮与骑兵。可没想到的是，还没等他摆阵完毕，胡斯军就发起进攻。胡斯军一边发射箭矢，一边用胡斯车堡迅速接近十字军。十字军们根本就不恋战，他们掀翻自己的车堡，往附近的树林里逃窜。一部分脚快的人逃走了，另一部分与胡斯军决战的骑兵和车堡被胡斯军所俘虏，成了阶下囚。红衣主教的权杖和文件，在逃跑时被丢在地上，为胡斯军所获得。这些十字军一路跑，一路害怕地向后看，生怕胡斯军追上来。他们一直跑到巴伐利亚，才站住了脚步。

布雷佐瓦的劳伦斯说：“西吉斯蒙德皇帝逃跑之时，就像踩着高跟鞋的魔鬼。他害怕人类，害怕被上帝的军队捉到。就这样，一群十字军被捉到，上帝再次拯救了胡斯军。”

捷克《老编年史》记载，胡斯军一直追到第二天上午，他们获得的战利品数量实在太多，以至于无法记数。那些黄金、白银、武器、衣服和漂亮的帐篷被胡斯军用牛车和车堡拉回了布拉格……

第五次十字军的大败令教皇也十分震怒。他斥责西吉斯蒙德皇帝的无用，要求所有人来参加 7 月就已经开幕的巴塞尔会议。这次大会是第十七次大公会议，其前景非常不好。本来这次会议原定 3 月举行，但因为神圣罗马帝国皇帝要组织十字军，会议时间一拖再拖，直到 7 月才正式开始。

最初，会议主要有三个议题：消除异端胡斯派的主张；在所有基督教国家缔造和平；进行教会改革。很显然，这三个议题都与胡斯战争有着千丝万缕的联系。本来，教士们和世俗贵族都希望用武力将胡斯派铲平。但他们看到 8 月西吉斯蒙德皇帝在与胡斯派的大决战中惨败，反而改变了想法。他们寄希望于用咨文与信件，令胡斯派回心转意。不过他们也知道胡斯派的信仰不可能转变。因此，他们只是抱着试试看的想法，拟定了一篇咨文，并将其交给了胡斯派。

就在咨文送达之际，胡斯军正在进行着另一场会战——巴度瓦之战（或称魏德霍芬之战）。在普罗科普的要求下，拉贝克的米库拉什率部分胡斯军南进，到达奥地利境内。这次远征的原因是：周边诸国除波兰外，几乎全部处于西吉斯蒙德皇帝的控制之下。他们对胡斯派占领的波希米亚全部实施禁运，再加上从 1430 年开始的干旱，现在胡斯派的很多物资已经有不足的迹象，特别是葡萄酒的储备早已捉襟见肘。为了获得葡萄酒资源，普罗科普下令要求米库拉什占领奥地利的葡萄酒园，并获得尽可能多的葡萄酒资源。

据捷克《老编年史》称，这次动用的有 4500 名步兵、600 名车手与 360 辆胡斯车堡。他们在进入奥地利时，没有遇到任何抵抗。沿途的老百姓们还很欢迎他们，争先恐后地将各类物资扔到他们的车堡和牛车上。甚至还有部分人自愿组织起来，跟在胡斯军后面协助搬运。在奥地利西北部的阿尔滕堡修道院，胡斯军劫掠并控制了诸多白葡萄酒园，得到了数万桶价值不菲、货真价实的绿林白葡萄酒。

作为该地地方长官的奥地利公爵可不愿意善罢甘休，他与摩拉维亚侯爵联合，起兵1.6万，准备夺回被胡斯军抢走的葡萄酒。就这样，一场葡萄酒的战争开始了。10月14日，在巴度瓦镇附近，奥地利公爵的军队追上了正在返回波希米亚的胡斯军。在胡斯军还未反应过来之时，奥地利骑兵直冲行军中的胡斯军，将他们冲散，然后分割歼灭。虽然胡斯军迅速组织起胡斯车堡的环状大阵防御，但已经有数百名胡斯士兵被杀死，士气也已经衰微。在之后不到半小时的战斗中，胡斯军四分五裂，多辆胡斯车堡被掀翻，约有1500人被杀或被俘。剩余的胡斯军将数辆胡斯车堡和不少葡萄酒落在战场，纷纷逃命去了。奥地利公爵停止了追赶，押着俘虏和葡萄酒回到了维也纳。

第五次远征的重大失利令普罗科普大惊失色。他获得消息的当天，便得了重病。因此他不得不考虑回到谈判桌上，与教皇、皇帝和贵族们讨论和平的问题。恰好此时，教皇的咨文到达。胡斯派表示愿意与教皇和解，并重新解决宗教问题与和平问题。

1432年1月，胡斯派同意派代表到巴塞尔，准备坐下来与诸贵族协商波希米亚的未来。当然，为了加重砝码，胡斯军仍旧在进行着一次又一次的对外远征。当年的1—4月，胡斯军为惩治曾多次参加十字军的勃兰登堡伯爵腓特烈，组织了多次突袭，并差一点将战火烧到勃兰登堡侯国的首都——柏林。

这一招果然令教皇和皇帝就范。5月，西吉斯蒙德皇帝见胡斯派仍然能量十足，根本不可能完全听从自己的指挥，便要求教皇派人协助在波希米亚的边境城市希波举行一次非正式会议。这次会议由教皇派出数名代表与胡斯派的代表接洽。双方达成以下几点共识：胡斯派并不是异端，而是基督教的一个分支；天主教和胡斯派对《圣经》做出了不同解释，所以才产生了分歧，但最终这个分歧是可以解决的；在这一年的晚些时候，胡斯派还将派合适的人选到巴塞尔进行谈判。

同月，胡斯派军队进入西里西亚，对西里西亚进行扫荡，并获取一大批粮食物资。根本不敢与胡斯军正面交锋的西里西亚大公表示愿意和解。他不仅签订和约，同意胡斯派的教义，而且送给胡斯派一些粮草、辎重，并把胡斯军送回波希米亚。

之后的几个月里，普罗科普率领胡斯军又进入奥地利，对奥地利进行报复性反击。这次反击并未与奥地利大军接触，就获得了不少葡萄园及酿造好的数万桶葡萄酒。10月，奥地利公爵也表示愿意与胡斯派合作，签订了和约，同意将西北部的部分葡萄园让给胡斯派。虽然大部分人同意了奥地利公爵的提议，但普罗科普立刻发现了其中的问题。他指出，奥地利公爵这只是缓兵之计，他一直以来都敌视胡斯派，怎么可能突然改变性格，与胡斯派亲近了呢？所以不能相信他，必须将其铲除。但布拉格国会并未听从他的意见，还是与奥地利公爵签订了和约。次月，布拉格的国会选定了去参加巴塞尔会议的人员，共 16 人，由大普罗科普带队。

12 月，普罗科普与另外 15 名与会者，还有人数众多的军队，浩浩荡荡地通过神圣罗马帝国的土地。他们举着旗帜，上面写有扬·胡斯的名言："真理必胜"。一路上，他们受到老百姓的夹道欢迎，特别是普罗科普，已经被人们传颂为圣徒。就这样，次年 1 月，胡斯派的代表进驻巴塞尔，开始坐下来开会。在会上，胡斯派争取到了足够多的叙述与辩论时间，从而能够获得多数人的支持。会上讨论了"布拉格四纲领"，贵族与胡斯派几乎就每一条纲领展开了辩论。到 4 月为止，双方还未辩论出个结果。这时，胡斯派的代表们已经看出教皇和皇帝没有任何希望和解的想法，他们只是想让胡斯派单方面地服从他们。因此，胡斯派各代表表示退出会议，于 4 月离开巴塞尔，继续他们的事业。

6 月，布拉格国会再次开幕。由胡斯派内部的塔波尔派、圣杯派与奥列布派，以及布拉格同盟各自派代表研究"布拉格四纲领"的问题。这场辩论一开始便分为两方，一方是全面同意的塔波尔派和奥列布派；另一方是要求修补的圣杯派与布拉格同盟。在吵吵闹闹中，四纲领仍旧没有得到一个肯定的、各方都同意的解释。最终于 8 月，两方彻底决裂。胡斯派的末日也随之越来越近。

1434 年年初，圣杯派单方面制定了一个叫作《布拉格契约》的东西，与教皇的使者们签了字。虽然，普罗科普等人当场便表示了否决，可是贵族们根本不理他们，还是一意孤行地签订了《布拉格契约》。这个契约将"布拉格四纲领"分离得支离破碎，基本就是只承认一个领圣餐礼，其他全部被摘除。普罗科普认为，这次仍旧应该使用战争让教皇和皇帝就范。不久，里旁会战打响。正是它，敲响了胡斯战争结束的丧钟。

最后一场悲壮之战：里旁会战

1432 年年底，在胡斯派的代表还未到达巴塞尔之时，波兰人送来了一份情报。当时，波兰人和立陶宛人正在打内战。波兰人希望胡斯军加入他们，一起对付立陶宛人还有条顿骑士团。起初，胡斯派已经与波兰—立陶宛王国签订了共同对付条顿骑士团的协定，这时候波兰人来要求救援，胡斯派不能坐视不管。因此，普罗科普命令一些人马，大约近万人向着远方——普鲁士进发。

1433 年 5 月，胡斯军进入波兰境内。他们和波兰军队一起，将条顿骑士团抢到的土地一一收回。6—8 月，又有诸多大城市被收复。9 月 1 日，胡斯军与波兰军队一起到达波罗的海边的格但斯克（但泽），接着发起了对格但斯克的围攻。但是几天下来，胡斯军并未取得任何进展，因此他们提前撤出了围攻，向着海边行进。这时，除格但斯克外，其他波兰城市已经完全收复。胡斯军见已基本完成任务，便开回了波希米亚。

在此期间，另一批胡斯军正在进行着一场对内的战争。6 月，普罗科普决定再次攻打比尔森城。那时候的比尔森城再次获得贵族们的支持，成为皇帝在波希米亚的唯一前哨。因此，这座城市也成了胡斯派的眼中钉。7 月 14 日，对比尔森城的围攻开始，这时比尔森城中有贵族军队 8000 余人，围攻的胡斯军约有 1.3 万人。

最初，胡斯军步兵 7000 人与胡斯车堡 300 辆将比尔森城团团围住。但随着战事的发展，普罗科普发现比尔森城的人马竟然越来越多。这时他才注意到比尔森城已经挖了数条暗道通向城外。普罗科普当即采取对策，他命令在城市周围挖掘大量壕沟，堵住洞口，防止外来援军进入比尔森城以及城内偷偷突围。然后，另外一些胡斯军也开始围拢过来。大约有 8000 名援兵从其他地方赶来，与普罗科普的胡斯军会合，一起围攻比尔森。

不过，比尔森城的士兵趁着胡斯军还未完成工事，在 9 月 1 日从坑洞中爬出，对胡斯军进行了一次内外夹攻的袭击，打了胡斯军一个措手不及。正因为这次突如其来的袭击，胡斯军中开始流传胡斯军即将失去上帝的保佑的流言。有些人认为，胡斯军的行动是反对上帝的，因此上帝收回了对胡斯军的眷顾；也有人说，胡斯军正处在内忧外患中，这次攻打只是为了转移视线；还有人说，胡斯军的上层已经与天主教会同流合污，早就没有统辖属下的能力了……总之，这一切的传言都令胡斯军士气低落，士兵们对围攻战纷纷失去了信心。

围攻失利的可能性越来越大，军纪也开始败坏。这一年的干旱令粮食再次歉收，胡斯军面临断粮的危险。为了筹措到更多的粮食，一部分胡斯军由巴尔杜斯率领开赴巴伐利亚，希望能从那里找到一些粮草。9 月 21 日，巴尔杜斯的军队在巴伐利亚海尔特发现了不少农场。他们没有使用过去那种交换的方法，而是直接去掠夺贵族与平民的粮食，与土匪已无二致。他们抢夺了大量粮食以及牛、羊等牲畜，迅速地向着波希米亚回转。可是他们不知道他们的行为已经激起了民愤。不只是贵族，连农民们也拿起武器和锄头，向着胡斯军挥动他们手中的任何利器。就这样，巴尔杜斯的胡斯军 1000 余人被杀，300 余人被俘虏，几乎全军覆没。

巴尔杜斯带着几个残兵败将回到比尔森，向普罗科普汇报了事情的经过。虽然很多人因巴尔杜斯违抗军令并全军覆没，要求杀掉他，但普罗科普还是保下了他。他的力保激起了另一些人的愤怒。几天后，军队哗变。一名叫安德鲁日·卡尔斯基的屠夫袭击了普罗科普，将其打晕后投入了牢中。尽管三天后普罗科普就走出监牢，但普罗科普表示再也不会统领这些人，自己一个人赌气回到了布拉格。结果，奥德罗杰·卡尔斯基成了这次围攻的领导者。

1434 年年初，胡斯派看到了比尔森围攻战的胜利曙光。胡斯军看到比尔森城的军队已经饿得面黄肌瘦，估计很快就会拿下这座城市。可是，在围攻的胡斯军中却有一个人叛变了。2 月，一个胡斯派将领——普斯贝克得到了一笔为数不少的金银。这是比尔森城的主将趁夜间送给他的，要求是将一辆运送粮草的大车放进城内。普斯贝克当即表示同意。他放运粮车进了城，然后自己逃跑了。

3 月，已经集结好的贵族军队在胡斯军背后出现，他们与胡斯军展开对峙，胡斯军由此腹背受敌。胡斯军里自觉朝不保夕的士兵们纷纷逃出营地，劫掠附近的城镇，将一切可以拿走的东西全部抢走。

▲ ***比尔森围攻中的普罗科普***

见胡斯军军心涣散、士气低沉，贵族军于 5 月 9 日奇袭胡斯军，一战告胜。比尔森围攻就此失败，胡斯军四分五裂，仅有数千人希望回到布拉格，寻找他们的统帅——普罗科普。可是，布拉格在四天前，即 5 月 5 日已经受到了贵族军队的袭击。普罗科普设法逃亡，布拉格被贵族占领。五天后，领袖找到了他的军队，军队也找到了他们的领袖。

十三年前，杰士卡曾经遇到过这样的大溃败，但他挺了过来，成功地杀了一个回马枪，打垮了皇帝的军队，将第二次十字军战争结束。现在，普罗科普也面临同样的局面，那么他是否可以像杰士卡那样成功呢?

5 月 17 日，普罗科普率领他的胡斯

军返回布拉格，他们在布拉格新城附近驻扎。很快，孤儿军也加入了普罗科普的队伍。胡斯军采取围攻战术，用胡斯车堡围住布拉格城墙，然后在空隙处布置火炮。普罗科普希望火炮的攻击能令布拉格的部分城墙倒塌。但是，那时候的火炮还不足以完成这个任务。八天过去了，布拉格城墙未受任何损伤。见没有占到任何便宜，普罗科普命令队伍后撤数公里，在附近的一座小城镇驻扎下来。5 月 27 日，胡斯军再次后撤至东部的科林城，在那里，大量胡斯战士从各地回来，继续在他们的统帅——普罗科普麾下参加战斗。这时，胡斯军大约已有 1 万名步兵、

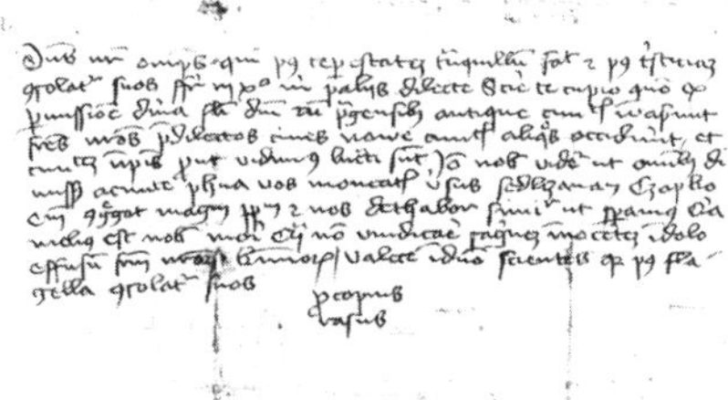

▲ **小普罗科普的求援信**

▼ **里旁会战，立于旗下者为大普罗科普与小普罗科普**

1000名骑兵与360辆胡斯车堡，以大普罗科普、小普罗科普、安德鲁日·卡尔斯基和扬·卡帕克为主要统帅。

比尔森解围后，比尔森的大贵族们便开动部队，对普罗科普进行反击。贵族军队有1.5—2万人，再加上布拉格的援军，总计2.5万名步兵、5000名骑兵与近700辆车堡，与胡斯军相比占据着绝对优势。贵族军队的统领是罗森伯格的奥德里希，麾下有曼哈尔特、车涅克的儿子伊戈尔萨赫、哈布斯堡的阿尔布雷赫特等，另外还有胡斯军叛徒普斯贝克。

虽然这一年胡斯军接连遭遇败绩，但贵族军忌惮于过去胡斯军的英勇，还是一步一个脚印地往前慢慢开进。他们与胡斯军一直保持着10余公里的距离，以保证自己的安全。不久后他们发现自己占有绝大的优势，便开始减小了与胡斯军的距离。

5月27日，贵族军到达里旁城附近。他们见胡斯军已经先期开到这里，占据了山坡上的优势位置，便针锋相对地在对面的低洼地区扎下营寨。就这样，两军连续三天对眼，就是谁都不先动手。很显然，经过十余年的斗争，两方都非常清楚对方的战斗方式、方法，甚至连什么时候派什么军队出击都一清二楚。在历次的战争中，基本都是贵族军先发动进攻，但永远都是被挡在胡斯车堡之外。这次，贵族军虽有超过胡斯军一倍的兵力，但还是不敢轻举妄动。可是，有时候往往是叛徒左右战阵的局势。5月29日夜，普斯贝克向奥德里希提供了胡斯军的阵型秘密及弱点，奥德里希欣喜若狂，宣布第二天清晨开始攻打胡斯军。

5月30日凌晨3点，大贵族一方开始了进攻，里旁会战的帷幕正式拉开。一开始，贵族军继续往日的战术，组织了多批骑兵，向胡斯军的车堡进攻。不过，这次贵族军的骑兵可不是像往日那样只想冲破车堡，打击后面的步兵和弓兵。他们现在改为联合作战。前面骑兵冲击时，后方的车堡一起向前推进。同时，炮兵向胡斯军的胡斯车堡发射炮弹。对于这次贵族军队战术的改良，普罗科普完全想到了。他要求将原本放在胡斯车堡中间的大炮后撤，然后用胡斯车堡围成圆形，大炮在胡斯车堡的保卫下轰击敌人的骑兵与大炮。就这样，贵族军一共进行了11次冲击，每次都被胡斯军打了下去。

接下来，刚过中午，一场佯败开始了。贵族军假装败下阵来，步兵为骑兵让道，骑兵在前、步兵在后地向后败退。普罗科普并未看出敌军的真实意图，只听到胡斯军中喊着："敌人失败了，大家站起来追击啊！一定要把他们赶跑啊！"大概追出1公里的时候，贵族骑兵竟然绕了回来，他们袭击了胡斯军的侧翼，将部分胡斯车堡推倒，胡斯军的左翼被撕开了一个口子。

▲ 里旁会战中的肉搏战

▲ 胡斯军的溃败

如果这时胡斯军的骑兵能够补上，也许还能转败为胜。但是胡斯派的骑兵竟然在这个紧要关头消失了！后来编年史作者布雷佐瓦的劳伦斯写道：“骑兵统领是个贪生怕死之辈，他不愿意与贵族军正面交战，便于大家去追赶贵族军时，率领骑兵遁入了附近的森林中。继而，他一直跑到了科林城才不再向前。”不得已，普罗科普只好派孤儿军的步兵顶上。可是就在孤儿军向左翼集结之时，贵族军的弓弩齐发，将还未布好阵的孤儿军步兵射死了不少。胡斯军颓势已现。

最悲壮的时刻到来了。捷克《老编年史》写道：“小普罗科普率领一部分胡斯军英勇抵抗，将部分胡斯车堡从防守严密的地方调到左翼。可是还未等他进行指挥，一支弓箭便射中了他。虽然有不少步兵冲上来用盾牌帮他挡住后面的弓箭，但无济于事。大量的弓箭还是从缝隙中射了进来，最终小普罗科普就此牺牲。……大普罗科普在中心指挥所有的胡斯军……贵族骑兵又进行了多次冲击，胡斯军中部的胡斯车堡被一一掀翻。这时，大普罗科普大喊：‘随我往上冲！’他率领着数千人，希望能进入布拉格城内，暂避风头。可是当他到达布拉格城门时，才发现贵族军已经占领了这里，城上到处都是弓箭手。他来不及逃脱，就被弓箭射中。其他的很多胡斯士兵也被城上的弓箭射中，只有少数逃脱了。”1908 年，在捷克的胡斯广场，一座普罗科普的雕像被竖立起来，以纪念他在胡斯战争期间的英勇事迹。

5 月 30 日下午，又有几名胡斯军领导人被杀或被俘。胡斯军失去指挥，只能到处硬冲。有几支胡斯军曾从附近的农场冲出，但却遭到了贵族军的拦击，损失不小。另有一些胡斯军钻入树林，避开了贵族军的骑兵，成功逃脱。还有一部分胡斯军被包围，他们逃到一个草料场坚守不出，贵族军队放火将这些胡斯军士兵活活烧死。

当日夜，里旁会战结束，贵族军以压倒性优势获得了胜利，结束了胡斯军南征北战的历史。

可能的未来：胡斯派在波希米亚的结束与对外传播

几天后，扬·罗哈克聚拢了部分胡斯军。他自称要将胡斯、杰士卡、大普罗科普的遗志继承下去，继续与教皇、皇帝和贵族们战斗到底。可波希米亚已经不需要西吉斯蒙德皇帝继续派遣十字军了，现在贵族们完全有能力将剩下的胡斯派残兵败将干掉。对于这个结果，教皇和皇帝都非常高兴。不过，他们更高兴的是，胡斯派竟然主动派代表来到巴塞尔，继续前面未完成的会议。

1434 年 6 月，布拉格国会召开，这次胡斯派已经由圣杯派所把持。在会上，塔波尔派与奥列布派被宣布为非法。波希米亚各地政府可以对那些还在活动的小支部队进行围堵、清剿与收编。至当年年底，奥列布派大部分人已经归到圣杯派，只剩下塔波尔派还在孤军奋战。会上还选举出罗森伯格的奥德里希为新的波希米亚代国王，暂时统领波希米亚的内政。

12 月，塔波尔派的根据地已经仅剩东南部的一些地方。扬·罗哈克在塔波尔城举行了最后一次会议。他宣布要重振胡斯派的雄风，要继续与贵族们打到底。可是，他的倡议未获得任何人的支持。几乎所有人都认为胡斯派已经四分五裂，胡斯战争已经结束，塔波尔派也已经战败。现在说什么都晚了。唯一的办法就是与皇帝和解，也许还能获得一些宗教上的自由。当月，由圣杯派派出的代表到达巴塞尔。他们携带着修改过的《布拉格契约》面见了教皇。教皇首肯了这个契约，同时给予圣杯派和整个波希米亚祝福。

胡斯派为“布拉格四纲领”进行的二十余年战争最终落了个如此下场。不过不久后整个欧洲便掀起了宗教改革的呼声及战争，这应该是胡斯派的人们还算感到欣慰的地方吧。

1435 年，布拉格国会承认西吉斯蒙德皇帝的波希米亚国王地位。他们亲自将王冠送到了纽伦堡。不过，国会也要求皇帝必须将波希米亚与摩拉维亚合并，同时还不能再任命神圣罗马帝国人为波西米亚的官员，只能任命波希米亚人。皇帝表面上全部同意了，其实还是暗地里组织自己的势力，要将波希米亚贵族们打压下去。波希米亚贵族们当然知道皇帝的伎俩，他们经过多次谈判基本上维持了国会的决定。

对于国会的决定，塔波尔派表示愤慨，在扬·罗哈克的要求下，塔波尔军队再次被组建起来。到 8 月为止，塔波尔军再次拥有近万人的军队。贵族们不愿意再见到塔波尔派坐大，便趁塔波尔派立足未稳之时，发动了一次围攻。这次围攻发生在 1435

年 8 月，名为卡尔斯之战。有关此战的记述极少，我们仅仅知道，塔波尔军全面出击，可是仍旧不敌贵族军，最终塔波尔军全线崩溃，大部分将士被俘虏。剩下的残兵败将再也组织不起任何比较有效的战斗。

1436 年 6 月 20 日，西吉斯蒙德皇帝来到布拉格，宣布自己接受波希米亚国王的任命。7 月 5 日，他在摩拉维亚签订同意《布拉格契约》的条款。8 月 16 日，他宣布胡斯战争彻底结束。

当然，塔波尔军是不会就这么放弃的，他们在扬·罗哈克的率领下，又组织起来。西吉斯蒙德皇帝也不愿波希米亚还有任何一个城市飘扬着塔波尔派的旗帜。因此一场战斗迫在眉睫。

1437 年 5 月 1 日，王军数万人来到塔波尔派的最后一个据点——西昂城。西昂

▲ 西吉斯蒙德皇帝的圣像

▲ 西昂城浮雕，纪念西昂城守卫战

城是个防守严密的城市。在城周围是高大的城墙，城墙上开有小孔，专门用于射击，城墙四周是护城河，如果将吊桥升起，该城便是一个无懈可击的堡垒。对于这样的地点，王军只有围困。在围困中，王军多次使用云梯，希望能搭到城墙上面，可是几乎每次都是刚搭上就被塔波尔军的士兵掀翻。6 月，王军改用大炮集中轰击，就这样经过三个月的轰击，西昂城的城墙被轰出了一个大口子。虽然塔波尔军的士兵迅速赶来补充石料，并加强守卫，但王军还是趁当日夜间塔波尔军防范疏忽之时攻入了城内。

1437 年 9 月 6 日，最后一支胡斯军被打败，胡斯战争就这样彻底结束了。

那一晚，重病中的西吉斯蒙德皇帝第一次睡得如此安稳。接着，他举行了盛大的游行仪式。在游行中，他向布拉格人民挥手，表示自己才是这场战争的最后胜利者。但是，当他与皇后芭芭拉共同进入布拉格时，却没有人对他挥手，这是因为圣杯派和布拉格联盟都唾弃他在波希米亚的行径①。12 月，他拖着病体离开布拉格，向匈牙利进发。9 日，西吉斯蒙德皇帝在路途中去世。

按说，西吉斯蒙德皇帝死亡，胡斯战争的故事也应该结束了。但事实上，故事远未结束。在皇帝死后，匈牙利有数个近似于胡斯派的派别出现。他们与匈牙利贵族们针锋相对，发动了数次战斗，让贵族老爷们每天都像坐在火堆上一样不能安稳。

另一个胡斯派的分支——奥列布派的激进者们，组成了一个叫小兄弟会的组织，继续在地下与波希米亚的贵族们战斗，他们的战斗一直持续到 1474 年。

▲ ***德国和匈牙利联军与奥斯曼战争时期所使用的改进型车堡***

① 不听劝告，再次安排神圣罗马帝国官员。

当然，还有一件事值得提一下。有一个名叫乔治的人曾经在 1458 年被选举为波希米亚的国王。而他曾经是胡斯派的一个积极拥护者。尽管他后来参加了圣杯派，但因为他与胡斯派的关系，还是被认为是第一位也是唯一的一位胡斯派国王。1462 年，他被教皇开除教籍，被认为是异端。接着，他与女婿——匈牙利国王马提亚进行了旷日持久的战争。直到 1471 年 3 月他去世以后，冲突才告一段落。他死后，波希米亚人希望找一个更好的主子。因此他们便向邻近国家学习，找到了哈布斯堡的弗拉迪斯拉夫，开始了捷克王国的新旅程。

但说起来，胡斯派其实在捷克一直存在。如 1618 年，波希米亚国王斐迪南二世时期，曾因为推行天主教，再次造成与胡斯战争几乎相同的混乱。一些新教徒，也包括一些胡斯教徒，再次将一些贵族从窗口掷出，这就是第二次掷出窗外事件。这些人随后请了普法尔茨选帝侯腓特烈五世前来担任波希米亚国王。其实腓特烈五世的妻子，就是赫赫有名的英国国王詹姆斯一世的女儿伊丽莎白。不过，腓特烈五世并未借助其岳父的力量，而是自己于 1620 年的白山之战中将新教徒们全部打败。之后的三十年战争中，新教徒也被打得七零八落。

18 世纪，一群胡斯派的分支——小兄弟会的新教徒们远涉重洋，到达美洲。他们建立了摩拉维亚兄弟会，并在美国的土地上生根发芽，继续着胡斯派的传教事业。

总结：胡斯战争中的战争艺术

15 世纪是一个很重要的世纪，这个世纪是世界公认的变革的世纪。欧洲的各个地方都开启了向着近代发展的历程。这个世纪发生了一些改变世界的大事：英法两国的百年战争结束，西班牙和葡萄牙开始对美洲和非洲甚至全世界的扩张，发现新大陆，从海路到亚洲的通商，千年帝国拜占庭灭亡，奥斯曼帝国向东欧进军……自然，还有胡斯战争。

可以说，胡斯战争是宗教改革的先驱，它引领了未来的宗教改革与十三年战争的历史进程。而且，胡斯战争几乎将神圣罗马帝国的势力从波希米亚剥离干净，真正由波希米亚人或者说是捷克人重新掌管这片土地。而且，在战争之后天主教徒们已经占到绝对少数，他们不再能依靠教皇的力量对波希米亚人指手画脚。

这场战争能够持续如此长的时间，并对后世有极大的影响，说起来主要有三方面原因：

第一方面，胡斯派主要由激进派领导，对战争不具有妥协性质。纵观胡斯战争中的历次战斗，几乎全部由胡斯派中的激进派——塔波尔派与奥列布派统领和组织。他们与圣杯派等温和派不同，他们相信自己是上帝领导的军队，上帝会给予自己神迹，能够百战百胜。教皇、皇帝、十字军在他们眼中都是反上帝、反耶稣的，他们是不可能打胜的。同时，他们将“布拉格四纲领”作为自己的行动指南，在生活和战争中全面贯彻。特别是在杰士卡全面执掌政权后，建立了一套系统的军事制度，从穿戴到行进，从饮食到起居，全部都有成文条例的规定，军纪立刻上了一个台阶。这就相当于胡斯派在精神上和物质上取得了一致性，那他们能百战百胜自然很好理解。除此外，与胡斯派联合的布拉格联盟中，有大量的教授学者，他们也为胡斯派的前进方向提出了不少有益的建议和意见。

第二方面，西吉斯蒙德皇帝杂务太多，使用的平叛方法错误。皇帝本人绝对是个可以大书特书的人物。可皇帝有太多的事情要做：他要统率十字军与奥斯曼人战斗；他要平息神圣罗马帝国内部的叛乱；他要经常去罗马城协助教皇应对各种事务……如此繁忙，令他根本无暇顾及胡斯派在波希米亚的横行。这时候，西吉斯蒙德皇帝采用了极端的办法，先对胡斯施以火刑，结果造成了长期的胡斯战争；后又组织一群四处拼凑来的十字军，结果十字军军纪差到令人发指；作为一个国外来的国王，不将波希米亚人任命为官员，而是将神圣罗马帝国人任命为官员，结果引起贵族和平民的全民反对……很显然，皇帝从来就不知道自己对付的是谁，对方的能量及其民众支持率如何，只寄希望于能用十字军平叛。最后只能落一个被人

▼ *布拉格老城山顶的杰士卡纪念碑*

唾弃的结局，根本成不了波希米亚人支持的国王。

第三方面，十字军的来源成问题。虽然五次十字军全部由皇帝和教皇发起，但是每次出席会议的人寥寥无几，诸国的贵族们很显然对占领土地和收取赋税更感兴趣，而对于仅能得到名声（当然战死就不一定了）且还要拼个你死我活的战斗毫无兴趣。因此，十字军就从最开始的贵族军队演变成落魄骑士、水手、小偷等组成的乌合之众。战争的结局也就可想而知了。这也是为什么五次十字军都没有解决胡斯派问题的真实原因。

接下来，将从战争艺术的角度，对胡斯战争再进行一些深入介绍。

根据布雷佐瓦的劳伦斯写的编年史《胡斯纪事》所言，十字军部队来自以下国家和地区：波希米亚、摩拉维亚、匈牙利、克罗地亚、达尔马提亚、保加利亚、塞凯伊、库曼、塔塞亚、鲁塞尼亚、俄罗斯、斯洛文尼亚、布列塔尼、塞尔维亚、图林根、施蒂里亚、米斯尼亚、巴伐利亚、萨克森、弗兰哥尼阶、奥地利、法兰西、英格兰、布拉班特、威斯特伐利亚、荷兰、瑞士、劳济茨、施瓦本、卡林西亚、阿拉贡、卡斯蒂亚、莱茵河畔的一些神圣罗马帝国领地以及其他地区。虽然这份名单中1/3属于神圣罗马帝国各邦，但是几乎包括了除北欧外的所有欧洲国家！因此，将胡斯战争称为“第一次全欧战争”，毫不为过。

为什么会有这么多的国家参战呢？也许这和皇帝的个人魅力也有部分关系。1396年，西吉斯蒙德皇帝曾经组织过尼科波利斯会战，旨在阻断奥斯曼的侵袭。虽然结果是十字军大败，可皇帝却在这场战争中获得了前所未有的名气。所以说，在接下来的胡斯战争中，皇帝才能获得如此多国家的协助。尽管他们只是些乌合之众，但国家之多，人数之多，都是之前无法想象的。到后期的三次十字军战争时，为了提高士气，教皇甚至还提供了不少教士随军，为十字军提供心灵寄托，或者说是监视己方的军队不要叛逃到对方阵营。这是因为在第一和第二次十字军战争中，有些十字军收到胡斯派发放的传单，竟然阵前倒戈加入胡斯军之中，一起打十字军。为了不让这种情况再次发生，教皇便想出了这个办法。

中世纪，十字军大部分由骑士组成。在那个时代，骑士是战场上最耀眼的部分，他们几乎掌握着整个战事的走向。可是，十字军骑士因为来源不同，经济情况不同，武器装备的情况也不同。这就导致在战斗中，许多人不愿同装备差的人一起协同作战，这便让本来就是临时拼凑起来的十字军更加缺乏军事上的组织性。相反，胡斯派的骑士都出身于中小贵族，装备本来就差不多，从而让他们在组织度上占据了一定的优势。

当时，无论是十字军的骑士，还是胡斯派的骑士，主要装备都大同小异。

骑士们会使用杯盔、鸟嘴头盔或筒形头盔，这种头盔的好处就是令整个头部被保护，仅露眼睛，使对方无法伤到头部，而且还不易变形。可是这样也令头部活动艰难，从而减小了骑士的灵活性。

他们穿着盔甲时，一般会在衣服内上身穿带下摆的紧身上衣，下身穿短裤以及长筒袜，然后外面套上有意大利或神圣罗马帝国风格的板甲。当然，有的贵族会再在板甲下增加一套紧身棉衣，其功效并不是御寒或遮羞，而是作为板甲的衬底。他们还会在肘部、膝部和裆部安装额外的保护，以保护重要部位。另外，有的大贵族为了美观，还将盔甲设计出了百褶裙，用以提示自己的大贵族特征。

另外，骑士还会在如胸甲、盾牌、马的覆布或覆甲上纹上纹章，表示自己来自哪个国家或哪个家族。

俄罗斯、立陶宛等国的骑士在此基础上还会有一些东方特色。他们的衣物上会出现奥斯曼式的大排扣，而且他们更多地使用锁甲而不是板甲。

骑士的武器基本上是长矛，当然他们也会再挎上一把剑，靴子里放上一把匕首。条件好一些的，还会携带弓弩、钉锤，俨然就是一个移动的小武器库。

相比之下，胡斯军的装备就差多了：胡斯军仅有少部分小贵族会有与十字军类似但稍差的盔甲。他们手持的武器也很差，大部分是农具，只有少部分刀剑和长矛。

这样的装备，让笔者想起了与其装备近似的瑞士雇佣兵。瑞士主要为山地，所以各个城市往往自立为王。他们之间长时间的战争，训练出一批极耐战斗的士兵。这些士兵们战斗力极强，所以也成为著名的雇佣兵兵源，特别是瑞士长枪兵非常受欢迎。他们往往穿着简单，但每个人都在衣服上印上不同的纹章，以表示自己来自哪个城邦。波希米亚则不同，这里的山地很少，根本无法训练出类似的军队。胡斯派，特别是塔波尔派，使用的都是简单的武器，即使有训练，也不能很好地对敌。这时候的胡斯军能依靠的就只剩下宗教与士气了，当然还有杰士卡为胡斯军发明的车堡。正是利用这些，他们打败了不可

▲ ***布拉格老城山顶的教堂门口关于胡斯战争的浮雕***

▲ ***塔波尔派的盾牌***

一世的十字军老爷们。

很显然，杰士卡有较为丰富的参战经历，对骑士们发动进攻的方式了若指掌。为了抵御骑士的攻击，他特意创制了胡斯车堡，将本就不多的弩兵、矛兵、火门枪兵等保护起来，令十字军骑士遭遇有史以来最严酷的挑战。当然，在第四和第五次十字军战争中，十字军们也学会了制造车堡，令战斗时间越拉越长，变成了一场消耗性的持久战。

顺带提一下，胡斯派军旗上的图案是一个黄色的圣杯。

扬·杰士卡在整个胡斯战争中起了核心作用。原本他是一个以制作军工产品著名的小贵族，但经过胡斯派的洗礼，他成为能够用宗教观点武装军队的高级指挥官。特别是他的言语，令激进派——塔波尔派信服，使他能够在之后的战争中一直有支持者与追随者，助他一臂之力。虽然，他领导的塔波尔派与温和的圣杯派有一定的矛盾，但他知道如何求同存异，将两方的共同点提取出来，使胡斯派内部总体上还是能和平共处，形成一致对外的铁板一块。

另外，在挺近布拉格之时，杰士卡积极与布拉格贵族及民众联合对敌，还赶走神圣罗马帝国的官员。他在获得了民心的同时，为后来战争中布拉格联盟能协助胡斯派战斗打下了良好的基础。特别是赶走神圣罗马帝国官员这一条，很令波希米亚贵族们受用。因为神圣罗马帝国官员一走，他们便能够成功上位，成为布拉格乃至整个波希米亚的实际政策制定者。

1423 年，胡斯军快速发展壮大，其中的士兵成分不一，比较混乱，故杰士卡特意制定了《胡斯军军纪》，该军纪已经具有正规军军纪的意味。以下是部分摘抄：

我们离开扎营的城镇或者地方，必须严格听从指挥。不得将营帐放在当地，也不可提前到达下一个城镇，必须统一进退。

任何人不得私自生火取暖或煮饭，除非这是命令必须进行才可以。

我们在战斗发生前后，必须先祭拜我们的神，向上帝和耶稣进行祷告，因为只有他们才能引导我们走向胜利。

每个人必须按照自己所在单位的序列行动，自己在军队中的位置一旦确定了，就不能再更改。

我们打胜仗后获得的战利品必须全数交出，然后根据军功多少和长幼顺序进行分配。

我们的军中不能有不法之徒，以下这些人将会以军法处置：不听指挥的人、骗子、赌徒、强盗、酗酒者、诽谤者、好色之徒、奸淫妇女者……他们将会被施以鞭笞、放逐、杀头、绞刑、投河、火刑等刑罚。

在整个胡斯战争期间，杰士卡军队的正义性，一直就没有人怀疑过。但毕卡特派的马丁·洛克维斯与彼得·车里茨克还是提出了一些意见。他们认为胡斯派周五不守斋戒，破坏了不应吃肉的原则，而且基督徒们应该和平相处，现在进行的战争就是在自相残杀。很显然，他们在否定胡斯战争的意义。而正是这个原因，令杰士卡大开杀戒，将他们及其随从者处死或流放，暂时平息了胡斯派的内斗。

下面再细致说一下胡斯派的军队服装和武器。

根据现今能看到的所有资料显示，胡斯军主要以农民充做的步兵为主，贵族骑兵为辅。步兵所穿衣物与当时波希米亚农民基本相同。他们头戴宽檐帽子，帽子用亚麻或羊毛制成，帽檐上有系带，可系在下巴上。上衣内穿衬衫，外罩长褂，最外面是长到膝部的棉服。下身有的光腿直接穿长筒袜，有的穿可以卷到小腿的连裤袜。这样便不会因为这些长筒袜的束缚而无法干农活。他们足蹬帆布鞋或者皮革鞋。鞋大致到脚踝部位，用鞋带系牢。在冬天，有些人还会穿上裙子，以抵挡寒风。这些裙子用亚麻或羊毛织成，长度直达脚踝。当然，这一切也与个人经济状况有关，并不能一概而论。

胡斯军中除小贵族骑兵外，其他人几乎没有任何盔甲装备。因此，他们的铠甲就只能来自战场上的战利品。而这些战利品本身就残缺不全，故而胡斯军穿着装备乱七八糟、五花八门。

那些没有盔甲的人怎么办呢？据文献记载，他们会使用棉毛面料的软盔甲。这种盔甲用厚棉布制成，在一定程度上可以抵御长矛和利剑对身体的伤害。一般长度到腰部，也有长度到膝盖的。因其造价便宜，所以极受步兵的欢迎。当然，胡斯军在经历几次战斗后，发现了身体重要部位的防护也很重要。因此从第二次十字军战争起，他们专门为步兵制作了贴有铁片的头部、肩部、膝部与裆部防护。

在胡斯军的武器配备上，杰士卡也力求统一。他和几位胡斯派领导者找了大量工匠到胡斯军中，要求士兵们找他们打制弯刀、利剑与匕首等。虽然打制出的武器并不精良，但在战争中看起来整齐划一，也让十字军意识到他们并不是乌合之众。

除这些普遍使用的武器外，一些富裕者还配备有战斧、连枷、长矛、钩镰枪等。

除了车堡外，胡斯军还有一项发明——一种叫“晨星”的刺锤。这种刺锤有一个铁制的球型前端，上布满长度达 20 厘米的长刺，是一种骇人的武器。这种武器在战场上伤害性极大，被胡斯军称为战斗的法宝之一。

胡斯军的另一种战斗法宝莫过于劲弩，它一般与胡斯车堡配合使用。实际上，在 15 世纪初，已经出现了钢弩，但胡斯军却没有此种装备，他们使用的是木质复合弩。

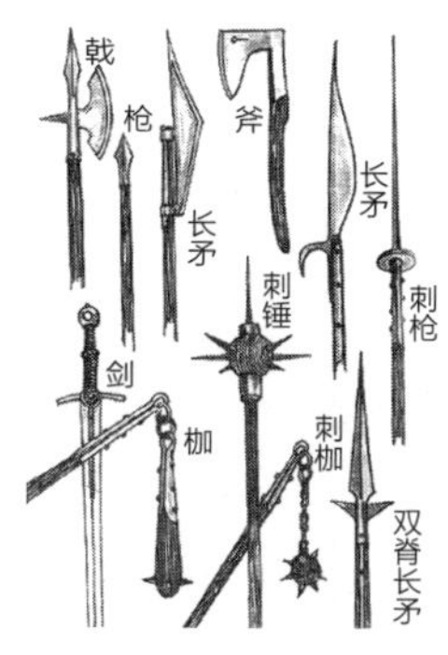

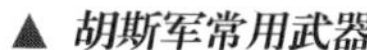
▲ *胡斯军常用武器*

▲ *胡斯军弓兵*

过去，这种弩主要用于打猎，其强大的力量为猎人们赞叹。胡斯军将其进行少许改造，使其更适合于战斗所用。接着，又将其装配在胡斯车堡中，使其威力更加强劲。特别是在后期战斗中，北方的严寒令钢弩不能正常使用时，胡斯劲弩仍旧开合自由。

说了进攻武器，不能不说说防御武器。胡斯军的防御武器主要为盾牌与胡斯车堡。胡斯军步兵盾牌一般一人来高，为直板花式结构，下面有尖端，可以插在地上。盾牌之大，往往能支持 3—4 名士兵躲藏。盾牌一般为木头制成，其上覆盖有羊皮纸、皮革和帆布。盾牌的中心或显著位置，会有一个圣杯的标志。在盾牌背面，有一根较长的木棍，是盾牌的一个支撑杆。另外，在稍靠上的位置，还有一个把手。胡斯军的弩兵与骑兵盾牌相对来说就小得多了，它们的质地与步兵盾牌基本相同，也在显著位置有一个圣杯的标志。

胡斯派不搞各种崇拜，所以他们的领袖杰士卡与大普罗科普的画像从未出现在他们的军旗、盾牌或纹章之上。他们往往会用圣杯或天鹅作为他们的纹章，绘制在军旗、盾牌和盔甲衣物之上。

1420 年年初，杰士卡发明了胡斯车堡。在最初的几次战斗中，胡斯军因步兵较多，对王军的骑兵冲锋几乎没有任何抵抗力。这时，杰士卡吸取了之前战斗中的教训，将货车和牛车改造成了进可攻、退可守的胡斯车堡。在中世纪的波希米亚，货车和牛车是农民们最常用的，几乎到处都能看到。杰士卡的这一发明可谓因地制宜。

有人认为他的想法来自俄罗斯人，因为俄罗斯人也曾使用过这种东西。但我们能够找到的资料都显示，俄罗斯人至少到 16 世纪才有这种装备，也就是说是俄罗斯人学习了胡斯派的车堡制造。还有些人认为这一设计来自立陶宛，可是立陶宛国内到处是沼泽，根本用不着这种东西。不过，在 13 世纪蒙古西侵时，他们倒是使用过类似的装备。有可能是杰士卡受到过去老兵故事的启迪，想到了这个方法。

总之，在 1420 年的战斗中，杰士卡首次使用胡斯车堡，并取得了决定性胜利。

最开始，胡斯军对这种新武器并不熟悉，但随着战斗的增多，他们越来越频繁地使用到它。他们学会了在车堡前挖掘壕沟，学会了用车堡围成圆形包围里面的炮兵和辎重，学会了用车堡组成方阵。胡斯车堡让胡斯军赢得了一个个胜利。

胡斯车堡是一种非常笨重的改良型堡垒，它的造型相当于在一个四轮货车外面安装了 4 块一人半高的木板。每辆胡斯车堡要 4 匹马来拉，因此在整个胡斯战争中，我们总能看到胡斯军在搜寻各类马匹资源。

据捷克博物馆复原的胡斯车堡显示，车堡底部的四块板材中的两块长板材是向外倾斜放置的，也就是说从侧面看车堡像一个上大下小的梯形凹槽。在一边的长板上，还有 4—5 块用绳子缠绕的长板，当战斗开始时就用绳子将其吊起，保护军队从缝隙中射击；当没有战斗时，就可以收起来，直接放到梯形凹槽里，尽量少占储存空间。另一边的长板其实是一个可打开的上下楼梯，战斗时打开，让军队迅速到位，同时还能毫无阻隔地运送武器装备。另外，还有一个特殊的装置，就是在车堡的底部有一个连有铁链的固定板，它可以将车堡旋转 90 度。即将外面的长板变为顶部，底部变为侧面，这时的车堡就变成了名副其实的无法攻入的堡垒。后期的车堡还增加了多项辅助措施，如右侧的梯形门可以打开，当车堡围成圆形或者成横列方阵时，车堡内的人可以从这个车堡到那个车堡地畅行无阻；再如在侧面增加了火炮墩，让火炮能够从缝隙中射出，墩子里放置的是石块与木头等投掷物，随时也可以打开使用。在车堡的底部，有存水的水桶与水槽，当敌人用火攻时，马上就能用水灭火。

▲ *后期胡斯车堡*

在之前的叙述中，我们已经知道胡斯车堡内的定员为 16—22 人。如果根据《胡斯军军纪》，配额为车手 2 人、弩兵或火门枪手 4—8 人、戟兵 2 人、连枷兵 6—8 人、盾牌手 2 人。其中，只有弩兵、火门枪手和车手必须一直待在车堡内，其他人员都可以灵活行动。

车堡的建制是每队 10 个，设军事长官一名，配合车堡战斗的另有 100 名士兵。据 1989 年捷克的塔波尔城的发现可知，胡斯战争期间，胡斯军已经开始使用枪支。这种枪支名为“pistala“或”pischtjala”，意思是横笛，一般被叫作塔波尔枪。不过，德国人的编年史中记载它是一种像烟斗式的武器。其实，它是一种插在木棍上使用的火门枪。枪手可以把长柄枪托紧紧夹在左臂下，然后右手点着一支火柴凑向火门。它的长度为 42 厘米，口径为 17 毫米。它的射击速度约为弩箭的 3—4 倍，而且更具杀伤力。

在中世纪的插图中，我们更准确地看到了他们的形制。在胡斯战争中期，这种武器已经改造为带有一个钩形件，能勾在车堡的挡板上。同时，还加装了瞄准设备。这两项改进，令该枪支的稳定性与准确性倍增，从而能够更好地击杀敌人。

还有一种该枪支的增强版，即将枪支立在有两脚或三脚的木架上，再进行射击。很显然，这时的胡斯军已经发现了单人使用枪支的不稳定性，特别是后坐力，会令准确度大减。他们发现，如果能立在某处，这种后坐力便会减少不少，因此他们发明了立式炮。无独有偶，在同时期的西班牙战场上，西班牙十字军也在使用类似的武器，名为马达法。

再介绍一下胡斯军的战术。在最初，胡斯军的确没有任何战术，不管打什么仗都一起往前冲，凭借冲劲瓦解对方。自从杰士卡成为领袖后，胡斯军开始有了他们的战术。这种战术我们称为维滕伯格战术，最初使用也是在 1420 年年初的战役中。

在波希米亚，不乏陡峭的山坡和湍急的河流，杰士卡便是利用它们与胡斯车堡相结合，创造了维滕伯格战术。他往往会在山坡上或河边将胡斯车堡横向排成两行。每行的第一辆车堡与最后一辆车堡都会挂上不同颜色的灯，方便指挥。在车堡的空隙处，分别架有大炮。如果没有山坡或河流，车堡便会呈圆形环绕，同样是两层，在空隙处架有大炮。这样做，有效杀伤距离约为 150 米。如果骑兵向前冲击，大概需要 20—30 秒才可到达。这期间，在胡斯军炮火和弓弩的射击下，骑兵早已大部分伤亡。即使冲到车堡前也有刺锤、连枷等将他们消灭。

当进行反击时，车堡会四个一排地向前。这时，最中间的车堡将会拉开前后的挡板，使车内和后面的士兵能迅速从车堡内冲出，而不需要整个车堡转动 90 度再出去。在反击时，弩手和火门枪手会站在中间，四周是步兵与骑兵。

据教皇庇护二世记载：“在战斗中，胡斯军会冲杀下来。他们根据队长的信号，迅速包围一部分敌人。车堡形成坚硬的外壳，将这部分军队与其他人分割开来。接着，便是一场大屠杀。接着，他们会再次整齐向前，继续寻找敌人，再次实行这样的战术。如果有人想从外面攻破，往往会受到车堡内强劲武器的射击，如果靠近必然丧命。”

从这里能够看出，维滕伯格战术简单来说就是先防守再进攻，用远程武器将进攻的敌人士气削减后，积极反攻。

这种战术在日后的战斗中几乎全胜。但是 1431 年的多马日立采之战，就完全不是一边倒的情况了。这时的十字军也有了自己的车堡，可以与胡斯军进行对峙。大普罗科普并未看清敌人的动向就快速反攻，虽然取得了胜利，但却损失惨重。这不能不说是领导者的一次失误。换句话说，抓住一切合适的时机，是胡斯车堡能取得胜利的真正原因。

最后，以胡斯军格言来结束这篇文章吧：

只要有好的领袖，就能有好的骑士。

口令传达给你们之后，全体人员必须记牢它。服从你的长官。每个人都应相互帮助，保护他人。每个人都应追随并且待在自己的战营中。

你们远离子女和家事，心中惦念着他们，那你就不是孤身一人，因此你也就不会受到偷盗和抢劫等等不法事件的诱惑而抱憾终生。因此便会勇猛地喊出：“冲啊，快！冲向敌人！”以高傲的姿态拿起你们手中的武器，发出攻击的呐喊！

▲ 十字军与胡斯车堡的对攻，约瑟夫·玛萨斯尔作

附录：胡斯战争大事年表

1419 年

7 月 30 日，第一次布拉格掷出窗外事件

8 月 16 日，国王瓦茨拉夫四世去世

11 月 4 日—7 日，布拉格之战

1420 年

1 月 15 日，尼克米尔之战

3 月 25 日，苏多曼什之战

6 月 12 日—7 月 14 日，维特卡夫山之战

10 月 31 日—11 月 1 日，维斯海尔德之战

1420 年

3 月 17 日，第一次十字军宣言声明

3 月 25 日，苏德莫尔之战

7 月 14 日，维特科夫之战

7 月 28 日，国王西吉斯蒙德加冕

11 月 1 日，奥雷比特派占领威瑟哈拉德

1421 年

6 月，卡斯拉夫国会

6 月底，攻打拉比，杰士卡失明

8 月 5 日，围攻莫斯特

9 月 10 日，开始攻打扎特克

10 月 16 日，西吉斯蒙德进入摩拉维亚

12 月 21 日，库塔那霍拉之战开始

1422 年

1 月 6 日，内波维迪之战，库塔那霍拉撤退

1 月 8 日，哈布瑞之战

1 月 10 日，占领内摩茨基

10 月 7 日，围攻科姆特夫

10 月 22 日，围攻卡尔斯泰因城堡开始

11 月 8 日，军事停战协定结束第三次十字军战争

1423 年

8 月，敌对的胡斯派别开战

1424 年

6 月 7 日，梅尔索夫之战

10 月，围攻普日比斯拉夫时，扬 · 杰士卡病倒

10 月 11 日，杰士卡去世

1426 年

6 月 16 日，普罗科普赢得乌斯蒂之战的胜利

1427 年

7 月后半月，围攻斯特瑞布罗

8 月 4 日，塔霍夫之战

8 月 14 日，占领塔霍夫

1430 年

胡斯军队进军至波兰的坎斯托霍瓦

1431 年

8 月 14 日，胡斯军赢得多马日立采（多马日利茨）之战

1433 年

胡斯军进军抵制波罗的海的格但斯克附近

1434 年

里旁之战，大、小普罗科普战死

1436 年

8 月 16 日，西吉斯蒙德皇帝宣布胡斯战争正式结束

1457 年

波德布拉德的乔治成为首个而且是唯一一个胡斯派国王

参考文献

中文文献

[1] 威廉·M. 马奥尼，《捷克和斯洛伐克史》，陈静 译，中国出版集团东方出版中心，2013 年 .

[2] 鲁勃拉夫，《胡斯战争》，叶文雄 译，生活·读书·新知三联书店出版，1962 年 .

[3] 海伦·尼科尔森，《十字军》，刘晶波 译，上海社会科学院出版社，2013 年 .

[4] 毕尔麦尔等，《中世纪教会史》，雷立柏 译，宗教文化出版社，2010 年 .

[5] 杜派等,《哈珀－科林斯世界军事历史全书》,传海 等译,中国友谊出版公司,1998 年 .

[6] 詹姆斯·布莱斯，《神圣罗马帝国》，孙秉莹、谢德风、赵世瑜 译，商务印书馆，1988 年 .

[7] 刘祖熙，《波兰通史》，商务印书馆，2006 年 .

外文文献

[1] John Klassen，Warring maidens，Captive Wives，and Hussite Queens：Women and men at War and at Peace in Fifteenth Cemtury Bohemia，New York：Columbia University Press，1999.

[2] Thomas A Fudge，The Trial of Jan Hus: Medieval Heresy and Criminal Procedure，New York：Oxford University Press，2013.

[3] BŘEZOVÉ Vavřinec z，Husitsk á kronika，P í seň o v í t ě zstv í u Domažlic，Praha：Svoboda，1979.

[4] Ze starých letopisů českých，Praha：Svoboda，1980.

[5] Petre，Velk é d ě jiny zem í Koruny česk é V，1402－1437，Praha：Paseka，2000.

[6] František，Husitsk á revoluce. 1－4，Praha：Karolinum，1995.

[7] Jan Długosz，Letopisy nebo kroniky proslul é ho Polsk é ho kr á lovstv í （12 卷合订简写本），london：IM Publications，1997.

[8] Jan Durd í k，Husitsk é vojenstv í ，Praha：Rovnost，1953.

[9] Josef Macek，Husitsk é revolučn í hnut í ，Praha：Rovnost，1952.

[10] Josef Pekar，Žižka a jeho doba，Praha：Odeon，1992.

[11] Francis Lutzow，The Hussite Wars，1914（2005 修订版）.

[12] Michael W McGuire，Jan Zizka and the Hussite Wars, 1419－1434，1976.

白高初兴傲宋辽

党项人的西夏立国记

作者 / 乐小鱼

宝元元年（1038 年）十月十一日，李元昊在兴庆府（今宁夏银川）正式称帝，国号大夏，自号始文英武兴法建礼仁孝皇帝，改元天授礼法延祚元年，并上表宋仁宗曰：

“臣祖宗本后魏帝赫连之旧国，拓跋之遗业也。远祖思恭，当唐季率兵拯难，受封赐姓。臣祖继迁，大举义旗，悉降诸部，收临河五镇，下缘境七州。父德明，嗣奉世基，勉从朝命。而臣偶以狂斐，制小蕃文字，改大汉衣冠，革乐之五音为一音，裁礼之九拜为三拜。衣冠既就，文字既行，礼乐既张，器用既备，吐蕃、达靼、张掖、交河，莫不从服。军民屡请愿建邦家，是以受册即皇帝位。伏望陛下许以西郊之地，册为南面之君，谨遣弩涉俄疾、你斯闷、卧普令济、嵬伽崖奶奉表诣阙以闻。”（《续资治通鉴长编·卷一百二十三》）

李元昊称帝，是党项人在西北数百年盘踞经营的结果，也标志着北宋王朝自太宗以来西北战略的失败。

如果刨除所有客观因素只由结果论断，我们也许可以轻易将这一失败归咎于宋廷统治者实行的“重文轻武”“守内虚外”“强干弱枝”政策以及赵宋君臣“怯懦惧战”。但这种思路可能蒙蔽我们的双眼，使我们无法窥得北宋早期西北战略失败的真正原因。而若要得知真相，就必须要了解党项民族的发展历史，知晓其来龙去脉。

白高河边党项起——隋唐时期的党项

提及党项人的缘起就不能不提及一条河——白高河。西夏文典籍《圣立义海》中则提及：“白高河水出白峰根源，民庶基也。”并注有：“夏国三大山……有贺兰山、积雪山、焉支山。”据考证得，其中贺兰山与焉支山与今同名，其中积雪山指今岷山。发源于积雪山，被称为“根本”的白高河应当指白龙江。因此可推测党项人的原始居地，在今白龙江上游。

起源于西羌的早期党项部族“每姓别为部落，大者五千骑，小者千余骑”。党项各部甚多，早期地理分布极为广泛。《隋书·列传第四十八》中记载：“东接临洮（今甘肃岷县）、西平（今青海西宁），西拒叶护（指西突厥统叶护可汗），南北数千里，处山谷间。”

自魏晋南北朝以后，烽火燃遍了整个神州大地。随着鲜卑人的大量西迁，地处西北的党项诸部自然而然就混入了大量的鲜卑部族。其中，从慕容鲜卑中分离出来的吐谷浑就与党项的关系极为密切，后来的北宋将门折家就源于鲜卑折掘部。不过，后来自称鲜卑之后的党项拓跋氏其实是单纯的“西羌之后”，而非鲜卑拓跋氏。二者姓氏相同，其源却异。如果要打个比方，就像契丹的萧太后和隋炀帝的萧皇后虽然同一个姓氏，但其实没啥亲戚关系。

隋朝的建立，很大程度上终结了南北朝的乱世，但也在一定程度上挤压了周围藩夷的生存空间。因此当时强盛的吐谷浑裹挟党项人不断骚扰隋朝西北边境。但也有一些党项部落不堪吐谷浑的压榨，抑或者不愿以卵击石，而归降于隋。面对吐谷浑的挑衅，隋文帝、隋炀帝均曾派遣大军远征进行反击，意图平息边境的动乱。不过由于隋廷在西北的主要敌人是吐谷浑而不是党项，到隋末之时，吐谷浑的势力已然在很大程度上衰弱，而党项诸部却得以安然发展并日益强盛。

唐初，壮大起来的党项部族反而联合吐谷浑不断侵扰唐边境。武德元年至武德九年（618—626年），党项先后寇扰唐朝边境10余次。

唐太宗李世民即位并攻灭突厥后，唐境周边的“四夷”见唐朝国力日盛，便纷纷归附，这其中也包括党项的诸多部族。要知道，党项人也不是铁板一块，并且“每姓

▲ “昭陵六骏”之一

别为部落”，因此在战与和之间，各部的选择是相对独立的。此时，除了党项诸部中最强大的拓跋氏一支在其首领拓跋赤辞的带领下，仍依附吐谷浑对抗唐军以外，其余党项部族基本内附于唐，形成了“诸羌归附，而赤辞不至”的局面。

贞观八年至九年（634—635 年），短短两年的时间里，唐廷与吐谷浑发生了大大小小 16 次冲突，与依附于吐谷浑的党项也发生了 7 次冲突。唐廷不堪其扰，遂遣李靖为将征讨西北。李靖用兵如神，于贞观九年五月便降服了吐谷浑，党项拓跋部也顺势归附。至此，党项势力最强大的拓跋部也在唐朝强大的军事实力下内附。随后，唐太宗设懿、嵯、麟等 32 州为羁縻州，并以松州（今四川松潘）为都督府，封拓跋赤辞为西戎州都督，以安置党项拓跋氏。

唐贞观三年（629 年），松赞干布成为吐蕃赞普，随后平定内乱，势力日益增强。贞观十二年（638 年），松赞干布向唐请婚遭拒，便以此为借口率军攻打松州。

少有人提及的是，松赞干布打的这个松州，就是唐太宗用以安置拓跋赤辞的松州。而松赞干布对松州的侵袭，令党项拓跋氏甚为恐惧。因而“贞观以后，吐蕃浸盛，党项拓跋诸部畏逼，请内徙”（《读史方舆纪要・卷五十七》）。唐太宗在接到党项拓跋氏的上表后，以“庆州（今甘肃庆阳一带）置静边处之”，安置党项拓跋氏。唐太宗大概还有另一个小算盘：如果放任吐蕃对党项的侵袭，党项部族就可能迫于生存压力而倒戈，那样唐廷在面对吐蕃的同时，还要面对党项诸部之寇扰，并不划算。

换个角度来说，拓跋氏作为党项最大的一支尚如此畏避吐蕃，何况其他党项部族。自唐贞观八年至永隆元年（680 年）为止，向北扩张的吐蕃已“尽收羊同（今西藏西部）、党项及诸羌之地。东与凉（今四川西昌凉州）、松、茂（今四川茂县）、嶲（今四川西昌）等州相接……”（《《旧唐书・卷二百七》》）唐初所置用于安置内附党项及其他藩部的羁縻州府，至永隆元年之时大多已被吐蕃所侵占。其中一部分被安置于羁縻州府的党项部族被不断侵袭的吐蕃所征服，另一部分则不堪吐蕃侵迫纷纷向内迁徙。

综合上述，可知党项诸部的第一次内徙大致开始于贞观末，其原因为吐蕃的侵逼。在这次内徙中，党项主要以姓氏、部落为单位内徙，并散布于关内道的庆、灵、银、夏、胜等州。除了关内道诸州外，还有一部分党项迁徙至陇右北部诸州。在党项内徙后，唐朝又设置了一些羁縻州府，以安置内徙的党项诸部。还需提及的是，内徙的党项仅占唐初内附党项的一部分。在吐蕃攻占的羁縻州府中，仍存在相当数量的党项部族因为不愿或者无法进行迁徙，只能抱着得过且过的想法，生活在吐蕃的占领区内。

唐天宝十四年（755 年），安史之乱爆发。当年十二月，“上下制欲亲征，其朔方、河西、陇右兵留守城堡之外，皆赴行营，令节度使自将之”（《资治通鉴·卷第二百一十七》）。当时唐西北的军事部署已乱，西北边防军大多奉诏入援。唐廷全力平定安史叛军，再无力牵制西北藩部。吐蕃见唐廷把放在“西北牧场”里的“牧羊犬”差不多都拉回了院子里，便来了个“饿狼扑羊”，趁机出兵陇右各州。这便引发了党项诸部的第二次内徙。

大约于唐肃宗至德元年（756 年）始，党项诸部进行了第二次内徙。这一次迁徙是阶梯式的迁徙，主要是以原本在陇右北部诸州的内徙党项徙入关内道，而原本在关内道诸州的党项部族则向东迁徙至银、绥等州。

与第一次不同的是，第二次内徙逐渐发展为吐蕃、党项、吐谷浑，以及突厥等部族纷纷向东寇侵。究其原因，只是第一次内徙时是“被迫搬迁”，当时的唐廷还十分强大，因此诸藩部还能安分守己；第二次内徙更类似于借着安史之乱“趁火打劫”。

▼ ***唐三彩武士俑***

至唐代宗广德元年（763 年）正月，吐蕃已“尽取河西、陇右之地”。自此，“赞普遂尽盗河湟，薄王畿为东境，犯京师，掠近辅，残馘华人”（《新唐书·列传第一百四十一下》）。同年十月，吐蕃攻占奉天（今陕西乾县）、武功（今咸阳一带），唐代宗被迫出走陕州（今河南三门峡）。不久之后，吐蕃攻陷京师长安，高晖与吐蕃大将马重英等立广武王李承宏为帝。其后，吐蕃军队“剽掠府库市里，焚闾舍，长安中萧然一空”（《资治通鉴·卷第二百二十三》）。

此时，临危受命的郭子仪再一次展现其非凡的军事才能。他先遣兵攻取蓝田（今陕西秦岭北麓），以形成对长安的军事威胁，又命禁军旧将王甫潜入长安城中，暗中集结数百青壮男子于半夜击鼓大呼。吐蕃以为唐之大军已至，仓皇弃城。

吐蕃军队占领京师长安达十三天之久，尽管其后为郭子仪用计逼退，但“凤翔之西、邠州之北，尽蕃戎之境”（《旧唐书·卷二百七》），长安仍然处在吐蕃的严重威胁

之中。可唐廷因安史叛军和党项、吐谷浑及奴剌的牵制，无法全力对抗吐蕃。因此，唐廷只得于广德二年（764年）发布赦令，对党项、吐谷浑进行招安，然而收效甚微。

当年九月，原本归降于唐的原回纥部酋仆固怀恩，在唐廷不当的处置措施之下起兵叛乱，并纠集吐蕃、党项、吐谷浑、奴剌等共计30万军队分道进逼长安。唐代宗命李忠臣屯兵渭桥，李光进屯兵云阳，马璘、郝廷玉屯兵便桥，骆奉先、李日越屯兵盩厔（今作周至），李抱玉屯兵凤翔，周智光屯兵同州，杜冕屯兵坊州，唐代宗自己则屯兵苑中，并急召郭子仪率万人屯兵泾阳。

不过当郭子仪到达泾阳之时，泾阳已为敌军所围。郭子仪命李国臣、高升、魏楚玉、陈回光、朱元琮等人各当一面，自己则率2000骑兵杀入阵中。回纥部将得知来将是郭子仪后顿时大惊失色，自言回纥部族为仆固怀恩欺骗，以为郭子仪与唐代宗均已辞世，才敢率兵攻入唐境。这一番话，也让郭子仪心中生出了劝降回纥部族的想法。

郭子仪离阵之后，部下劝言道："戎狄野心不可信。"郭子仪回道："虏众数十倍，今力不敌，吾将示以至诚。"于是仅率数十骑前往回纥营帐。回纥大酋见来者确是郭子仪，便下马拜曰："果然是我家干爹！"恰逢此时仆固怀恩已然暴毙，郭子仪顺势对回纥大酋动之以情、晓之以理，回纥再一次归附唐廷。（《新唐书·列传第六十二》）

回纥的归附令吐蕃很是愕然，由于害怕回纥倒戈一击，便连夜从泾阳撤军。郭子仪遣部下白元光追击，归附的回纥也出兵协助郭子仪讨伐吐蕃，并于灵台西原（今甘肃泾川境）大破吐蕃大军，斩首5万，俘虏1万人。吐蕃败退，固守河泷。此时孤立无援的党项也在唐军的攻势下节节败退，再次归附唐廷。

此后，唐廷为避免党项人"阴结吐蕃为变"，便将寇侵的这部分党项东迁至银、夏、绥、延，并对其进行招抚与厚待。

唐廷一边安抚党项，一边以"禁商人不得以口、马、兵械市于党项"（《旧唐书·卷十二》）来制约党项诸部的发展。尽管唐朝禁止党项的兵械交易，但除此之外的安抚措施，使党项诸部得以休养生息。

随着时间的推移，内徙党项诸部的实力日益壮大，唐朝边将对党项诸部的暴行则与日俱增，这又使党项诸部的反抗及寇扰愈演愈烈。尽管在此之后，唐廷多次更换官员，并对党项诸部进行安抚，但依然收效不大。

唐朝后期，党项诸部经常联合吐蕃入寇。虽然此时党项的手工业较为落后，武器不甚先进，但依然对唐朝边境造成了很大困扰。唐廷为应对党项的不断侵寇，启动了严厉的边境管制，严禁弓箭、盔甲等武器装备流入党项。唐文宗大和年间（827—835

年），鄜坊道军粮使李石表因党项的动乱，又在沿边发布敕令，“禁商人不得以旗帜、甲胄、五兵入部落，告者，举罪人财畀之”（《新唐书·列传第一百四十六上》）。

尽管诸如此类的敕令一再被重申，但商人与党项的交易依然未曾停止。党项人以良马、牛羊等畜牧业产品换购兵器铠甲，在一定程度上增强了自身的实力。

唐文宗大和五年（831 年），党项侵扰黑山（今内蒙古昆都仑山）；大和末，河套党项起兵叛乱；文宗开成二年（837 年）七月，党项攻打振武军；次年又扰河西。及至唐武宗即位，党项的寇掠依然此起彼伏。会昌二年（842 年），吐蕃赞普朗达玛遇刺身亡，吐蕃政权分崩离析。吐蕃内乱使得党项各部的情况更为复杂，其侵略也愈加猖狂。终唐武宗及其后数代，党项寇掠可谓络绎不绝。

时值大中二年（848 年），沙州豪族张议潮发动起义，赶走统治敦煌六十余年的吐蕃贵族，并乘胜追击，至咸通四年（863 年）已光复河西走廊等 11 州之地。然而在吐蕃统治下的陇右、河西等地的党项、吐谷浑等部依然十分活跃且部族众多，《张淮深造窟功德碑》就曾记载“河西异族狡杂，羌、龙、嗢末、退浑（即吐谷浑），数十万众”。

咸通八年（867 年），张议潮入朝，并委任其侄张淮深为归义军留守。张淮深虽努力发展归义军的势力，并极力控制甘、凉及其以东诸州，但咸通十三年（872 年），

▲ *《免胄图》（局部）*

▼ *唐代武士俑*

“回鹘陷甘州（今甘肃张掖），自余诸州隶归义者，多为羌、胡所据”。及至此时，归义军节度使对河西诸州的掌控力，实际上仅存在于沙、瓜两州。

唐僖宗乾符元年（874 年）底，王仙芝在长垣起义。次年，黄巢起兵呼应。乾符五年至中和四年（878—884 年），黄巢起义愈演愈烈。

因为唐朝将主要精力集中在了平定黄巢起义上，西北防务空虚，党项拓跋氏首领拓跋思恭也玩了一次“饿狼扑羊”，于“咸通末窃据宥州，称刺史”。中和元年(881 年)，唐僖宗下诏征集各路兵马以讨黄巢。三月，拓跋思恭出兵帮助唐廷进攻长安的黄巢起义军。因拓跋思恭出兵，唐僖宗授之以左武卫将军，权知夏、绥、银节度使事。当年八月，以拓跋思恭为夏、绥节度使，默认其侵占唐领土的行为。十二月，又赐夏州节度号为“定难军节度”。定难军节度便是后来西夏政权的前身。

中和二年（882 年）正月，僖宗又授予拓跋思恭京城南面都统的职务，并命拓跋思恭与孝昌、王处存、王铎等四面合围京城。五月，唐廷又升拓跋思恭为京城四面都统。之后随着朱温降唐，黄巢军势力大为减弱。

中和三年（883 年）初，唐朝重用沙陀部酋、雁门节度使李克用征讨黄巢。四月，李克用所部败黄巢于蓝田，收复京师长安，黄巢之乱终告平复。拓跋思恭在平定黄巢起义军时虽然没有起到关键性的作用，但依然有一定的功绩。于是当唐廷镇压黄巢起义之后，又于中和四年封拓跋思恭为夏国公，而国姓李之赐当是此时。在整个过程中，拓跋思恭可谓借着黄巢之患，掌握夏、绥等州，成为唐末藩镇之一，割据一方。

唐朝虽然最后镇压了黄巢起义，但其实力已大为衰弱。相比之下，割据的藩镇则日益强大。曾经只局限于河北三镇的藩镇割据问题，蔓延到了唐朝大部分地区。

唐僖宗光启元年（885年）三月，唐廷重返京师长安，但已陷入“号令所在，惟河西、山南、剑南、岭南数十州而已”（《资治通鉴·卷第二百五十六》）的凄凉晚景。同年九月，因王重荣不肯交付安邑（今山西运城）、解县（今山西临猗县临晋东南）两池盐利，“（宦官田）令孜遣邠宁节度使朱玫会合鄜、延、灵、夏之师讨河中”（《旧唐书·卷二十二》）。王重荣见势不妙，求助于时河东节度使李克用。之后不久，李克用在沙苑击败朱玫，随即攻入京师长安，见势不妙的田令孜便挟僖宗逃奔于凤翔。

光启二年（886年），朱玫等拥立嗣襄王李煴为帝。唐僖宗诏各镇军讨伐朱玫，本应奉诏的李（拓跋）思恭却不为所动，专心致志地攻下了鄜州（今陕西富县）、延州（今陕西延安）。文德元年（888年），李思恭之弟李思孝任保大军节度使。

唐昭宗大顺元年（890年），因为李克用之反叛，唐廷掀起了征讨李克用的战争，昭宗诏令诸路藩镇出兵平叛。不难想象，这些藩镇当然不会为一个已然日薄西山的中央政权“两肋插刀”。在这场战争中，尽管党项拓跋部所保有的定难军与保大军均有出兵，但与其他藩镇一样，都采取保存实力、未战先退的方针。唐廷陷入无人讨伐李克用的尴尬处境，因此李克用之乱只能不了了之。大顺二年（891年），李克用恢复官爵，受封晋王。

在昭宗乾宁二年（895年），董昌据越州自立为帝，静难、凤翔两军也攻入京师长安。此时的定难军节度李思孝虽然奉诏偕同李克用讨伐叛军，但在这一次的战争中，

▲ *唐昭宗为犒赏彭城郡王钱镠平定董昌叛变的功绩所铸丹书铁券，称“钱镠铁券”*

定难军与保大军依然作壁上观，没有出力。

此后，随着朱全忠（朱温）势力的不断增强及其扩张脚步的逼近，至昭宗天复三年（903 年），泾、原、秦、陇、邠、鄜、延、夏等州皆降于朱全忠。此时朱温已经有了代唐而立的实力。哀宗天佑四年（907 年），朱温称帝创立梁朝，史称后梁。存在近三百年的唐朝灭亡了，历史步入了五代十国之乱世。

至此时，党项部族已然由南北朝时期“每姓别为部落”这种以血缘关系为纽带的氏族、部落组织，逐渐发展为以“大姓之强者”为中心的部族地域组织。这种部族关系的改变，实际上是唐末乱世背景下，党项部族之间联合、吞并的结果。

地缘关系代氏族——五代时期的党项

公元 907 年以后，历史进入了被称为五代十国的乱世。当时北方的主要割据势力有后梁朱温、岐王李茂贞、晋王李存勖（李克用之子）三大势力，而唐代内徙的党项诸部也大多分布于这三个政权辖区之内。尽管党项拓跋氏名义上依附于后梁朝廷，然与唐末藩镇割据时并没有太大的区别，依然保持着其相对的独立性。

在前文提及党项内徙时早已说过，当时的党项已经形成了一部分在陇右北部诸州，另一部分在关内道的绥、庆、灵、银、夏、胜等州的分布形态。随着党项拓跋氏所据定难军节度和保大军节度及其他党项诸部的发展与迁徙，党项的分布范围又进一步扩张了。不仅如此，前文讲到沙州归义军时，也提及在河西诸州，党项也广泛分布，更不说党项的起源麟、府两州了。

在《新五代史・卷七十四四夷附录第三》中，对于党项的分布有一段概括：“部有大姓而无君长，不相统一，散处邠宁、鄜延、灵武、河西，东至麟、府之间。”

当然，时处五代时期的党项部族与南北朝之时已大有不同，其表现为以下三点：

一是党项部族之间关系的改变。党项在唐初内迁之前，是以姓为部，一姓又分为诸多小部落，其中“大者五千骑，小者千余骑”，不相统一。随着内徙的进行，党项诸部与鲜卑之支吐谷浑及汉族等杂居，部族之间也时有兼并，其早先以氏族血缘为划分的部族关系遭受到一定的破坏。原本以血缘关系为纽带的氏族、部落组织，也逐渐被地域性关系替代。及至唐末五代，党项的这种以地域为纽带的集团关系已基本成熟，以地域关系结合的部族日益增多。

五代的党项诸部，虽依然处于不相统一的状况，但以“大姓之强者”为中心，逐渐形成了几个较大的割据政权。其中就包含有唐末以来盘踞夏、绥、银、宥四州的党项拓跋部，五代兴起于府、麟二州的党项折氏和处居于庆、灵二州之间的西路党项这三个较大的党项集团。

二是与内地政权的关系。五代时的党项在政治上多臣属于各割据政权，即使各内地政权之政令难行于党项诸部之内，但其关系较之唐朝时大有改善。党项诸部对邻近政权“朝贡”，与邻近政权或人民进行交易。只不过，这种对邻近政权的朝贡实际上更类似于贸易关系。如后唐明宗开成年间，有“党项诸蕃凡将到马，无驽良并云上进，国家虽约其价以给之，并计其馆谷锡赉，所费不可胜纪”（《旧五代史·明宗纪六》）。显然，对于党项诸部的这种“朝贡”，后唐朝廷会“约其价而给之”，乃至于“计其馆谷锡赉”，“酬赏价倍”。究其原因，明宗答曰：“尝苦马不足，差纲远市，今藩官自来，何费之有？外藩锡赐，中国尝道，诚知损费，理不可止。”显然，这种“朝贡”已成为一部分党项部族重要的经济来源。

三是经济的问题。魏晋、唐初之时，党项人过着“牧养犛牛（又作牦牛）、羊、猪以供食，不知稼穑”，“织犛牛尾及羖䍽毛为屋”的游牧生活（《隋书·卷八十三》）。伴随着两次内徙，与党项杂居的汉族也逐渐增多，党项也逐渐从杂居的汉人处学到了农业、手工业技术。但由于所处的地理环境较为恶劣，党项在不同地域间存在着牧业、农业、半农半牧三种不同的生产方式。换句话说，历经唐末五代及至宋初，除了少部分党项部族在中原的农业文明影响下学会了农作物的耕作之外，其余大部分党项部族依然过着定居与半定居的畜牧生活，及不定居的游牧生活。亦即是说，及至宋初，党项部族依然以牧业为主。当然，党项部族的牧业，较唐初也有了很大的发展。

从以上三点，我们可以做出两点推测：

一是五代之时，这种打着朝贡旗号的贸易，实质上是以牧业经济为主的党项迫切需要与以农业为主的汉族进行交易的选择。另一方面，党项诸部通过与周边政权的这种交易，换取了其所需的粮食、丝帛等物。党项与周边政权关系的缓和，也使党项得以休养生息。并且随着对先进汉族文化的学习，党项部族的科技水平亦有所提高。

二是唐末以来，包括党项在内的以牧业经济为主的周边少数民族，在气候处于冷期的情况下，对西北地区植被造成了一定程度的破坏。同时，冷期使得植被的恢复较暖期为困难，这也就促使了西北地区沙漠化的加剧。其具体的表现就是唐中期以来，鄂尔多斯高原沙漠化的加剧。不过这一点容后再叙。

后梁贞明二年（916年），耶律阿保机称帝，建立契丹国。耶律阿保机“亲征突厥、吐浑、党项、小蕃、沙陀诸部，皆平之”（《辽史·卷一》）。未久后，便有了“太祖破于厥里诸部，定河壖党项，下山西诸镇，取回鹘单于城，东平渤海，破达卢古部，东西万里，所向皆有功”（《辽史·卷三》）的局面。

虽然自契丹神册五年（920年）攻下天德军后，河套以北基本为契丹所据，但终辽太祖、辽太宗两世，对党项的征伐仍可见于《辽史》。如辽太祖天赞三年（924年），辽太宗天显八年（933年）、会同元年（938年）及三年、五年，均记载着对党项的征伐。由此可见，辽太祖耶律阿保机及辽太宗耶律德光两世，并未能全然压制桀骜不驯的党项部族。

▼ ***武士浮雕，出自王处直墓***

辽太宗天显十三年（938年），石敬瑭称帝并献燕云十六州。时身处夏州（今陕西靖边县东北白城子）的党项拓跋部则较少与契丹发生冲突，但兴起于麟、府二州的党项折氏因“契丹欲尽徙河西之民以实辽东”（《资治通鉴·卷第二百八十四》），而倍加惊恐，内附于各内地政权以抗辽。及至北宋建立后，府州折氏又依附于北宋。北宋将门折氏一族即起源于此。

五代时，灵、庆之间的西路党项诸部先后为后唐、后晋、后汉、后周等政权所统治。其所处的灵州至庆州一带，包括归义军所处的沙、瓜及凉州一带，为中西之间重要的陆运通道，即丝绸之路。五代时期的各方政权，为了保障丝绸之路交通的通畅，都对劫掠往来贡使和商旅的西路党项进行围剿与镇压，但实际上却收效不大。尽管丝绸之路大体保持通畅，但劫掠依然时常发生。

至于夏州李氏（即拓跋氏），全盛时保有定难和保大两镇，及夏、绥、银、宥、延五州。但其归顺朱温后，延州及保大被夺，只余定难军一镇及夏、绥、银、宥四州。

后梁开平二年(908年)，时定难军节度使李思谏病卒，其孙李彝昌继立。不久之后，夏州便发生内乱。夏州都指挥使高昌益袭杀李彝昌，随即高昌益又被诛。李彝昌叔伯李思谏之子李仁福继任。与此同时，沿用唐哀帝天佑年号的岐王李茂贞趁其内乱发兵欲取灵、夏，但未能成功。及至李存勖灭亡后梁建立后唐，李仁福又依附于后唐。

长兴四年（933年）二月，李仁福病卒，三军推李仁福之子李彝超为留后。后唐为削弱夏州李氏的势力，便想出将李彝超改镇至延州的办法。然而李彝超以“三军百姓拥隔”为由，“未遂赴任”，继续滞留于夏州。后唐明宗遣人催促，皆无功而返。其后，后唐遣将进攻夏州，围城百日而不克，引兵而还。经此一役，夏州党项李氏（即拓跋氏）保住了自身的独立地位。（《旧五代史·明宗纪十》）

后唐末帝清泰二年（935年），李彝超病重，李彝殷则继承了定难军留守。及至后晋开运元年（944年），契丹南下，李彝殷出兵攻入契丹境内，后契丹撤军。开运三年（946年），契丹又大举南下，后晋覆灭，后汉建立。此时的后汉帝刘知远依然采取了笼络夏州李氏的措施。乾祐二年（949年），刘知远以静州（今四川广元）赐予夏州李氏。此时的夏州李氏，所据已有夏、绥、银、宥、静五州及定难一镇，虽不如全盛之时，但势力依然可观，并依然保持着部族的相对独立。

如前所说，自唐末至五代，党项已从“每姓别为部落”的部落组织关系，发展为“大姓之强者”为中心的地域性关系，并形成了三个较大的党项集团。现在经过五代的乱世，其中西路党项因长期寇扰丝绸之路，而遭内地政权不断打压，已然衰弱；折氏一族则因契丹的威胁而归附内地政权；余下的夏州拓跋氏则对内地政权虚与委蛇，并在对内地政权的“朝贡”中得到了大量的资源，赢得了宝贵的发展空间。至五代末，夏州拓跋氏在党项诸部中已然一支独大。

后周建立后，李彝殷又在接受后周的安抚措施的同时，上表臣服北汉，可谓“一心二用，脚踏两船”。及至宋太祖赵匡胤黄袍加身，五代十国终结，历史步入北宋，党项亦在此阶段中，达到其最辉煌的时刻。

宋辽两朝夹缝中——党项崛起之背景

郭威取后汉而代建立后周，后汉皇族刘旻亦于太原称帝建立北汉，后周与北汉故为世仇，双方曾发生大规模军事冲突。宋太祖赵匡胤即帝位后，发动了数次对北汉的征伐，皆无功而返，但宋朝与契丹的军事矛盾却呈螺旋式不断上升。

宋太宗赵光义即位后，于太平兴国四年（979年）正月出兵征伐北汉，并命郭进屯兵石岭关以阻契丹援军。三月之时，契丹遣数万骑入援北汉，却在石岭关（今山西太原阳曲县）为郭进击败，于是“北汉援绝”。赵光义大军围城，北汉主于同年五月归降，五代十国至此时终告完结。

灭北汉后，赵光义自定州路出，欲乘胜北汉之势攻击契丹，夺回幽州。虽然宋军一开始由真定方向北上进展很快，但其后在幽州城外的高粱河之战中被契丹人击败。宋军撤回了涿州城，而赵光义则乘驴车一口气逃到了涿州城以南的金台屯。

撤军后，赵光义为防契丹实行军事报复行动，在北面镇、定两州及关南方向部署大军。

八月，契丹又侵定州（今宁夏平罗县姚伏镇），为崔翰击破。十一月，契丹先由代州入侵，为党项折彦赟击破；其后又攻打岚州、忻州及关南一带，皆被宋军击败。

太平兴国五年（980年）三月，潘美自三交口（今山西太原北）巡抚至代州（今山西代县），遭遇契丹10万大军，战而胜之，并杀其节度使、驸马、侍中萧咄李，生擒契丹马步军都指挥使李重诲。

九月，契丹送书信给丰州（今陕西长治武乡县）刺史王承美，令王承美停止与宋的马匹交易。王承美是本河西藏才族都首领，其父自开宝二年（969年）归附宋廷，因而此时的王承美已与契丹无君臣关系。于是他断然拒绝契丹的无理要求。契丹恼羞成怒，率军掠夺丰州王承美的部族。

十一月，契丹攻打雄州（今河北保定雄县），为龙猛副指挥使荊嗣所破；同月，又破关南入侵的契丹万余骑，斩首3000级。

太平兴国六年（981年）正月，易州（今河北保定易县）守军破契丹数千骑，斩首300级。五月与六月，契丹分别率近万骑攻打平寨军，皆被守将击退。九月，契丹欲侵易州，时知易州白继赟率兵与契丹大战于平塞寨北，成功击破契丹大军，斩首2000级。

太平兴国七年（982年）五月，契丹以精兵3万骑分三路入寇：一路袭击雁门，为潘美所部击败，斩首3000级；一路攻打府州（今陕西府谷县），折御卿率兵与之交战，并于新泽寨大败契丹；一路攻高阳关（今河北高阳县东），为崔彦进破于唐兴口，斩首2000级。闰十二月，契丹侵丰州，被刺史王承美击破，斩首2000级。

太平兴国八年（983年）三月，契丹再度率兵袭丰州，王承美击败契丹万人大军之后，又“追北百有余里，至青冢，斩首二千余级，降者三千帐，获羊马兵仗以万计”（《续资治通鉴长编·卷二十四》）。

辽乾亨四年（982 年），即宋太平兴国七年，辽景帝卒，辽圣宗耶律隆绪即位，改元统合，萧太后摄政。

雍熙三年（986 年），知雄州贺令图上表，说：“契丹主年幼，国事决于其母，其大将韩德让宠幸用事，国人疾之，请乘其衅，以取幽蓟。”（《续资治通鉴长编·卷二十七》）事实上，契丹与汉族的文化并不相同，因此萧太后和韩德让的那种关系，对契丹人并没有造成像贺令图描述的那种严重的冲击。但此间，贺令图一再强调的“国人疾之”，再加上之前一连串胜利带来的骄敌，使得被人开玩笑说“一贯喜欢欺负孤儿寡母”的宋太宗决定再次北伐。于是在雍熙三年，宋廷三路出兵北伐燕云，同时联络高丽等辽的周边势力，意图共击契丹，史称“雍熙北伐”。

雍熙北伐的大概计划是：以东路军为主力，目标直指幽州，吸引和牵制辽军的大部分兵力；西路军的目标是切断燕云地区和辽朝腹地的联系，以切断辽军援兵的前路；中路军的目标是山西诸州。三路大军最终会师于幽州，合力攻克，最终达到收复幽州的战略目标。

▲ *辽披甲骑兵*

但辽军的行动却没像宋军所预料的那样：集结大军与东路军进行主力会战。辽军大将耶律休哥抓住了宋军缺马、机动性远不如辽军这个明显的软肋，采取以中小规模的骑兵集团围剿小股或落单宋军，偷袭宋军粮道、断其后勤补给的战术，导致宋军给养出现了严重困难。最终东路宋军首先溃败，其后西、中两路宋军也随之溃败，雍熙北伐就此失败。

雍熙北伐的失败，其实非常明显地体现了宋军因缺马而引发的机动性不足和后勤补给难以维系的问题，而这两个问题在宋推行堡寨战术之前，一直存在于宋军的西北和北方战场。

北伐失败后，宋太宗恼怒之下，一连贬黜了曹彬、崔彦进、米信等责任人，一时又陷入无人可用的境地，只得起用宋太祖时期的老将。

在宋廷进行新的边防部署的同时，萧太后母子又开始谋划大规模军事报复。雍熙三年十一月，契丹以耶律休哥为先锋都统挥师南下。十二月，契丹以数万骑寇侵瀛洲，当月十日爆发了君子馆之战。瀛洲都部署刘延让、高阳关都部署杨重进率军迎击。那一日天寒地冻，宋军将士手中的弓弩无法拉开，辽军将宋军重重包围，其时本为后援的李继隆因辽军势众退守乐寿（今河北献县西南一里），“（刘）廷让全军皆没，死者数万人”，刘延让仅以身免。

雍熙四年（987年），雄、霸两州又遭契丹寇扰。

端拱元年（988年）十一月，契丹大军由真定方向南下侵宋，时定州路都部署李继隆与李继忠率兵迎击，终于大败辽军，并乘胜追击，渡过曹河，斩首1.5万级。

端拱二年（989年），威虏军粮食短缺，恐契丹乘隙围城，于是派遣李继隆运送粮草。辽军得知此事，遣数万精兵来袭。时北面缘边都巡检尹继伦率千余步兵正行军于辽军必经之路。辽军对尹继伦所部视而不见，直直从其身边穿过。尹继伦怒了！对部下说：“辽军视我们为鱼肉。如果打败李继隆，势必率兵追击我们；如果输了，必然又要拿我们泄愤。那还不如趁着辽军轻视我们、料我们不敢追击之时，跟在其背后痛击之。就算死了也不失我们一颗忠义之心，又岂能坐以待毙，当边地的冤鬼呢？”其后，尹继伦趁辽军进食之时实行偷袭，辽军惊慌失色，争相踩踏，损伤惨重。自此以后，尹继伦多了个“黑面大王”的名号。

至道元年（995年）正月，契丹大将韩德威率数万兵马，同时引诱党项勒浪、嵬族十六府大首领马尾等自振武军①（今内蒙古和林格尔县）入侵，为永安军（今陕西府谷县）节度使折御卿击败于子河汊。勒浪等族见契丹已败，于是反水，装作宋军的

▲ ***宋代刀剑***

府州兵绕到辽军阵后。辽军大惊失色，争相逃亡，大军折损了六七成。

同年四月，契丹又犯雄州，知雄州何承矩领兵出战，斩其铁林大将一人，大败契丹军。十一月，契丹再次举兵，折御卿带病迎击，并对折母说道："世受国恩，边寇未灭，御卿罪也。今临敌弃士卒自便，不可，死于军中乃其分也。为白太夫人，无念我，忠孝岂两全！"（《宋史·列传第十二》）不久之后，折御卿便病死于军中，享年38岁。

咸平二年（999年）五月，契丹寇扰宋辽边境。

八月，契丹再次入寇。

九月，契丹以数万兵马三路入侵，先锋田绍斌、石普与知保州杨嗣出兵迎击，于廉良路击败契丹大军，"杀获甚众"。

十月，契丹先不断骚扰雁门附近的瓶形寨（今山东繁峙县附近）与宁化军（今山西宁武县西南），再寇侵定州，然后徙军往怀远驿（今河南开封市东南），意图继续深入宋境。李继宣领兵3000迎敌，契丹自知不可久战，拔寨遁去。李继宣欲请兵追赶，主将傅潜不允。

十一月，契丹遣5000骑攻打冀州，知冀州张旻破之，并杀千余人。同月，契丹寇侵威虏军，为守军击破。宋军一方，府州驻泊宋思恭、知府州折惟昌、府州钤辖刘文质等带兵攻入契丹五合川，攻下黄太尉寨，尽歼敌军，焚敌帐五千余。

同年，契丹攻下易州。

咸平三年（1000年）正月，契丹引兵攻打河间（在今河北献县、河间、青县、泊头等市县地），高阳关都部署康保裔率兵迎击，为契丹所欺骗，陷入重重包围之中。

① 文中出现的"XX军"有些不是军队，而是地点。北宋地方州级行政区划有州、监、军、府四个。

康保裔大喊："临难无苟免！"随即与契丹军进行生死决战，至次日"杀伤甚众，蹴践尘深二尺，兵尽矢绝"（《宋史·列传第二百五》），最终因救援未至而身死。其后，高阳关、贝、冀路都部署范廷召等，虽未能及时救援康保裔，但赶到河间之后，派兵追击契丹至莫州（今河北任丘北），斩首万余级。

咸平四年（1001 年）十月，张斌破契丹于长城口。十一月，时新上任的高阳关等三路都部署王显上奏大破契丹，斩杀契丹 2 万人，并捕获契丹统军铁林。同年冬天，契丹寇侵，杨延朗设伏于羊山西，与契丹大军交战时且战且退，诱敌深入。至羊山西，伏兵暴起，契丹军大败。

咸平五年（1002 年）五月，契丹入寇保州，杨延朗等率兵抵御，但"部伍不整，为敌所袭，士马多失亡"。同年底，契丹侵略宋北方边境，为守军击退。

咸平六年（1003 年）四月，契丹入寇，定州行营都部署王超遣使召集镇州桑赞及高阳关周莹等各以所部兵马来援，王超以步兵 1500 人与契丹大军激战于望都县，定州副都部署王继忠交战不利，于

◀▼ 宋代武士俑

▲ 辽，鎏金银鞍桥饰、青铜马铃

白城为契丹所擒。真宗又发河东广锐兵 1.5 万人前往搭救，但为时已晚。后来，王继忠成为宋辽签立澶渊之盟的关键人物之一。

经过长期对边境的试探与侵扰之后，契丹对宋北方的边防部署已有所了解，并图谋大举南下。

景德元年（1004 年），辽萧太后与辽圣宗耶律隆绪率 30 万大军南下，深入宋境。宋军以纵深防御战略遏住辽军攻势，并在澶州城下射杀辽大将萧挞凛，大挫契丹锐气。宋辽经过四十余年的战争，终于达成和议，约为兄弟之国。宋辽之间从此迎来了一个相对和平的时期。

宋辽战争对宋西北边境所造成的影响，这一章的标题其实都已经点出来了——长达四十余年的战争，使得扎根于宋辽夹缝之间的党项部族得以迅速茁壮成长。

宋太宗执政至真宗景德元年这数十年中，宋廷因与契丹的战争，无力大举兴讨西北党项部族。与此同时，党项又获得了来自契丹的经济及军事上的支援。从另一个方面看，契丹采取“以党项制宋”的策略，着力于扶持党项的成长，又使宋廷不得不分兵西北，无法全力经略幽燕。

虚与委蛇多狡诈——宋初时期的党项

其实一开始，特别是赵匡胤时代，党项人与宋廷的关系还是比较良好的。建隆元年（960 年），赵匡胤即皇帝位，此时的定难军政权奉表称臣，但定难军政权实际上依然保持着相对的独立性。当时北汉主刘钧曾结契丹寇麟府。李彝殷欲沿袭五代以来与邻近政权的表面依附关系，便遣部将李彝玉出兵增援麟州；并以避宋太祖之父赵弘殷之讳为由，改名李彝兴，表示归附。

建隆初，李彝兴遣使献马 300 匹。宋太祖大喜，亲自挑选玉材，准备为他制作一条玉带。制作时，宋太祖亲自召来党项使者询问李彝兴的腰围，在得到了李彝兴腰围较大的答复后，宋太祖对使者说道：“汝帅真福人也。”并让使者将玉带交予李彝兴。

乾德五年（967 年），李彝兴辞世。同年十二月，李彝兴之子李光睿继承定难军节度使之职。及至开宝九年（976 年），宋廷兴兵伐北汉时，李光睿还曾出兵帮助宋军，李光睿“率兵破北汉吴堡寨（今陕西吴堡），斩首七百级，获牛羊千计，俘寨主侯遇以献，累加检校太尉”（《宋史·列传第二百四十四》）。同年，宋太祖赵匡胤病死，宋太宗赵光义即位。李光睿因避太宗名讳，改名李克睿。

太平兴国三年（978年），李克睿卒，太宗以其子李继筠为权知州，并授以定难军节度观察留后。太平兴国四年（979年），太宗征北汉，李继筠遣银州刺史李光远、绥州刺史李光宪率兵列阵渡河，以张军势。七月，李继筠病死。

太平兴国五年，宋廷以其弟李继捧为定难军留守。然而就在李继捧继任后不久，夏州李氏便发生了内部分裂。同时，北汉、南唐等诸割据势力先后告平，宋太宗有意谋取定难军政权，将夏、绥等四州之版图收归宋朝。从此后，党项人与宋廷的关系开始走向决裂。

太平兴国七年，李继捧入朝面圣，自述其即位引起其叔伯的不满，因而愿请留京师，并献上所管四州八县。李继捧之入朝，成为李继迁揭起反旗及掌握定难军政权、与宋廷公开决裂的契机。

太平兴国七年十一月，太宗诏李继捧的叔伯李克宪、李克文赴阙，并以李克文权知夏州。其后，宋太宗以曹光实为银、夏、绥、麟、府、丰、宥州都巡检使，以期扼制夏州李氏的势力。

不过，宋太宗此举常常被一些学者批判。确实，夏州李氏自唐末以来长期割据一方，势力盘根错节，要削弱党项在西北的势力，以避免唐末五代藩镇割据的乱局，李继捧入朝寻求宋廷帮助平定内乱，恐怕是当时最好的机会了。宋廷上下深知“机不可失，时不再来”的道理，但该举措却严重低估了党项在西北的势力以及李氏在夏州百年的经营。

雍熙元年，宋太宗诏李继捧亲属赴阙。诏令到达银州之时，李继捧之弟李继迁因不服宋廷统治，玩了招暗度陈仓。他先诈称乳母过世，出葬于郊外，又将兵器及甲胄藏于棺中，带着数十人马逃遁。逃入地斤泽的李继迁随后拿出先祖李彝兴之画像示党项众人，“戎人皆拜泣”。然后他又扯出李彝兴的大旗说道：“李氏子孙当以恢复祖宗遗业为志”，以此煽动党项部族的反抗情绪。同年九月，时知夏州尹宪侦知李继迁藏身于地斤泽，便与曹光实趁夜发兵。经过一番激烈的战斗，李继迁仅单身逃脱。（《西夏书事情·卷三》）

但是李继迁显然不会甘心。什么都没有的他，只能依靠祖宗的大旗来获得支援。于是，李继迁便与诸藩酋豪联结姻亲，以扩张势力，并继续煽动、联合党项诸部。

雍熙二年（985年）二月，李继迁诈降。曹光实欲独占功劳，又认为李继迁的势力在地斤泽之时已经被消灭，于是当李继迁遣数十骑进城迎接曹光实时，曹光实信以为真，仅带数百骑深入敌营，结果为李继迁设伏诛杀。其后，李继迁占据银州，并自称“定难军留后”，继续扯祖宗大旗，次月又破会州（今甘肃靖远）。从这个细节可以知道，当时宋廷上下对党项人普遍有一种俯视的态度，这种俯视往往来源于以往的军事斗争中宋军的胜利，但这种态度却间接导致了胜利后紧随而来的失败。可悲的是，在宋与党项的斗争中，往往重复着这种“胜利后骄傲，骄傲后失败，失败后谦虚，谦虚后又胜利”的循环。

曹光实身死使得宋太宗大怒，随即派遣田仁朗、王侁及李继隆发兵数千剿灭李继迁。田仁朗到了绥州之后发现，叛军规模已然扩大，凭手中兵力不足以镇压李继迁势力，于是上奏请求援兵，并按兵月余不动，等待朝廷回复。其间，原本归降于宋廷的党项三族寨将领折遇乜谋杀监军使者，与李继迁合兵。宋太宗为王侁误导，以田仁朗按兵不动、延误军机，改遣刘文裕取田仁朗而代之。

同时，宋廷又遣王侁从银州北出兵，于浊轮川大败李继迁。郭守文又与尹宪合击盐城诸夏部族，银、麟、夏三州及三族寨党项诸部百二十五族纷纷内附。

因此，李继迁叛宋以来节节败退。在此种情况下，李继迁采取了联辽抗宋的措施，希冀宋廷之大敌契丹可以给予其援助。他于雍熙三年二月遣使向辽称臣。十二月，李继迁向契丹请婚。契丹以义成公主下嫁，并赠马 3000 匹。得到契丹的大力支持后，李继迁卷土重来，不断寇扰夏、银诸州。宋廷多次以敕书招谕李继迁及同恶蕃部，而李继迁也曾自陈有依附宋廷之意，但始终不肯归降，并“益侵盗边境”。

端拱元年五月，宰相赵普建议以夏台故地赐予李继捧作为诱饵，伺机谋取李继迁。太宗听从了这个建议，赐李继捧国姓赵，改名保忠，并授予定难节度使，将所属夏、银、绥、宥、静五州钱帛、粮草及田园赐还赵保忠（即李继捧）。同年十二月，赵保忠奏曰继迁归降，并“诱藩入寇，乞师守御”。宋廷以为一旦犹疑，恐生变故，于是未察之下匆匆授予李继迁银州刺史、洛苑使。但此时李继迁并未真正归降，而是与赵保忠勾结瞒宋。

暗通李继迁的赵保忠，于端拱二年及淳化元年（990 年）又奏李继迁数次得建边功，以麻痹宋廷，为李继迁招兵买马、扩大势力、训练精兵争取了宝贵的时间。十月，李继迁在经过了数年精心准备之后，率兵攻打夏州，并大败宋军。赵保忠上表乞援，而李继迁随即向辽告捷。

淳化二年（991 年），宋朝遣翟守素出兵援夏州。此时，李

▲ 宋代手刀

继迁再次诈降，宋廷授继迁为银州防御使及绥州观察使，并赐继迁姓名赵保吉。结果就这样，李继迁一边玩弄宋廷，一边兵不血刃地取得了银、绥两州。

李继迁之所以可以在出逃之后，迅速地建立起相当的势力，是有其内在因素的：

其一，宋与契丹此时正处于不断的交战之中，宋廷难以全力讨伐西北党项，而契丹也欲以党项牵制宋军，因此不断对党项进行支援；其二，从曹光实剿灭地斤泽的党项部族，到他被李继迁设伏杀死，只间隔短短五个月的时间，这显然可以反映出当时西北地区反宋势力的强大；其三，五代末以来，党项诸部只剩夏州拓跋氏一支独大，其他两支较大的势力已然衰落，党项部族长期群龙无首，对于此时站出来的李继迁自然多有响应。

而宋太宗对李继迁之放任，究其原因，一来因契丹的不断侵扰而无力发兵西北；二来宋太宗还打着“以藩治藩”的如意算盘，意图将平夏李氏这颗钉子安插在西北地区，以增强宋廷对西北的掌控力，乃至于凭此图谋幽燕；三来，此时的宋廷统治者依然轻视党项问题，并没有看到李继迁反叛可能引起遍布西北的所有党项部族的反叛。

当时的西北地区，除去分散的党项一支以外，较为强大的还有回鹘诸部与吐蕃诸部。尽管吐蕃与回鹘均曾数朝宋廷，但这只不过是他们实力较弱时的选择罢了。

吐蕃之先祖松赞干布曾一统西北，且正如宋真宗在咸平二年所说，“朕看《盟会图》，颇记吐蕃反覆狼子野心之事”（《续资治通鉴长编·卷五十》）。可见宋廷的统治者对吐蕃实则怀有戒心，其对西北的主要担忧，也是在曾经一度攻克唐都长安的吐蕃身上。

而宋廷以为回鹘“恃功横恣”，“患其邀求无厌”。何况其自述“甲马甚精习”，“备陈方略，且欲大举精甲，就覆残妖，拓土西陲，献俘北阙”（《西夏书事·卷七》），虽看似对宋忠心耿耿，实则更可能是欲借宋廷之力开疆拓土，也暗表其实力雄大，略有警诫宋廷“莫轻易招惹于我”之意。何况有归义军为西北诸羌侵略在前，宋廷怎能不对回鹘有所防备？

正是基于以上这些考虑，宋廷便欲放任夏州李氏，以制衡吐蕃与回鹘。于是淳化二年李继迁诈降之时，宋廷未加思索便信以为真。但当平夏李氏势力过大，抑或脱离掌控之时，宋廷则会加以打压，使其顺服。

当然，宋廷的政策也有其局限性。其一，北宋西北地区被回鹘、吐蕃及党项割据，所以宋廷对西北的掌控力极其有限；其二，这种掌控力的局限性，使得北宋消息闭塞，难以及时了解西北地区的政治形势和各势力的消长；其三，宋廷依然低估了党项，尤其是平夏李氏的势力及反宋之心。党项在西北盘踞多年，除去占据夏、银、绥、宥、静五州的平夏李氏，尚有灵、武、瓜、凉州等也被党项及其他西北部族共同占据。乃至于陇右之远，也依然有党项部族定居。这才使得李继迁有振臂一呼、诸羌景从的客观条件。而且，宋廷这种养虎为患的例子，在历史上也并非是绝无仅有的。如明末，李成梁意图以努尔哈赤制约辽东各女真部族，结果努尔哈赤在李成梁的支持下统一了辽东女真各部，建立了自己的政权——后金。

淳化二年李继迁归降于辽后，又继续策反赵保忠（即李继捧）归顺。

见夏州李氏势力不断扩大且游于掌控之外，赵保忠之叛心亦与日愈昭，宋太宗遂于淳化三年（992 年）禁党项青白盐市，希望凭借经济制裁，削弱李继迁势力，并使其归附。党项诸部原以贩卖青白盐获取粮、资，因而此举可谓切中要害。令行数月，不仅平夏李氏，就连夏州左近的党项诸部也因经济困难而难以维生。此时不仅平夏李氏，乃至于原本降宋的党项部族也开始反叛。李继迁趁乱于淳化四年（993 年）攻打庆州及原州（今宁夏固原）。同年，太宗见青白盐禁不仅没有取得应有的效果，甚至造成原本归顺的诸党项部族叛逆，又匆匆取消了这一禁令。

淳化五年（994 年），李继迁又取得灵、庆党项诸部的支持，遂转攻灵、庆二州及清远军（今宁夏盐池）。

宋太宗大怒，命马步都指挥使李继隆为河西兵马都部署、尚食使“黑面大王”尹继伦为都监，率军征讨党项。此时身在夏州的定难军节度使赵保忠却又诈称李继迁想和解。其实，此时的赵保忠反心已昭。上当好几次的宋太宗知道这又是党项的诈降计策，对此不予理会。是年三月，李继隆所率宋军败藩兵数千于石堡寨（今陕西靖边）。时赵保忠在城外，李继迁以为赵保忠向宋廷通风报信，于是率兵攻打。里外不是人的

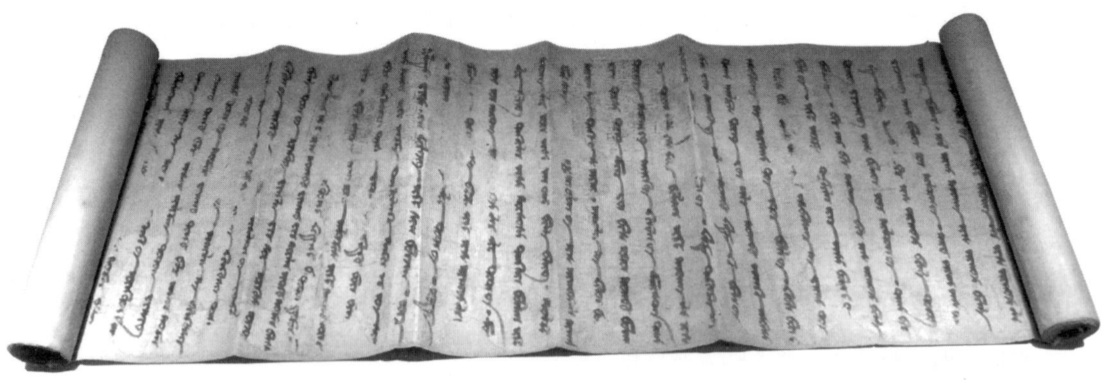

▲ 回鹘文经书

赵保忠只身逃入夏州城中，为大将赵光嗣囚于别室，其后被押解入朝，太宗封其为“宥罪侯”，赐第京师。

▲ *刻有西夏文的铜镜*

同年六月，李继迁再次诈降，其后遣派其弟李延信赴京师上表请罪，并言反叛之事为赵保忠所策。宋太宗召见了李延信，对其进行抚慰，并加以赏赐。

至道二年（996 年），宋洛苑使白守荣护送刍粟 40 万石前往灵州。行至清远军时，白守荣为李继迁所袭，刍粟皆为李继迁所掠。这标志着李继迁已与当地党项诸部联合，控制了宋朝由环庆至灵州的交通要道。由于宋廷对西北局势的掌握太弱，消息闭塞。直至此时他们才发觉，夏州李氏已“据平夏全壤，扼瀚海要冲”（《续资治通鉴长编·卷三十九》），势力已远超宋廷的想象。

于是当年四月，宋太宗以李继隆讨伐李继迁。至五月，李继迁率兵万余围攻灵州城，为窦神宝击退，但粮道已断，灵州孤绝，情况依然不容乐观。因此，宋太宗令宰相吕端等献策解灵州之困，甚至想过是否应该放弃灵州。时参知政事张洎上奏曰：“继迁或成或败，未足致邦国之安危；灵武或存或亡，岂能系边陲之轻重？得失大较，理甚昭然。”（《续资治通鉴长编·卷三十九》）又言即便眼前危机解除了，但一来灵州凋敝，难以坚守；二来灵州不能自给，需“驱秦、雍之百姓，供灵武之一方”，不如放弃。宋太宗此时早已打消了放弃灵州的念头，读到张洎的奏章时心有不悦，便责备张洎说：“卿所陈，朕不晓一句！”

同年九月，宋太宗以李继隆自环州（今甘肃庆阳环县），范廷召自延州，王超自夏州，丁罕自庆州，张守恩自麟州，共五路大军出兵至乌、白池（今宁夏盐池县北内蒙古境之北大池一带）会师，并“皆先授以方略”，以解灵州之围。

五路军主力李继隆一军原本应赴乌、白池，与其他四路宋军会合解灵州之围。然而银、夏钤辖卢斌对李继隆说：“由灵州趋乌、白池，月余方至，若自环州抵贼巢，才十日程尔。”李继隆贪功冒进，听罢之后未有请示，自作主张地率大军直趋平夏，然后派遣其弟李继和上言说：“赤柽路回远乏水，请自青冈峡（亦作青冈岭，今甘肃环县西北）直抵继迁巢穴，不及援灵州。”这一典型的先斩后奏行为触怒了宋太宗，于是他召来李继隆的弟弟李继和骂道：“汝兄如此，必败吾事矣！”（《续资治通鉴长编·卷四十》）

李继隆自环州出兵平夏，遇见自庆州而出的丁罕一军，便与丁罕合兵，从青冈峡出发，前往李继迁巢穴。然而他们“行十数日不见敌，引军还”。自麟州所出的张守恩一军在途中遇见李继迁的军队，因未会合主力而不敢与敌军交战，归还本部。仅范廷召和王超两军到达乌、白盐池会师，并击败李继迁所部，且“多有俘获”。但因为丁罕、张守恩及主力李继隆三军失期，宋军虽有小胜，却未能取得关键性的胜利，也未能成功削弱平夏李氏之势力，第二次西讨党项最终也功败垂成。

不过，并不能将“二伐党项”失败的责任全部扣在李继隆的头上。毕竟从李继隆与丁罕的匆忙退军，其实可以看出宋军所暴露的补给问题。历史不能假设，因此不能做出诸如“如若李继隆没有更改宋太宗的战略，就一定可以歼灭党项”这一类的主观判定，因为历史不是选择题，A 选择错误，并不等于 B 选择就正确。

至道三年（997 年）三月，宋太宗欲第三次出兵平夏解灵州之围。结果虽然粮草已至，宋太宗本人却病卒，第三次西讨党项未能成行。

终宋太宗一世，共计三次兴大军西伐党项。第一次因李继迁诈降而收兵，第二次因李继隆擅改战略目标而功败垂成，第三次因太宗病逝无疾而终。

需要强调的是，在探究党项的发展时，不可以丢弃历史地理这把“钥匙”，只从意识形态及民族的角度来研究党项及宋朝的强盛与衰弱。

虽然党项部族分布广泛，但此篇文章着重于夏州李氏（拓跋氏）的发展，因而也着重于夏州李氏的活动区域。

夏州李氏自唐末后据有夏、绥、银、宥四州，而这四州均处鄂尔多斯高原南部地区。党项立西夏国之时，其足迹已遍布河套地区。这里的地理环境据《新唐书·志第三十三下》可窥一二：

▼ *西夏海狮形绿釉陶建筑构件*

“夏州北渡乌水，经贺麟泽、拔利干泽，过沙，次内横划、沃野泊、长泽、白城，百二十里至可朱浑水源。又经故阳城泽、横划北门、突纥利泊……又经库也乾泊、弥鹅泊、榆禄浑泊，百余里至地秃泽。又经拙泉故城……又西五十里有绥远城。皆灵、夏以北蕃落所居。”

由此可见，当时党项所居之地有大大小小的湖泊分布。这正是党项，尤其夏州拓跋氏赖以发展的源地。

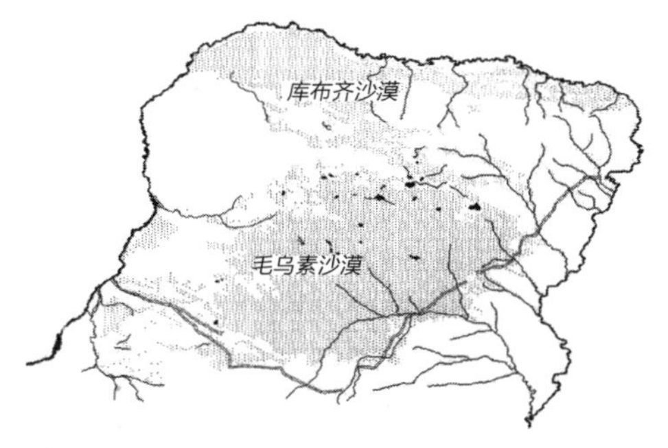

▲ ***西北两大沙漠***

前面提及，宋太宗雍熙元年，“继迁攻宥州不胜，仍驻地斤泽。地斤善水草，便畜牧，生聚渐众”（《西夏书事·卷四》）。这里的地斤泽，便是众多湖泊当中的一处。尽管不可过分高估其生态环境，但这些湖沼显然是党项部族赖以繁衍的基础所在。

在党项部落掌握湖泊水源的同时，西北地区的沙漠化日趋严重。追溯至数百年前，赫连勃勃北游吴契山，建造统万城时曾叹曰：“美哉斯阜！临广泽而带清流，吾行地多矣，自马岭以北，大河以南，未有若此之善者也。”（《太平御览·州郡部十·关西道》）及至唐长庆二年（822 年），却有“飞沙为堆，高及城堞”的景象。不难看出，赫连勃勃时期，河套地区依然“临广泽而带清流”，但至唐中后期时，此地已然有严重的沙漠化现象。河套乌兰布沙漠形成较早，于东汉至南北朝间不断扩大；而在鄂尔多斯南部的毛乌素沙漠形成于唐代末至五代初；库布齐沙漠则形成于清末到民国初年。

如果要更直观地明白河套地区沙漠化情况，便在此处先引入一个逻辑模型：当土地沙漠化加剧，则水土流失也加剧；水土流失的加剧，会导致河床的抬高与河水含沙量的增加；而这就又会导致河水的泛滥。这里引用樊宝敏先生《中国历史上森林破坏对水旱灾害的影响》一文中，对于黄河水患发生情况的统计，得下表：

历代黄河水患发生频次与平均年限

时期	泛滥次数	决口次数	改道次数	总计	水患发生的平均年限
商周春秋战国	7	0	1	8	231.15
秦汉	6	7	3	16	27.56
魏晋南北朝	5	0	0	5	73.8
隋唐五代	29	35	2	68	5.74
宋元金	145	291	7	443	0.92
明	138	301	15	454	0.61
清	83	383	14	480	0.56

由上表可以很明显看出，黄河水患发生的频率是越来越高的。即使以魏晋南北朝及之前文献太少、考证不多为借口，依然可以明显看到自隋、唐、五代时期以来，黄河水患频发，至明清时期已经触目惊心。因此可以得到，黄河中上游的河套地区沙漠化愈来愈严重的结论。

既然结论已得，那么我们再一次回顾可以发现，原来赫连勃勃所说“美哉斯阜！临广泽而带清流”之地，至宋时已经变成瀚海沙漠戈壁 700 里。河套地区的广袤沙漠，成为以步兵为主的宋军难以逾越的天然屏障。故而曾布才说：“朝廷出师，常为西人所困者，以出界便入沙漠之地，七八程乃至灵州，既无水草，又无人烟，未及见敌，我师已困矣。”（《续资治通鉴长编·卷五百》）

众所周知，后勤在战争中尤为重要。这种沙漠化，不仅仅造成了宋军行军的困难，也使宋军的后勤遭到严重的威胁。在宋太宗雍熙北伐中，东路军便是因粮道被断而退回白沟，使得雍熙北伐功败垂成。

实际上困于沙漠的并不只赵宋一朝。元狩四年（公元前 119 年），霍去病、卫青所率汉军大败匈奴，但“汉两将大出围单于，所杀虏八九万，而汉士物故者亦数万，汉马死者十余万匹。匈奴虽病，远去，而汉亦马少，无以复往”（《汉书·匈奴传》）。可见汉代之时，戈壁已困扰汉军，成为当时匈奴所依仗的天然壁垒。显然，若无强大的骑兵与后勤，单靠步兵不足以横穿荒漠，后勤亦不能得到保障。

在历代战争中，粮食供给的最主要方式有二，一是运输，二是屯田。屯田虽然耗费较小，但经营却旷日持久，难以即时收效，因而北宋早期西北战场的粮食补给，依然是以运输为主的。

及至李元昊建立西夏，宋廷不得不在西北战场投入大量的兵力。仅庆历年间在陕西四路的禁军、厢军，就达 20 万之多。熙河开边以后，北宋西北战场部署的兵力更是居高不下。

当时距离宋朝西北战场最近的农业发达区是关中平原，但二者距离仍在 300 公里以上。显然，这个距离对于粮运来说并不短，人力、物力所耗必然甚大。在运输上，“一夫雇直约三十千以上，一驴约八千”（《宋史·志第一百二十八》），而且“凡费粮七万余石，钱万有余贯，才得粮二十一万石，道路吁嗟，谓之地狱”（《续资治通鉴长编·卷一百四十九》）。有时如果距离太大，运输之费还会多于运输之物本身所值，甚至是数倍之多。“绛州运枣千石往麟府，每石止直四百，而雇直乃约费三十千”（《续资治通鉴长编·卷三百十七》）。因而“岁费浩大，支计不充。百姓困于供输，有司疲于漕饷”

（《续资治通鉴长编·卷三百四十二》）。宋廷为第三次西伐党项做准备时，就“竭内帑之财，罄关中之力”。

西北地处荒凉，难以自给，加之运输所费甚大，对于宋廷而言是极大的负担。因而张洎在劝宋太宗弃灵州之时上奏所言“驱秦、雍之百姓，供灵武之一方。使无辜之民，膏涂原野。朝廷大计，岂若是乎”（《续资治通鉴长编·卷三十九》），便是出于此番考虑。

若是长期以粮运进行供给，宋廷必然不堪重负。而且所输运的粮食还可能被敌军劫掠。故对于宋廷来说，在西北战场进行屯田是必然的选择。于是在宋真宗以后，北宋便在西北战场修建堡寨，并进行大规模的屯田。

屯田并非西北战场之独创。远至汉唐，乃至于宋辽战争中，屯田都是军队粮食补给的重要来源。不过其负面因素前面也说了，修建堡寨费时费力，屯田又需长期经营，都很难在短时间内见效。

加之自宋太宗雍熙元年之后，西北烽烟才逐渐燃起。而至淳化年间，平夏李氏都未引起宋太宗太多的重视，反而希冀可凭借党项部族牵制回鹘与吐蕃。党项诸部真正引起宋太宗的重视并进行大规模征讨，已经是至道年间的事了。至于堡寨与屯田的兴起，则在宋真宗以后。这就更凸显了屯田的负面因素。

特别要说的是，屯田的本质是在前线地区经营农业，那么就必然受当地地理环境与气候条件所制约。正如之前所考证的，及至北宋之时，西北地区沙漠化情况已然十分严重。在这种情况下，北宋西北战区的屯田分布及收益也受到很大局限。

另外，党项作为游牧民族，其作业方式与汉族有很大差异。在宋初之时，党项的经济模式依然是以牧业或半农半牧为主。牧业（尤其是游牧）对地理、气候条件的要求与种植业是完全不同的。平夏地区绿洲肥美，党项在发展畜牧业的同时，也通过打草谷等方式获得粮食补给。但宋军则完全不同，只能通过绵长的运输线对粮食进行转运。

宋朝因畜牧业不发达和河套地区沙漠化日趋严重，造成的问题归纳起来有三点：一是缺乏强大的骑兵，700 里瀚海对于宋廷来说犹如天堑；二是机动性差，在战争中受到的制约太大，这点在雍熙北伐中体现得相当明显；三是补给困难，不仅是屯田的地域、收益受到严重限制，在运输上也造成很大困难，不仅运输线太长，而且沿途“犹如地狱”。

并且，在当时，宋辽之间还处于全面战争之中。所以只有彻底忽略北宋在西北的战略意图，以及宋代马政及补给困难、所费兹大等问题，才能硬说因为军事失败主义抬头，加之强干弱枝、重文轻武，北宋朝廷上下不敢兴讨西北党项诸部，而仅以羁縻、绥靖苟求安宁。

至道三年，宋太宗驾崩，宋真宗即位。如前面所说，宋真宗对吐蕃、回鹘忌惮尤大，认为吐蕃“反覆狼子野心”。而回鹘进贡，自言“备陈方略，且欲大举精甲，就覆残妖，拓土西陲，献俘北阙”（《西夏书事·卷七》），也是在宋真宗时期。况且平夏李氏所处的夏、延、绥、宥、静等州虽地处偏远，但吐蕃与回鹘则分布在更加靠西的地方，以当时宋廷的马政与粮食补给能力，几乎无法攻略。于是，宋真宗执政前期，悲剧性地继续奉行放纵党项成长，以制衡吐蕃、回鹘的战略思想。

至道三年十月，李继迁再围灵州，为宋河外都巡检使杨琼击退。十二月，李继迁再次遣使请降。宋真宗恢复李继迁夏州刺史、定难军节度，并返还夏、银、绥、宥、静五州。

咸平元年至咸平二年（998—999 年），李继迁多次寇侵鄜、延、麟、府等州，均为宋军击退。然而李继迁所图并非仅是这几州。在此期间，他着力于煽动当地党项部族起兵反宋，并攻击灵州附近宋方的军事要镇，更试图控制宋廷至灵州的粮道。

咸平三年九月，知灵州李守恩押运灵州的粮饷时，为李继迁袭击，粮饷尽失。因为宋廷至灵州的粮道再次为李继迁所断，灵州再一次成为孤城。此时，宋真宗却又转而希冀吐蕃、回鹘可以对李继迁有所牵制。宋真宗还认为是边将玩忽职守、消极抗敌使才得粮道受阻，遂于咸平四年八月遣张齐贤、梁颢赴边。然而他们的赴任并未能阻止李继迁对灵州的侵袭。在这段时间里，宋军在西北战场，局部略有小胜，却也未取得关键性胜利。到了当年年底，李继迁已据怀远镇（今宁夏银川）、定州、保静（今宁夏永宁）、清远军及灵州附近的河外寨，对灵州城已呈包围之势。

咸平五年三月，李继迁率大军攻城。直至此时，宋真宗才真正意识到李继迁的威胁，于是遣王超领 6 万兵马解灵州之困。可惜瀚海难渡，当王超到达环州之时，灵州已然陷落，宋廷救之不及。之后，李继迁改灵州为西平府。与此同时，李继迁还不断利用骑兵的机动性寇扰宋沿边的麟州、洪德堡（今甘肃环县北）、镇戎军（今宁夏固原），及延州。虽然这些进攻均为宋军击退，但也使得宋廷无力再发兵收复灵州。

咸平六年，李继迁建都西平府。宋廷见灵州已陷，索性听之任之，遣张崇贵、王涉赴西平府与李继迁议和，并正式将夏、银、绥、宥、静五州交与李继迁。另一方面，宋廷也开始拉拢沿边党项诸部与凉州的吐蕃六谷部。是年十一月，李继迁率军攻打西凉府（今甘肃武威），陷府城。当时的吐蕃六谷部首领潘罗支诈降，趁李继迁不备发动袭击。李继迁身中流矢，重伤身亡，李继迁之子李德明嗣位。

李继迁自太宗雍熙元年反叛，至真宗景德元年期间，宋、辽之间的斗争从未停止，在契丹“扶持党项抗宋”的措施下，李氏的势力迅速壮大。摆在宋真宗面前的党项问题，实际上有三点：如果长期分兵西北进行大规模征讨，军费开支的负担必然剧增，这点在其后仁宗朝体现得尤为明显；宋辽战场兵力空虚，契丹则势必乘虚而入；即使党项已灭，西北之患也远未解决。

于是景德元年，宋真宗遣张崇贵与李德明议和，同时加强对党项诸部的招抚，并数次击退党项的寇扰。如前文所说，宋辽于同年签订了澶渊之盟。澶渊之盟的签订，不仅促成了宋辽之间的和平，也使得党项无法获得来自契丹的直接援助。

景德二年（1005年），经过长期的讨价还价之后，宋廷又与李德明签订了和约，史称“景德和约”。澶渊之盟和景德和约的签订，使得宋北方、西北边境得到了安宁。

实际上，契丹与党项的联盟，使宋与二者之间形成了一种新的战略实力平衡关系。而基于这种平衡所签订的和约，使三者迎来了一个相对和平的发展时期。

当时北宋西北地区除了党项以外，还有数支较为强大的势力：一是诈降射杀李继迁的吐蕃六谷部；二是回鹘诸部；三是自归义军发展而来的曹氏政权；四是吐蕃唃厮啰部。景德和约签立以后，宋廷与党项之间的冲突大有减少，李德明专注于对回鹘及吐蕃的攻掠。这种情况是宋真宗乐于看到的。

景德四年（1007年）三月，李德明遣牙吏上贡。此时宋真宗对王钦若说：“德明屡言西凉府元属部内，见各纳质及人使往来，且继迁因攻西凉为其所毙。今德明意将阻绝六谷，使不得预缘边属户，朝廷若不绥抚，则德明足以复仇。近秦翰译六谷蕃书来上，但言为德明所侵，略无宁日，见搜兵警备。可以六谷书付张崇贵，令谕德明。”（《续资治通鉴长编·卷六十五》）

从这段话里可以看出，宋真宗对于李德明意欲“阻绝六谷”，而六谷部“略无宁日”之事是知晓的。将六谷部之上书转告李德明，则是一种刻意的放任。加之李德明已归顺，即可知此时的平夏李氏已经被宋真宗认为是北宋安插在西北地区的最好“钉子”。于是在接下来的时间里，宋真宗并未阻止平夏李氏对甘州回鹘及吐蕃六谷部的攻掠。

景德四年，李德明率兵攻打甘州回鹘，因吐蕃六谷部与回鹘互为支援，李德明遂退。

大中祥符元年（1008年），李德明再次进攻甘州回鹘，军主万子轻敌冒进，中伏大败。同年八月，李德明第三次攻打甘州回鹘，依然为回鹘击败。

大中祥符二年（1009年），李德明第四次发兵回鹘，依然败还。年底，李德明欲第五次进攻回鹘，又因占卜不利作罢。

大中祥符三年（1010 年），党项西攻河州、甘州宗哥族及秦州缘边熟户。

大中祥符四年（1011 年），李德明攻西凉乞当族，又为吐蕃六谷部所败。

大中祥符七年（1014 年）十一月，宗哥族、唃厮啰、温逋奇等藩部首领兴兵六七万与李德明对抗，并请奏宋廷给予爵位与俸禄。当时的知秦州张佶则奏请驳回其请求，因为宗哥族、唃厮啰、和尚等人于之前欲谋取寨城，其心有异。

自景德四年至大中祥符四年，李德明曾数次攻打甘州回鹘与吐蕃，均以失败告终，双方实力各有损伤。这表面上是宋真宗所预想的“以藩治藩”的场景。但其后的十数年里，平夏李氏虽略有寇掠，却以暗自蓄力、韬光养晦为主。

在这期间，还有另一段插曲。吐蕃李立遵与邈川（今青海乐都）大酋温逋奇拥立具有赞普血统的唃厮啰为新的吐蕃赞普，并成立吐蕃唃厮啰政权。李立遵自封唃厮啰的“论逋”（即丞相），玩“挟天子以令诸侯”的把戏。其后，李立遵又请宋廷立他自己为赞普，宋廷拒绝了其无理请求。李立遵大怒，并于大中祥符九年（1016 年）九月率数万兵马意欲侵宋。曹玮和秦州驻泊钤辖高继忠、驻泊都监王怀信率 6000 兵马渡过渭河迎战李立遵所部，并于三都谷（今甘肃甘西附近）大败李立遵大军，这就是著名的三都谷之战。其后，曹玮先破吐蕃，又笼络周边藩部，李立遵已知无力回天，便说道：“愿罢兵，岁入贡，约蕃汉为一家。”（《宋史·列传第十七》）吐蕃之患也就此平息，但这也加深了宋廷统治者“吐蕃反覆狼子野心”的观念。

可以说，正是因为宋真宗低估了党项部族，采取放纵党项的政策，才使得李元昊最终得以建立西夏王朝，并造成了宋朝宝元至庆历年间的军事失败。

宋真宗天禧四年（1020 年），辽圣宗亲率 50 万大军，以狩猎为借口攻打凉州近郊。李德明率军抵抗，将辽军击退。次年，辽封李德明为大夏国王，试图再度拉拢李德明。同年，李德明改怀远镇为兴州，并于兴州建都。

▲ *西夏摩羯形绿釉陶建筑构件*

宋仁宗天圣元年（1023 年），李德明攻庆州柔远寨，巡检杨承吉战不利，宋廷命曹玮为环、庆、秦州缘边巡检安抚使防备李德明。

天圣八年（1030 年），瓜州回鹘王带千骑投降于李德明。

天圣九年（1031年）十月，李德明逝世，时年51岁，其子李元昊嗣位。

李德明尚在时，李元昊曾数次向德明上谏“无臣中国”，李德明回答：“吾久用兵，终无益，徒自疲耳。吾族三十年衣锦绮衣，此圣宋天子恩，不可负也。”李元昊则否定李德明说：“衣皮毛，事畜牧，蕃性所便。英雄之生，当王霸耳，何锦绮为！”（《续资治通鉴长编·卷一百十一》）

从这段对话可以看出，终李德明一世，对宋廷还是有一定感情的，所以没有大规模寇边行动，让北宋西北边境得到了二十余年相对的和平。这也使得党项依然未能引起宋廷足够的重视，毕竟北宋建国以来的战略重点始终是北方的辽国。而李德明的顺从，更使宋仁宗放松了对西北党项一族的警惕，甚至误以为平夏李氏已然真正成为北宋安插在西北的“钉子”。但历史的进程并不以个人的意志为转移，李元昊嗣位以后，战争的序幕再一次被拉开。

元昊嗣位烽烟起——西夏立国后的战争

李元昊的嗣位，是党项发展史中的一个重要转折。李德明韬光养晦所积蓄的力量，落入了怀着“无臣中国”之心的李元昊手中，进而对宋廷西北边境造成了极大的威胁。宋与党项之间战争的序幕就此拉开。

李元昊自嗣位以后，便开始谋划独立于宋、辽之策。

首先是文化上的独立。

李元昊嗣位以后，自诩出于鲜卑拓跋氏之帝胄，改元开运，并设立伪朝、伪官，如同中原帝国一般行朝政。后来有人告诉他，开运乃后晋亡国时之年号，李元昊便又改元广运，不可谓不滑稽。他又制衣冠礼乐，并在平夏境内推行“剃发易服”之策。推行之初，李元昊先自剃发，后“及令国人皆秃发。三日不从令，许众杀之”。李元昊实行这些政策，无非是为了唤醒境内的民族意

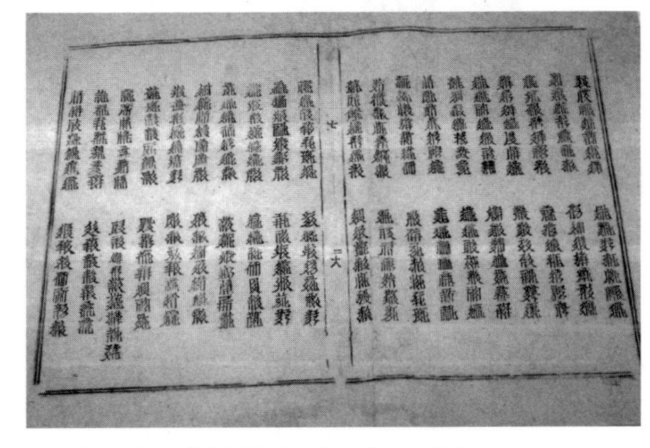

▲ *西夏文佛经《吉祥遍至口和（合）本续》*

识，将党项诸部与其他民族区分开来。其后，李元昊创立西夏文，不再使用曾经一直使用的汉文，并派人至民间教授推广西夏文字，尽皆指向这个目的。

其次是统一西北诸藩。

早在天圣六年（1028 年）五月，李德明便遣李元昊率军攻打甘州。这一次，李元昊凭借其父数十年韬光养晦所积蓄的力量，趁着甘州回鹘因辽的侵袭而势力大为削弱的空隙，顺利取得了甘州之地，回鹘可汗逃遁。

明道元年（1032 年）九月，李元昊率兵攻打凉州。在甘州陷落之后，凉州已然孤立无援。李元昊声东击西将宋军引至环庆，趁机攻取凉州。在凉州危急之时，瓜州曹贤顺率兵来援，但其军赶到之时凉州已破。曹贤顺见势献瓜州于李元昊并归降。

李元昊取得甘、凉两州之后，河西走廊的肃、沙二州以及河湟地区就此失去了屏障，暴露于西夏大军之前。李元昊乘胜追击，意图侵占整个河西地区。

景祐二年（1035 年）底，李元昊遣苏奴儿领 2.5 万人马攻唃厮啰。苏奴儿战败被斩，党项军几乎全军覆没。李元昊遂亲自率领大军攻打牦牛城（又作猫牛城，今青海大通县长宁乡附近），一月不下，便诈称进行和议，骗其打开城门。及至牦牛城城门打开，李元昊之兵马立即杀入城中，并大肆杀戮。

其后李元昊又攻打青唐（今青海西宁）、安二、宗哥（邈川城，今青海乐都县南）、

▲ 西夏青铜敕牌

带星岭诸城。唃厮啰部将安子罗以 10 万兵马断李元昊归路。元昊经三百余日大战终于打败安子罗，但李元昊所部兵马溺死于宗哥河及饥死过半。

接着，李元昊继续攻击唃厮啰，并兵临河湟。唃厮啰知道寡不敌众，于是坚守鄯州城（今青海乐都），同时暗中离间李元昊军，探得其虚实。李元昊率军渡黄河之时，往河中插入旗帜以辨别深浅，而唃厮啰则暗中遣人将旗帜植于深处以误导李元昊军。及至大战之时，元昊大军溃败而归，而手下兵士看旗帜渡河，溺死十之八九，被虏获者甚众。

景祐三年（1036 年），李元昊举兵攻打回鹘，并取瓜、沙、肃三州，“尽有河西旧地”。他又举兵攻兰州诸羌，南侵至马衔山（今甘肃榆中县西南），筑瓦川会城及凡川会城，留兵镇守，以断绝吐蕃至中原的道路。

及至景祐四年（1037 年），李元昊已“悉有夏、银、绥、静、宥、灵、盐、会、胜、甘、凉、瓜、沙、肃，而洪、定、威、怀、龙皆即旧堡镇伪号州，仍居兴州，阻河，依贺兰山为固”。（《续资治通鉴长编·卷一百二十》）

最后是军事上的准备。

李元昊先“置十八监军司，委酋豪分统其众”，且在边境驻扎重兵：在自河北至卧啰娘山一带驻兵 7 万人，以防备契丹；在河南洪州、白豹、安盐州、罗洛、天都、惟精山等驻兵 5 万人，以应对环、庆、镇戎、原州地区的宋军；以 5 万人屯于左厢宥州路，以防备鄜、延、麟、府诸州的宋军；在右厢甘州路驻扎 3 万人，以防备吐蕃、回鹘诸部；在贺兰、灵州分别驻兵 5 万人，并在兴庆府驻兵 7 万人。总计 30 余万党项军队部署于边境之上，来应对周围的威胁。

景祐元年（1034 年）至宝元元年间，李元昊还在府、庆、环、泾、原等州长期进行小规模的骚扰，以探宋军虚实，同时试图对边将进行离间。

宋仁宗宝元元年，李元昊做好称帝准备之后，便与诸豪歃血为盟，并计划先攻鄜延，自德靖、塞门寨、赤城路三道并入。

如开头所说，宝元元年十月十一日，李元昊在兴庆府南郊高筑祭坛，正式称帝。李元昊的称帝，使得宋廷上下议论纷纷。宝元元年底，宋廷禁止与西夏互市，并下诏抓捕李元昊所遣奸细。宝元二年（1039 年），宋廷下诏削去李元昊官爵，除属籍，并在沿边悬赏，若斩首献，即赐以定难节度使。

同时，宋廷再次加紧拉拢沿边藩部，依然意图继续实行“以藩治藩”之政策。

如宝元二年，宋廷重贿唃厮啰，赐地并赐帛 2 万匹。按当时参知政事程琳所言：

“使唃厮啰得地，是复生一元昊。不若用间，使二羌势不合，即中国之利也。”

是年，唃厮啰奉诏出兵 4.5 万攻打西凉，但因西凉有所防备，唃厮啰知不可攻，于是捕杀巡逻者数十人归还。

宋廷在军事上也做了一些准备，将刘平、夏竦和范雍等一干较为有经验的将领部署于陕西路，以防备西夏的攻势。

宝元二年，李元昊攻保安军不克，又以 3 万大军转攻承平寨（今陕西子洲县南）。夏军在承平寨与宋军相持六日。正在两军相持之时，李元昊听闻环庆钤辖高继隆与知庆州张崇领兵攻拔夏境的后桥堡（今甘肃华池东），同时淮安镇都监刘政、走马承受石金政又聚集大兵截断十二盘口。李元昊恐后路被断，只好由承平寨退兵。

李元昊由承平寨退兵后，随即声称要攻打延州。范雍听闻惊恐交加，于是上书求援并指出局势道：“自昊贼不臣，鄜延、环庆、泾原三路并近贼界，河南麟、府亦接连延州，最当要害。其地阔远，而贼所入路颇多。又寨栅疏远，士兵至少，无宿将精卒，熟谙山川形势。”（《续资治通鉴长编·卷一百二十五》）

▲ *辽鎏金鹿纹银鸡冠壶*

然而此时，李元昊却又遣人求和。结果，“雍信之，不为备”。不过，李元昊只是诈降，并未真正臣服。

康定元年（1040 年）初，李元昊率 10 万大军从土门路（今河北井陉县）入，攻打保安军（今陕西志丹县）。范雍遂召刘平出兵往庆州，以阻挡党项入侵。正月十五日，刘平率兵发往庆州。

然而此时，李元昊早已从保安军处离开，并声称要攻取金明寨（今陕西安塞沿河湾镇）。当时的金明寨部都监李士彬为早年归顺宋廷的延州地区党项族首领，其部属胡兵也都是当初跟随李士彬及其父李继周降宋的党项部众。这些胡兵主要被部署在延州外围以"控讹中路"。《涑水记闻》中记载，李士彬的职权范围为金明寨一带的"十有八寨"，"有胡兵近十万"。李士彬镇守延州外围多年，多次遏制党项的攻势，打败西夏大军，被党项人称为"铁壁相公"。因此在面对"铁壁相公"李士彬之时，李元昊早已做了一番准备。

此前，李元昊以锦袍、金带及一封书信置于金明寨附近。信中详细书写邀约李士彬叛变之事，意图离间宋廷与李士彬。这条计策为鄜延路副部署夏随识破，他对众人说："此为夏人行反间计耳。李士彬与羌人有世仇，若有私下之约，互通赠遗，岂会使众人知晓耶？"同时对李士彬大加抚慰。见反间计未能成功，李元昊便遣宋降将刘重信招降延州的党项部族，结果被李士彬发现并处死。其后，李元昊又遣人以重利诱降宋保安军诸族巡检刘怀忠，刘怀忠不但没有接受，还将来使斩杀。然而李元昊并没有放弃，继续以金帛、爵位诱降金明十八寨中的党项部族。在攻打金明寨之前，李元昊遣其麾下衙校贺真到金明寨，暗中联系已叛降西夏的党项部族，以里应外合。

另一方面，当李元昊挥兵攻打金明寨之时，李士彬的10万胡兵是分布在金明一带18座军寨之中。故李士彬之子李怀宝谏曰："今当聚兵御寇，分则势弱，不能支也。"(《续资治通鉴长编·卷一百二十六》)但对夏军估计不足的李士彬并未听取李怀宝的建议，只做了粗略的战前准备。午夜之时，因李元昊之军还未到来，李士彬释甲而寝。然而次日一早，李元昊大兵骤然袭来，并与内应里应外合。毫无防备的李士彬父子均被擒获，其所部胡兵也多为李元昊招降，金明十八寨瞬时为李元昊所破。

李元昊计取金明寨之后，便乘胜发兵前往延州。刘平大军急行三日至保安，与石元孙合军一同前往土门（即塞门寨）。

此时范雍得知李元昊的真正目的在于延州，便急忙向刘平求助。及至正月十九日，刘平与石元孙大军到达土门，听闻李元昊攻打金明寨正欲发兵救援之时，范雍的求援恰至。为了避免与攻陷金明寨的夏军冲突而无法赴援延州，刘平便与石元孙绕回保安军，沿万安寨的路线火速赶回延州。他们于二十二日至万安镇（陕西省安塞县西南），并于翌日与黄德和、万俟政、郭遵合兵，此时五将合兵骑共计万余，大军结阵东进，驶往延州。

然而，李元昊早已率麾下10万大军在三川口（今陕西延安西北）设伏。当刘平等五将所部万余兵马行至三川口时，李元昊大军骤然发难，展偃月阵，以铁鹞子冲击宋军。西夏兵涉水过河时展开横阵，郭遵率兵与之近战阻其步伐，西夏军难以前进。当是时，宋军争相奋起，斩杀元昊军500—700骑。见无法渡河，西夏军便往后退，并持盾结阵，却被宋军再一次击退，宋军夺取其盾牌，又斩杀西夏军八九百人。日暮之时，西夏军又遣轻兵进逼，宋军战线被压后 20 余步。此时居阵后的黄德和见宋军被压制，便急忙率麾下兵士退至西南山。因为黄德和擅自撤退，宋军阵形被破坏，其后“众军随皆溃”。于是刘平遣其子刘宜追上黄德和，并言：“当勒兵还，并力拒贼。奈何先引去！”企图将临阵脱逃的黄德和劝归阵中。然而此时，黄德和已为死亡之恐惧所摆布，根本顾不了宋军的胜败，对刘宜的话置若罔闻，顾自逃命。

黄德和临阵脱逃之后，夏军攻势愈发猛烈。此时刘平麾下大将郭遵心知此役难以身免，于是独自杀入敌军阵列之中，瞬间杀伤夏军数十人。李元昊遣骁将杨言出阵与郭遵对战，岂料郭遵手挥铁杵，一击击破夏将杨言之头，两军同时大呼。郭遵再次持铁枪挺进敌阵，所向披靡。夏军知郭遵之勇无人能当，便遣人拉起长索欲绊倒郭遵之马，却为其所断。郭遵乘胜奋起，以一当百，继续深入。夏军为郭遵之气势所吓，一度不敢靠近。但是郭遵终究是一骑深入，而敌军众多。西夏人让弓兵列阵射杀，郭遵躲避不及，坐骑中箭，最终郭遵落马战死。

与此同时，未能阻止黄德和临阵脱逃的刘平，只能遣军官仗剑于前尽力留住士卒，并力战西夏军，将其逼回河东面。之后，刘平率众退至西南山下，并筑 7 道栅寨以加强守备。

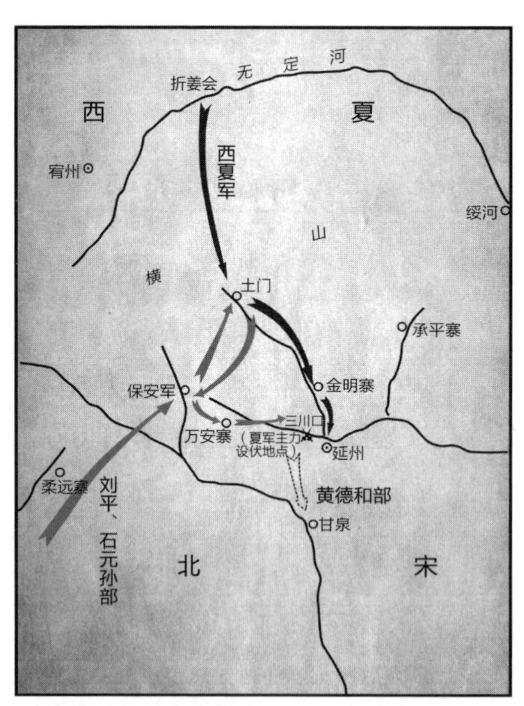

▲ *三川口之战行军示意图*

夜里，李元昊遣人至寨前问主将何在，刘平告诫军士不予理会。过了一会儿，李元昊又遣人假扮成送文牒的戍卒，为刘平识破，杀之。其后，西夏兵又环寨大呼：“几许残卒，不降何待？”刘平遣人高声回应：“狗贼，汝不降，我何降也？明日救兵大至，汝众庸足破乎？”黎明时，贼兵又呼：“汝降乎？不然，当尽死！”刘平又使人应之：“汝欲和者，当为汝言之于朝！”

李元昊见刘平气概不凡，威逼难成，便命大军包围七寨，合击宋军。

在大军包围之下，刘平、石元孙等军难以突围，兵败被杀。

消灭灭刘平、石元孙所部后，李元昊随即率军围攻延州城。范雍守城不出。夏军围城七日，时大雪纷飞，夏军疲惫不堪。宋鄜州都教练使折继闵及代州钤辖王仲宝等，又率军攻入夏境。李元昊匆忙由延州撤军，延州之围遂解。

三川口之战，李元昊可谓谋之久矣。宋仁宗景祐元年至宝元二年之间，李元昊长期骚扰宋夏沿边，颇得宋军虚实，延州因“最当贼冲，地阔而寨栅疏远，土兵寡弱，又无宿将为用”（《续资治通鉴长编·卷一百二十六》）而被李元昊锁定。

李元昊这一次战役的战略目标，便是利用鄜延路的防御空当来夺取延州。其具体方案，则是围攻延州城，待宋援军到来之时，击溃其主力并进行围剿，然后再攻取延州城。在实际操作中，李元昊先以诈降使范雍放松警惕，随即又声东击西，使得刘平、石元孙等疲于途中，最终覆灭。他再围困延州城，并以逸待劳，期待在宋援军到来之时，以兵力优势对其进行压制、围歼。

而此战中，范雍最后据守延州城而未出兵，乃是正确的选择。西夏之兵数倍于宋军，即使范雍出兵也未必可以扭转局势。而延州城具有重要的战略地位，若是贸然出兵，兵败不说，延州城也为西夏攻陷，则可谓损失惨重。

宋军此战失利的主要原因，是陕西路守军太少，根本无法抵御李元昊的10万兵马。这主要是因为，如前所说，在李德明统治期间，宋与平夏李氏没有产生较大的冲突。而李德明的恭顺，使得宋仁宗对西北边防有所疏忽。及至范雍上任，意识到西北边防漏洞而请求增兵之时，为时已晚。

但此役李元昊还是低估了宋军的战力。三川口之战中，西夏以10倍之兵围刘平、石元孙之军，尚只博得相近的损伤，可谓讽刺。另外，在以往党项攻伐其他诸城（如牦牛城）的战役中，夏军已暴露其攻城能力不强的缺陷，在此战中亦有引范雍出兵而夺取延州城的意图。然而范雍据守不出，使得李元昊谋取延州城之意图破灭，可谓功败垂成。

三川口之战后，宋廷重新对西北边防进行调整。康定元年（1040年）二月，范雍以坐失刘平、石元孙等降知安州，临阵脱逃的黄德和则被腰斩。同时，宋廷以夏守赟为陕西都部署兼缘边招讨使，以王守忠为都钤辖；接着又以夏竦为陕西经略安抚使，韩琦、范仲淹并为副使，命韩琦主持泾原路防务、范仲淹主持鄜延路防务，并且加紧笼络吐蕃唃厮啰部。

康定元年五月，李元昊攻打金明之北的安远、塞门两寨，而取代范雍的知延州赵

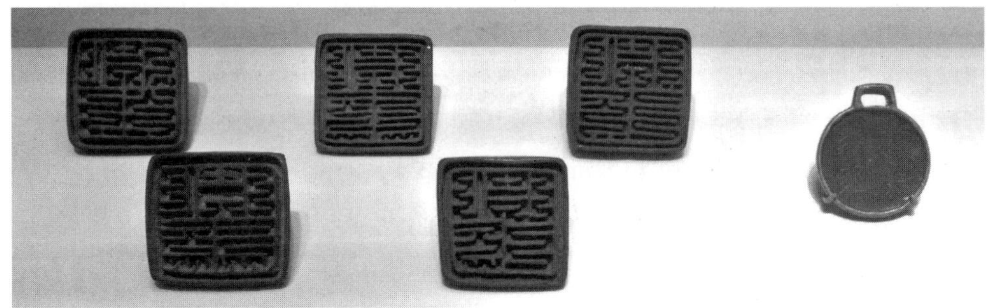

▲ ***西夏文印***

振按兵不出，安远、塞门两寨遂陷。其后，宋廷以张存知代赵振知延州。八月，又以范仲淹知延州。

延州都监周美重夺金明寨后，又向范仲淹进言曰：“贼新得志，其势必复来”，劝范仲淹加强防御。范仲淹于是命周美修复金明寨。

数日后，李元昊果然率领数万兵马向金明寨而来，并于延州城北30里列阵以待。周美率2000兵马与夏兵力战，及至傍晚援兵未至，便将军队徙于山北并设疑兵。夏军以为宋援军已至，遂退却。不久之后，夏军又从艾蒿寨出兵，周美率人从小道上山，令兵士手持火炬，张开大旗，并大声呼喊。夏军以为宋屯大军于山上，惊恐退走。宋军不费吹灰之力“获牛羊、橐驼、铠甲数千计”，随即募兵筑万安城而还。此次战役，周美率2000人马，以疑兵之计退数万夏军，使金明寨与延州城免于围城之祸，不可谓不智。

当时，夏军已攻下安远、塞门等寨。因而宋廷的军事措施，首先是收复安远、塞门以解除夏军对延州的直接威胁。经过数次战斗，范仲淹、葛怀敏诸将已将安远、塞门等寨的夏兵驱除，加上之前收复的金明寨，延州周边党项的据点已全被拔除，延州的危机自此解除。

除此之外，范仲淹还一再上奏宋仁宗，请求兴修堡寨。至范仲淹离任前后，西北战略修复、新筑的堡寨达20余座。

此后，李元昊依仗横山之势与兵力优势，不断对宋沿边州城进行寇扰，并先后往镇戎军、秦州（今甘肃天水）、渭州（今甘肃平凉）等方向进攻，但均被宋军击溃。

康定元年九月，李元昊率兵进攻三川寨（今宁夏固原彭堡乡西南）及附近的狮子堡、定川堡、刘璠堡。其后，他又连破干河、干沟、赵福三堡，接着集军包围镇戎军。

▲ *范仲淹*

▲ *宋仁宗*

时泾州驻泊都监王珪率3000名骑兵从瓦亭寨来援，泾原钤辖郭志高又率大军向三川寨而来。与此同时，韩琦派环庆副总管任福攻取白豹城（今陕西吴旗县南白豹乡）。白豹城为延、庆两州枢纽。因而李元昊听闻后，恐延、庆两州合兵危及夏境，于是匆忙由镇戎军撤兵，欲回救白豹城，却在路上遭任福伏击，兵败退去。

其后，范仲淹又部署都监朱吉驻延安寨，防御东路；指挥王信、黄世宁驻守保安军，控扼中路；巡检刘政驻守德靖寨，据守西路。同时范仲淹命张宗武等分别屯于要害，以扼敌势。不久之后，李元昊在绥州左近所修筑的近20座寨子均被范仲淹所部人马攻破。自此，李元昊手下兵士遂相互告诫："今小范（范仲淹）老子腹有数万甲兵，不比大范老子（范雍）可欺也。"（孔平仲《孔氏谈苑·军中有范西贼破胆》）

三川口之战后，宋廷上下对伐夏之策出现意见分化。以范仲淹为代表的保守派认为"今缘边城寨有五七分之备，而关中之备无二三分"。要是宋军深入敌界，则西夏据横山之险，守瀚海700里。宋军行军困难，粮草难及，难免讨之无功。因此"为今之计，莫若且严边城，使持久可守；实关内，使无虚可乘"。（《续资治通鉴长编·卷一百二十七》）宋廷应该避免与夏军决战，同时坚壁清野、攻其后勤，使西夏经济崩溃，当其人心离散、士气衰落、内乱不止之时，再对其进行讨伐，则事半功倍。

另一边，激进派代表韩琦等误判党项兵力，认为“诚以昊贼据数州之地，精兵不出四五万，余皆老弱妇女，举族而行”，所以应合泾原、鄜延两路之兵进讨西夏，并指责保守派道：“屯二十万重兵，只守界壕，不敢与敌。中夏之弱，自古未有。”加之，宋廷与西夏开战以来负税不断加重，人民生活窘迫，若再行拖延，则“经费益蹙，人情惶骇，师老思归，及期无代”，因此应急行征讨，除灭边患。

当时，自康定元年以后，宋廷数次以内库及司农寺之存蓄以资西北军费，并铸币以资西北军费。这一方面导致税收不断加重，而另一方面又造成了宋经济上的通货膨胀，进一步加重百姓的负担。据李华瑞先生考据得下表：

宋代景德与庆历年间商、酒、盐等税

项目	景德年间	庆历年间
商税	450 万贯	1975 万贯
酒税	428 万贯	1710 万贯
盐税	355 万贯	715 万贯
总计	1233 万贯	4400 万贯

不论是通货膨胀也好，税收负担的加重也好，这实际上都直接或间接地转嫁到平民百姓身上，也引发了一些民间动乱。

当时的情况是，双方在这种小规模的战役中胜负互见，两边均未取得关键性的胜利，而长期战争对宋廷的经济造成了不小的负担。可就在宋廷于主守与主战悬而未决之时，好水川之战爆发了。

庆历元年（1041 年）二月，李元昊再次诈降，为韩琦识破。之后李元昊在折姜会（宁夏同心县）点兵，意欲袭击渭州。李元昊的这一行动为韩琦得悉，于是命令镇戎军遣其 8000 兵马救援渭州，同时招募 1 万名勇士交

▲ *韩琦*

与环庆副部署任福率领，迎击夏兵。

韩琦令任福自怀远城（今宁夏西吉县东偏城）经德胜寨（亦作得胜寨，今宁夏西吉县硝河乡）往羊牧隆城（宁夏西吉县将台公社附近）进军，袭击夏军后方；如果夏军攻势太强，则据险设伏，待西夏撤军之时再伏击夏军。韩琦的这一方案是进可攻、退可守。临行前，韩琦还将任福送至城外，并叮嘱道："苟违节制，有功亦斩。"

可惜任福因曾经对夏军有不少胜绩，盲目乐观，率兵自镇戎军出发后，很快便违背韩琦的命令。他到了新壕外，便分兵两路前往怀远城。任福率数千轻骑至捺龙川，见镇戎军西路都巡检常鼎及巡检内侍刘肃所部宋军与夏军激战于张家堡。任福即入阵支援，并小有所胜，斩首数百。

夏军伪装兵败，不顾辎重，仓皇而逃。桑怿率兵追赶，任福引兵随其后。及至黄昏之时，任福、桑怿及常鼎、刘肃屯军于好水川，朱观与武英则屯兵于龙落川，相距5里。然而宋军诸将却都未能发现，前方是李元昊所设的陷阱。

当时宋将听闻夏兵为数不多，便愈加贪功冒进，纷纷请缨，沿好水川穷追夏军，至粮草断绝，士马乏食三日。

结果当任福大军继续前行至陇竿城时，西夏大军由六盘山下一涌而出，结阵于宋军之前。此时宋军诸将才猛然发现已踏入西夏的陷阱，匆忙调整阵列以迎击夏军，却为时已晚。桑怿行军在前，正犯夏军前锋；任福所部匆忙之下也未能结阵。此时西夏铁骑已结阵冲来，大军避让不及，伤亡惨重。

宋军恐再受西夏铁骑之冲击，欲取道上山以阻敌兵之攻势，然而山上伏兵顿时发作，猛然之间宋军应变不及，死伤甚多，桑怿与刘肃尽皆战死。夏军则趁隙断宋军之后路，合成包围之势。

任福知无法身免，奋力作战，身中10余箭。其麾下刘进劝任福投降，任福大声道："吾为大将，兵败，以死报国耳。"随后继续冲杀在前，最终战死。其子任怀亮亦死。

另一路，韩琦遣赵律率2200人马为援，并在姚家川与朱观、武英所部会合。任福被杀之后，夏军转而攻向朱观、武英所部。泾原路都监王珪率4500兵马增援，并列阵于朱观军之西。宋军几次欲破阵突围，均未能成功。随着时间的推移，夏军从陇竿城逐渐聚集而来，宋军则愈加疲于应战，阵东步兵首先溃败。战阵被破，军中恐慌四溢，阵形顿时紊乱，溃不成军。

王珪因前未能搭救任福，今又被困敌阵，于是望东而拜，悲怆言道："臣非负国，力不能也，独有死尔。"言罢，持铁鞭身入敌阵，杀伤夏兵上百，至铁鞭弯曲、手掌破裂，仍奋力杀敌无人可挡。夏兵数次箭杀王珪所骑之马，而王珪“三中箭，三易马”。王珪落马后仍左右驰击，又杀夏兵数十人，最终为飞矢射中眼睛，战死。

武英知难以身免，便劝监军耿傅逃离。耿傅不从，武英叹道：“英当死。君文吏，无军责，奈何与英俱死？”耿傅听罢不作声，奋起杀敌，身中数枪，重伤身死。

当时龙落川一路宋军，武英、赵律、王珪诸将及监军耿傅皆战死。而六盘山周围诸堡寨所携6000援军也陷没于敌阵。及至夜幕降临，泾原部署王仲宝率援军前来救援，并与朱观会合，朱观率残军千余人与王仲宝退至民垣，并四向纵射，使夏军疑有伏兵而撤军。

好水川一战，韩琦本已规划行军路线，然任福自镇戎军离开后，并没有按照韩琦规划的路线进军，而是在怀远寨外的新壕分兵两路赶往怀远城，后被夏军逐一击溃，遂使得好水川之战败绩。而夏军则由折姜会出发，经三川、怀远城南下至张家堡，诱得任福大军后，再沿好水行至羊牧隆城附近。李元昊所部10万大军经天都山过得胜寨南下，并于羊牧隆城附近设伏，于是获胜。

其实，宋军惨败还有更深层次的原因。当时宋廷西讨之策悬而未决，而范仲淹恐西夏趁边防空当侵入关中，于是未能出鄜延路之兵与韩琦合兵。

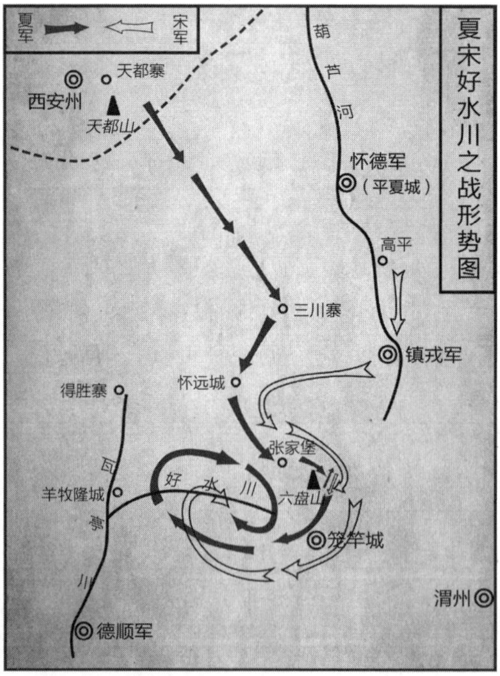

▲ 好水川之战行军示意图

不过，好水川一战中，李元昊以精兵10万兼以设伏，虽然使宋“将校士卒死者万三百人”，但夏军死伤亦多，可谓得不偿失。时任西夏军师的张元虽然在界上寺题诗：“夏竦何曾耸，韩琦未足奇。满川龙虎辇，犹自说兵机。”讽刺宋军好水川之败，夸耀自己的才华与西夏勇士之强，贬低宋方君臣之无能。而在了解战役全过程的人看来，此举倒更像是聊以自慰罢了。

庆历元年二月，李元昊又引兵攻打刘璠堡（今宁夏海原县西南），范仲淹遣刘政率数千兵马来援，夏军遂退回天都山。

同年七月，夏军又转攻河东路的麟、府二州。麟州都监王凯与夏军激战十余日，又得知并州高继宣率数千兵来援。夏军以数万人围之，但遭高继宣所部激烈反抗，损失惨重，不得不退兵而还。

八月，李元昊又破宁远寨（今陕西府谷县西北），并乘胜转攻府州。然夏军不擅攻城，而府州又壁垒坚固，夏军遂欲自山上偷袭，却被暗伏于山上的宋兵偷袭，夏军死伤惨重。于是夏军转攻府州城西南，时麟府路缘边都巡检使张岊及麟州都监王凯率兵与夏军在城外激战。李元昊又遣兵攻城北，时知府州折继闵命人增高城墙并坚守奋战。李元昊攻不克，随即又攻西门。折继闵率兵奋战，夏兵死伤千余，退兵而还。

其后，李元昊率兵攻下丰州，并夺永安、来远、保宁三寨以期断绝麟、府粮道，然后再次折回攻打麟、府二州。

十月，夏军进屯琉璃堡（今陕西谷县北），又为张亢破去。

十一月，李元昊又侵占建宁寨以断绝麟、府之间的通道，并于建宁寨伏击张亢。张亢率军奋力激战，又转攻建宁寨，夏兵弃寨而逃，张亢立即修复并派人驻守。其后，李元昊派兵争夺，与宋军激战于兔毛川，为张亢及张岊击败，溃退而去。麟、府二州之围乃解。

庆历元年十月，宋廷对西北边防再一次进行调整。宋廷首先将陕西分为秦凤、泾原、环庆、鄜延四路，并分别以韩琦知秦州、王沿知渭州、范仲淹知庆州、庞籍知延州，分统各路军务。

经好水川之战后，原本主攻派的代表韩琦也转向主守，这反映在其后的边防经营之中。

一是修复、修筑缘边堡寨；二是安抚、拉拢缘边藩部；三是夺取金汤（今陕西志丹县）与白豹（今甘肃华池县）两寨，以打通延、庆二州通路；四是选练精兵，整顿军队，以图加强防御，并谋取横山天险，使党项失去壁垒，其后攻之。

李元昊数次对麟、府二州的寇侵，均以失败告终。与此同时，在连年战争中，西夏经济已不堪重负。因而李元昊急欲取胜，以缓解西夏之窘境。

然而经范仲淹、韩琦的经营，秦凤、环庆、鄜延三路已固若金汤。宋方只剩泾原一路尚较薄弱，一来无险可守，二来王沿无军事才能，因此李元昊将第三次大规模寇侵的矛头，指向了渭州（今甘肃平凉一带）。

庆历二年（1042 年）九月，李元昊声称入寇。王沿命葛怀敏率军迎战，并命葛怀敏率兵据瓦亭寨（今宁夏固原县什字乡瓦亭村）设伏诱敌，以图胜利。然而葛怀敏至瓦亭寨时未见夏军，便违背命令，以瓦亭寨都监许思纯及环庆都监刘贺率蕃兵5000余人为左翼，以天圣寨主张贵殿后，并屯兵五谷口。

知镇戎军曹英、泾原路都监赵珣、西路都巡检李良臣、孟渊等皆率兵与葛怀敏会合。其后，葛怀敏以沿边都巡检使向进、刘湛为先锋，以赵瑜统奇兵为援，继续行军。及大军到安边寨之时，葛怀敏率军先行，自镇戎军西南又先引百余骑行于军前。走马承受赵政劝葛怀敏，此时离夏军已近，不应冒进，葛怀敏这才停下大军，并于当晚驻兵养马城。曹英等诸军将领在三日后赶到养马城，与葛怀敏商议征讨西夏军的策略。

诸将得知李元昊已徙军新壕外，于是商议于黎明对夏军发动突袭。赵珣说："西夏军长途跋涉，应趁其疲惫迅速发动攻击。否则以夏军数倍于我军的军力，必然难以取胜。为今之计，唯有出奇制胜，可以沿马栏城布置栅栏阻塞夏军归路，并固守镇戎军以保障宋军粮饷。待夏军人困马乏、粮饷断绝之后，则可攻而胜之。若不依此，则必为夏军所屠。"

但葛怀敏不听，并命诸将分四路前往定川寨。

一路以曹英、李知由刘璠堡发兵；一路以赵珣由莲华堡发兵；一路以葛怀敏率军从定西寨出；一路以刘湛、向进由西水口发兵。同时要指出一点，当时的宋军并未合兵，而是由各军所处的堡寨发兵前往定川寨。

然而刘湛所部行至赵福新堡时遭遇夏军，败退至向家峡赵福堡左近。于是当赵珣及曹英两路将至定川之时，葛怀敏令其前往赵福堡救援刘湛一路的宋军。但赵珣、曹英两路宋军还未成行，便有谍报称西夏大军已行至定川。于是葛怀敏又匆忙召赵珣等入定川寨守卫，而葛怀敏也率军入驻。夏军诱兵已成，先毁掉板桥断宋军退路，并沿葫芦河西岸，穿过褊江川及叶变会，包围定川寨。同时夏军又断定川水泉上游，使宋军无水可饮。

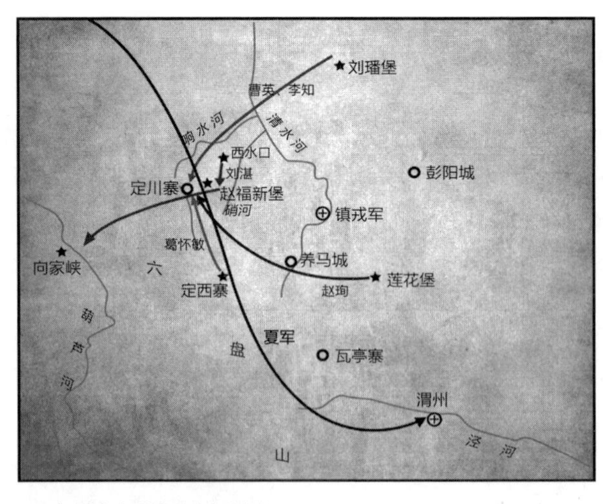

▲ ***定川寨之战行军示意图***

葛怀敏遣刘贺率蕃兵到寨西阻拦夏兵阻断水源，然而一番激战后，刘贺未能取胜，余众溃去。

其后，葛怀敏领中军列阵于寨前，曹英列阵于东北方。夏军从四面而来，先攻葛怀敏之中军，然而阵坚难破，于是转攻东北方向的曹英军。时狂风突起、飞沙漫天，宋军队伍相失，战阵遂乱，兵士争相逃入寨中。

当时，曹英脸上中箭，血流不止，扑倒于战壕之中。宋兵见之，惊骇奔走。葛怀敏受伤，被救回寨中方醒，即又选士兵据守门桥，挥刀以阻挡欲入寨的宋兵。赵珣等领刀斧手在前激斗，待骑军回阵合击御敌，夏军才稍后退。

当晚，夏军围于城西，面对宋军大营大呼："尔等非部署厅上点阵图者耶？尔善屯军，入我围中，今将何往？"稍后，郝从政军来援，于是葛怀敏召曹英、赵珣等诸将商议对策，决定结阵行往镇戎军。赵珣又一次提出建议，认为应该转道行至陇竿城，迂回前往镇戎军，并说道："彼无险，且出贼不意。"可惜诸将不从。

黎明时，葛怀敏以曹英、赵珣为先锋，刘贺、许思纯为左右翼，李知、王保、王文殿后，听中军鼓声便发兵。

葛怀敏上马临行之时，属下拦马劝其不可，葛怀敏不得已而还。其后，他又趁参谋郭京及指使等回城押运粮草之时，再次爬上马背，拔剑赶走拦阻之人，率军出发。

葛怀敏驰马往东南行军，驰行 2 里余至长城壕。此时才见道路已为夏军阻断，顿时宋军为西夏大军团团围住。面对西夏的 10 万大军，宋军损失了葛怀敏、曹英、李知及赵珣等 16 将，以及所部 9400 余宋兵、600 余匹马，仅余葛怀敏之子葛宗晟与郭京、走马承受王昭明、赵政等退守定川寨。定川寨之战败绩。

宋军步兵因军令未知而尚未进军，因而得以保存。屯于莲华堡的 3000 宋军及刘湛、向进屯于向家峡的 1000 宋军，均未能赶往救援。

李元昊得胜后，则乘胜行军，挥师南下，长驱直入，连破数寨，直抵渭州。西夏大军纵横六七百里，焚毁民居、屠掠百姓而去。及至十月初，环庆路经略安抚使范仲淹率军来援，夏军又为沿路守军所阻未敢深入，于是大掠而还。

特别要提到的是，定川寨之战远没有表面上看起来那么简单。西夏地处边鄙，土地贫瘠，因而李元昊窥伺关中实则已久。之前庆历二年，西夏国相张元向李元昊上谏："中国精骑并聚诸边，关中少备，若重兵围胁边域，使不得出战，可乘间深入。东阻潼关，隔绝两川贡赋，则长安在掌中矣。"（《西夏书事·卷十六》）

可见定川寨之战，李元昊的战略目标是假借攻取渭州，引泾原之兵前来并予以击溃，再乘隙借道泾原路攻入关中地区。

其实在康定元年，范仲淹早已预料到此情景，并上谏仁宗：

“兵家之用，先观虚实之势，实则避之，虚则攻之。今缘边城寨有五七分之备，而关中之备无二三分。若昊贼知我虚实，必先胁边城。不出战，则深入乘关中之虚，小城可破，大城可围，或东沮潼关，隔两川贡赋，缘边懦将，不能坚守，则朝廷不得高枕矣。为今之计，莫若且严边城，使持久可守；实关内，使无虚可乘……若寇至，使边城清野，不与大战，关中稍实，岂敢深入？”

所以自范仲淹此奏后，宋廷在加强西北边防的同时，亦加实关内。因而当李元昊趋兵由泾原路欲入寇关中之时，所受阻力很大。同时，宋陕西四路中，鄜延路屯兵6.8万，环庆路5万，泾原路7万，秦凤路2.7万。若李元昊继续深入关中，一来关中已然有备，二来可能为四路兵马夹击，于是尽管已击破泾原路宋军万余，李元昊终究引兵退去，未敢再行深入。定川寨之战，西夏虽在战役上取得成功，但却未能实现其战略目标。

庆历二年十月，李元昊在大掠渭州之后，又合兵趋往潘原（今甘肃平凉市东南）。知原州景泰率兵与夏军战于彭阳城（今彭阳县城白阳城）。李元昊故技重施，设伏佯装败退，为景泰识破。夏军最后退走。

同年十一月，李元昊又遣兵攻宋马蹄川城，为周美等击退。

纵观三川口、好水川、定川寨之战，李元昊的首要战略目标，都是围歼宋军大量有生力量，以取得西北战区的战略主动权。而限于夏军攻城能力的不足，攻占宋军的城池，乃至于侵入关中地区，则不得不成为李元昊较为次要的目标了。

另外，如果仔细品味李元昊称帝以后的诸多战役，不难发现，夏军尽管凭借横山天险进退得据，但并未取得太多优势，并因北宋西北战略的逐步调整而渐趋劣势。

加之终李德明一世，青白盐禁未开。尽管边境地区在私下或多或少有进行青白盐交易，但宋夏战争爆发之后，宋廷随即禁止了沿边互市。西北地区又物资匮乏，如果进行长期战争，西夏的经济必然难以维持。

在这种情况下，宋仁宗庆历三年（1043年），即西夏天授礼法延祚六年，李元昊遣使议和。庆历四年（1044年）十月，宋、夏达成和议，史称“庆历和议”。李元昊向宋称臣，宋册封其为夏国王。宋岁赐西北绢15.3万匹、银7.2万两、茶3万斤，并重开互市、榷场，恢复贸易。也就是说，宋廷彻底承认了西夏的独立地位。

简单总结一下，在魏晋南北朝以前，西羌便已经迁徙于西北地区，其后又与周边少数民族、汉族混居，形成其后的党项部族。并且，唐代党项进行了两次大规模迁徙，其分布已遍及整个西北地区。而其中最大的一支党项拓跋氏，亦即其后的平夏李氏，在唐末已然割据一方，并逐渐掌握横山天险。进入五代以后，平夏李氏又积极保持与邻近政权的友好关系，借此得以稳定发展。

自入宋以来，平夏李氏凭借横山天险与七百里瀚海，在宋、辽的夹缝之中游走壮大，并与宋廷展开了长期的对抗。西北恶劣的地理环境及宋朝对西北较弱的掌控力，造成了宋军供给及行军上的困难。鉴于此，宋廷认为应“息兵减费”，又欲凭借平夏李氏扼制西北回鹘、吐蕃等藩部，于是放任党项势力不断扩大与增长，最终放松了对西北的边备，造成了宋仁宗宝元元年爆发边患。

与此同时，宋朝自澶渊之盟及景德和约签订以来长期无边事。范仲淹总结宋朝对夏军事失败的原因，说道：“国家太平日久，将不知兵，兵不习战，而致不利也。非中国事力不敌四夷，非今之军士不逮古者，盖太平忘战之弊尔。”西北边将张亢亦认为“此皆将不知兵之弊也”。

也就是说，当时主持西北边务的范、张等人认为宋朝军事失败的原因，在于军队长期缺乏实战所导致的军队作战能力与将领指挥能力下降。相对应的，在宋朝三十年和平期间，党项连番征伐、统一西北诸藩，积累了大量实战经验，这一点是宋军无法比拟的。

特别是，此时的党项已经从最初的“每姓别为部落，大者五千骑，小者千余骑”，经历了“部有大姓而无君长，不相统一”的阶段，发展到西夏立国时“衣冠既就，文字既行，礼乐既张，器用既备，吐蕃、达靼、张掖、交河，莫不从服”，全国兵籍30万，这是党项之患在宋时与在前代之时最大的不同之处。

其后虽然通过范、韩的经营，宋廷逐渐取得了西北地区的战略主动权。但一来，朝中大多数官员仍认为议和可以“息兵减费”；二来，长期的战争也对宋朝的经济造成了不小的负担；三来，即使宋在西北已逐步取得主动权，但完全覆灭平夏李氏，依然任重而道远；四来，即使党项之患已除，西北还有诸多藩部，难以讨伐殆尽，朝廷即使能占一城，然而城外皆是藩夷；五来，西北地处贫瘠，诸如夏州、灵州等地粮食尚无法自给，宋廷难以承担如此庞大的开支；六来，北面还有辽国虎视眈眈。在这种情况下宋夏和议的达成，便不难理解了。

当然，李元昊打破了宋与辽、夏联盟之间的战略实力平衡，并试图在宋、辽的夹缝中谋求独立与自由。同时，宋、辽又并不认可西夏这种脱离自身掌控的行为。这就引发了之后宋夏以及辽夏之间的长期战争……

参考文献

原始文献

[1]《新唐书》

[2]《旧五代史》

[3]《新五代史》

[4]《宋史》

[5]《资治通鉴》

[6]《续资治通鉴长编》

[7]《西夏书事》

[8]《西夏事略》

[9]《辽史》

[10]《历代名臣奏议》

[11]《范文正集》

现代文献

[1] 漆侠，《辽宋西夏金代通史》，人民出版社，2011 年 .

[2] 王天顺，《西夏战史》，宁夏人民出版社，1993 年 .

[3] 李华瑞，《宋夏关系史》，河北人民出版社，1998 年 .

[4] 曾瑞龙，《拓边西北》，北京大学出版社，2013 年 .

[5] 邱云飞，《中国灾害通史（宋代卷）》，郑州大学出版社，2008 年 .

[6] 程龙，《北宋西北战区粮食补给地理》，社会科学文献出版社，2006 年 .

[7] 史念海，《河山集》卷四，陕西师范大学出版社，1991 年 .

[8] 王钟翰，《中国民族史概要》，山西教育出版社，2004 年 .

[9] 吕思勉，《中国民族史》，东方出版社，2012 年 .

[10] 周伟洲，《早期党项史研究》，中国社会科学出版社，2004 年 .

[11] 李范文，《西夏通史》，人民出版社，2005 年 .

[12] 白滨，《党项史研究》，吉林教育出版社，1989 年 .

创作团队简介

指文烽火工作室：由众多历史、战史作家组成，从事古今历史、中外战争的研究、写作与翻译工作，致力于通过严谨的考证、精美的图片、优美的文字、独到的视角为读者理清历史的脉络。目前已经出版军事历史类图书四十余本，其中包括《战争事典》《战场决胜者》《透过镜头看历史》《信史》四款 MOOK 系列丛书，以及《中国古代实战兵器图鉴》《倭寇战争全史》《明帝国边防史》《拿破仑战记》《秘密战三千年》《帝国强军：欧洲八大古战精锐》《帝国强军：中国八大古战精锐》等专题性图书。

原廓：自媒体公众号“冷兵器研究所”主编，记者，电视纪录片策划及撰稿，音速及北朝论坛古战版块版主，长期致力于军事历史研究及相关图书的策划编审出版工作，努力打造专业军事图书和自媒体平台，致力于专业的古代与近代军备评测，普及中外军事历史知识，讲述不为人所知的战争故事。

何俊宏：90 后历史爱好者。闲暇之余除爱好射箭格斗外，专好阅读古代军事史、中国边疆史以及游牧民族史的相关书籍，主要学习研究方向为中国东北及西北边疆史地。遍观中外著作，颇有所得。

李楠：热爱历史、军事、文化，历史作者，书评人，特别对欧美历史感兴趣。已出版著作《火神咆哮：世界火器兵》。

乐小鱼：历史爱好者，主攻宋代政治、军事史。由于专业的原因长期接触经济学，常以“理性人”角度，从涉及历史的诸方面因素进行考虑，并进行综合性分析。

“战争事典”系列书目参考

战争事典 001
征服罗马——1453 年君士坦丁堡围城战
焚身以火——妖童天草四郎与岛原之乱
名将的真相——揭开战神陈庆之的真面目
通向帝国毁灭之路——日本“二·二六”兵变
莽苍——西风漫卷篇

战争事典 002
枪尖上的骑士——勃艮第战争详解
三十八年终还乡——郑成功平台之役
海上霸权的末路悲歌——郑清澎湖海战始末
初伸的魔爪——1874 年日本征台之役
罗马苍穹下——忒拉蒙之战解析
大炮开兮轰他娘——张宗昌和他的白俄军
砥柱东南——记南宋最后的将星孟珙

战争事典 003
东国之关原——庆长出羽合战探本
“日不落帝国”的雏音——布伦海姆会战浅析
点爆世界的“火药桶”——“一战”前的巴尔干战火
“一战”在中国——记 1914 年日德青岛之战
太平军之末路杀劫（战争文学）

战争事典 004
维多利亚的秘密——英国王室一战秘史
进击海洋——沙皇俄国海上力量发展史
被遗忘的战争——记一战中的意大利战场
晚清将帅志
大唐西域之高昌绝唱（战争文学）

战争事典 005
英法百年战争
决胜江淮——唐末江淮藩镇战争
猛鹰长啸猎头鱼——金太祖完颜阿骨打

战争事典 006
海上马车夫与西欧海盗的较量——第一次英荷之战
李定国“两蹶名王”——南明桂川湘大反攻
岛津袭来——1609 年庆长琉球之役始末
从开始到未来——因弗戈登兵变前后的“胡德”号
齐柏林的天空
斩颜良诛文丑过五关斩六将之关羽

战争事典 007
辗转关东武开秦——细述秦赵争霸中的军事地理学
战神的竞技场——拜占庭统军帝王传
罗马的噩梦——汉尼拔

战争事典 008
巨蟹座的逆袭——亚历山大大帝
大象与古代战争
甲申遗恨——崇祯十七年元旦纪事
挑战宿命——后唐灭后梁之战复盘
胡马败古城——南北朝宋魏盱眙攻防战记
沉寂——殷民东渡记

战争事典 009
日不落帝国崛起的先声——1588—1667 年英国海军战术演进
天崩地裂扭乾坤——侯景之乱与南北朝格局之变
骏河侵攻——武田家谋攻的顶点
孙膑的奇谋决断——全新解析桂陵、马陵之战
由扎马至比提尼亚——汉尼拔与阿非利加那·西庇阿的后半生

战争事典 010
将军大旆扫狂童——唐武宗平定昭义刘稹之战
孤独的枪骑兵——拿破仑时代的波兰流亡英雄
大洋彼岸的白鹰——美国独立战争中的波兰将领小传
魁星云集护武川——见证宇文氏兴起与陨落的北周名臣良将
独冠三军武周公——南齐朝将军周盘龙小传
鏖战低地——法王腓力四世统治时期的佛兰德斯战争

战争事典 011
苦战瓦夫尔——格鲁希元帅视角下的滑铁卢战役
于盛世中见衰容——由露布浅述开元东北国防乱象
“三吏三别”之前的故事——灵宝惨败与潼关陷落
黑火药时代的最后狂想——19 世纪过渡时期的步枪简史
关东出阵——后北条氏和长尾氏的崛起与较量

战争事典 012
喋血伊比利亚——法国元帅古维翁·圣西尔的加泰罗尼亚战纪
两晋南北朝中原遗脉专题
仓皇北顾——刘宋第一次元嘉北伐回眸
男儿西北有神州——五胡十六国之前凉世家

战争事典 013
冰与火之歌——爱尔兰独立战争
马其顿王朝最后的荣光——拜占庭统军帝王传（终结篇）
中国古代战车、火器、车营简史
雾月政变——无血的权力之战
诺曼征服史

战争事典 014
君士坦丁堡的第一次陷落——西欧人对拜占庭帝国的反戈一击
餐桌论输赢——南北战争中的美军伙食
地中海三国演义——法兰西、奥斯曼与哈布斯堡
陆法和：不败的魔术师

战争事典 015
三征麓川——明帝国英宗朝的西南攻略
从约柜到哭墙——圣殿时代的“圣城”耶路撒冷史
苏丹之刃——土耳其新军简史
太阳神的崛起——古希腊罗德岛攻防战

战争事典 016
克复安南——明成祖朱棣的惩越战争
赵匡胤开国第一战——兵临泽潞平李筠

拿破仑的闪电战——1806 年耶拿—奥尔施塔特双重会战
以上帝之名的征伐——西班牙再征服运动简史

战争事典 017
华盛顿的将略——扭转美国独立战争危局的特伦顿之战
第二波斯帝国——萨珊王朝兴亡简史
自毁长城之乱——南朝刘宋景平宫变考略
秦王玄甲破阵乐——定鼎李唐江山的虎牢关之战
战场背后的口舌——战国时代的纵横家

战争事典 018
宋金太原血战——靖康之耻的前奏
马克沁机枪的第一次杀戮——马塔贝莱兰征服战争
五驾马车的崩溃——南朝宋孝武帝与前废帝更替之际的顾命大臣
太阳王的利剑与荣耀——路易十四时代的王权、军队与战争

战争事典 019
千年俄土恩怨——黑海与近东地区的地缘纷争
风帆战列线的血与火——第二次英荷海战简史
勃艮第公爵的野心——阿金库尔血战后的法国内乱
昙花一现的东方霸业——罗马皇帝图拉真的帕提亚战争
将星北斗照幽燕——历史上的杨六郎与杨家将

战争事典 020
崛起与繁荣——丝绸之路上的帝国兴衰
远帆与财富——南宋海上丝绸之路的崛起
大迁徙与大征服——日耳曼人与阿拉伯人的扩张及征服
战乱与流散——欧洲历次战后难民潮
炮火与霸权——近代军事改革后的瑞典帝国时代
专业与联合——美军特种部队改革启示录

战争事典 021
争夺蛮荒——欧洲列强在北美的殖民扩张与七年战争较量
刘备家的人——蜀汉群臣小传
艺术到技术——拿破仑、普奥、普法战争中的普鲁士总参谋部改革史
皇权与天下的对抗——南齐朝“检籍”与唐寓之起义

战争事典 022
从罗马的利剑到诺曼的铁蹄——不列颠被征服简史
铁铸公侯——威灵顿公爵的人生传奇
八千里路云和月——岳飞与岳家军抗金战史

战争事典 023
日不落的光辉岁月——大不列颠崛起和祸乱欧洲史
屡败屡战的不屈斗将——立花道雪战记
热兵器时代的先锋——中世纪晚期的欧洲火门枪
突袭红盐池——明帝国中期边防史与文官名将王越传略
燕山胡骑鸣啾啾——《木兰辞》背后的鲜卑汉化与柔然战争

战争事典 024
浴血的双头鹰——哈布斯堡王朝的近代兴衰与七年战争
黄金家族的血腥内斗——从蒙古帝国分裂到元帝国两都之战
倒幕第一强藩——岛津氏萨摩藩维新简史
铠如连锁，射不可入——中国传统山纹、锁子、连环铠辨析考

战争事典 025
辽东雪、铭军血——甲午陆战之缸瓦寨战斗
凡尔登英雄的双面人生——法国元帅亨利·菲利普·贝当沉浮记
眼中战国成争鹿——北齐高氏的开国之路
以铁十字之名——条顿骑士团兴衰简史

战争事典 026
龙与熊的较量——17 世纪黑龙江畔的中俄战争
五败十字军骑士的车堡——胡斯战争与 15 世纪捷克宗教改革简史
白高初兴傲宋辽——党项人的西夏立国记

战争事典 027
高飞长剑下楼兰——清末阿古柏之乱和左宗棠收复新疆之役
东进的巨熊——沙皇俄国远东征服简史
一只鸡导致的王朝覆灭？——明末吴桥兵变与孔有德之乱始末
吞金巨兽的竞赛——希腊化时代的巨型桨帆战舰兴衰史
“血流漂杵”的真相——探秘周人克殷与牧野之战

战争事典 028
星条旗的“江河密探”——美国长江巡逻队的装备和历史
“狮心王”与萨拉丁的争锋——第三次十字军东征记
大明帝国的黄昏——从清军第四次入寇到明末中原大战
怒海截杀——1797，“不倦”号 VS “人权”号
争霸北陆——上杉谦信的战争史考证

战争事典 029
17 世纪东亚海上霸权之争——明荷战争与台湾郑氏家族的崛起
向神圣进发的“巴巴罗萨”——神圣罗马帝国皇帝腓特烈一世传记
唐帝国的“坎尼会战”——大非川之战与唐蕃博弈
拯救欧洲的惨败——1444 年东欧诸国抵御奥斯曼的瓦尔纳战役
西楚霸王的兵锋——楚汉战争彭城之战再解析

战争事典 030
双雄的第一次碰撞——唐帝国与阿拉伯帝国的怛罗斯之战
塞人的最后荣光—印度——斯基泰和印度—帕提亚王国兴衰史
大将扬威捕鱼儿海——明帝国与北元之战及名将蓝玉的沉浮人生
七入地中海的巨熊——俄国海军对南方出海口的千年情结
复盘宋魏清口战役——从实证角度尝试复原中国古代战役
埃德萨的征服者——枭雄赞吉

战争事典 031
贵阳围城始末——明末奢安之乱中最惨烈的一役
1612 动乱年代——沙俄内乱与罗曼诺夫王朝的崛起
“八王之乱”，何止八王！——西晋淮南王司马允集团的野心与盲动
攻者利器，皆莫如砲——中国杠杆式抛石机的发展历程

战争事典 032
最后的拜占庭帝国——1461 年奥斯曼征服特拉布宗始末
争夺辽东的铁蹄——秋山好古与日俄战争中的日本骑兵部队
龙与狼的最后较量——17 到 18 世纪的清朝准噶尔战争简史
唐刀的真容——从复刻绘制窦皦墓出土唐代环首刀说起

战争事典 033
打开潘多拉魔盒——一战早期毒气战的装备和战术（1914—1916）
钳制巨熊的英日联盟——沙皇尼古拉二世的远东惨败
荡然无存的“天朝”颜面——第二次鸦片战争始末
大厦将倾，独臂难支——明末军事危局与卢象升传略

战争事典 034
后亚历山大时代的希腊争霸——克里奥门尼斯战争
廓清漠北——朱棣五次远征蒙古之役
尼德兰上空的橙色旗——荷兰立国记和八十年战争简史

战争事典 035
东欧的第一位沙皇与霸主——保加利亚帝国西美昂一世征战史
大清“裱糊匠”的崛起——李鸿章筹练淮军与“天京之役”
名将不等于名帅——趣说姜维在《三国志》与《三国演义》里的不同形象

战争事典 036
匈奴的崛起与汉帝国的征服者时代
托勒密王朝首任女法老阿西诺二世传奇
详解中法战争之镇南关大捷
关原合战前东西军的明争暗斗
谈谈古代战场军人防护要素
说说大明帝国嘉靖朝的悍勇武人

战争事典 037
清军已南下，明廷仍党争——南明弘光政权覆亡之悲剧
哥萨克的火与剑——乌克兰赫梅利尼茨基大起义始末
秦帝国的崩溃——从沙丘之变到刘邦入主关中
契丹灭亡之祸首——辽末奸臣萧奉先传

战争事典 038
阿尔巴尼亚的亚历山大大帝——与奥斯曼帝国鏖战 25 次的斯坎德培
万历三大征之荡平播州——七百年杨氏土司覆灭记
对马海峡上的国运豪赌——东乡平八郎与日俄大海战

战争事典 039
腰斩盛唐的安史之乱——唐皇权柄衰弱与藩镇割据之始
被血洗的秘鲁——印加帝国覆灭记
普鲁士海军军官佩剑史 1657—1870（上）

战争事典 040
八年征战平河东——伊阙大捷后的秦国东进之路
1798 年尼罗河口战役——纳尔逊时代的英国海军和风帆海战
英国海军刀剑——从实战兵器到身份象征
普鲁士海军军官佩剑史 1657—1870（下）

战争事典 041
结束美国内战的最后一役——从彼得斯堡到阿波马托克斯
明末西南边界冲突——东吁王朝崛起与万历明缅战争
英国武装入侵印度之始——卡纳提克战争
挣脱“鞑靼桎梏”——库利科沃之战

战争事典 042
奥丁与基督之战——维京人的英格兰征服史
雪域猛虎的怒吼——唐代吐蕃王朝简史
太建北伐预演——南陈平定江州豪强叛乱
南亚次大陆的命运转折点——莫卧儿皇位继承战争

战争事典 043
一代强藩的崩塌——唐宪宗平定淄青李师道之役始末
大视野下的意大利战争——查理五世和他的地中海时代
血色金秋——1862 年马里兰会战
三腿的美杜莎——迦太基和罗马的西西里争夺战
外强中干，华而不实——清朝旧式战船、水师与海防

战争事典 044
杀人魔术——一战后期毒气战的装备和战术（1917—1918）
平叛战争——理论与实践（上）
命运奏鸣曲——关原合战
武田信玄西上作战的疑点

战争事典 045
碧蹄馆大战——明朝骑兵和日本战国武士的较量
清初三藩之乱
平叛战争——理论与实践（下）

战争事典 046
瑞典帝国的衰落——斯堪尼亚战争
法国强权的开端——阿尔比十字军战争
北宋军事制度变迁
三国归晋的序幕——淮南三叛
本都与罗马之战——第一次米特拉达梯战争（上）

战争事典 047
第二次意大利独立战争：催生红十字会的 1859 年苏法利诺战役
吞武里王朝战史——泰国华裔国王郑信之武功
少林，少林！——少林功夫的历史传承与明代僧兵江南抗倭记
本都与罗马之战——第一次米特拉达梯战争（下）

战争事典 048
拿破仑吕岑会战·万历朝鲜战争·清缅战争
睡梦中的胜利——1813 年春季战役之吕岑会战
虚弱的战国日本——实力不对称的万历朝鲜战争
夹杂着惨败的尴尬平局—清朝对缅战争始末

战争事典 049
明代建州女真与朝鲜的纷争
征服阿兹特克
美国早期荒野探险装备

战争事典 050
大唐西域战事
　经略龟兹——从西汉设西域都护到唐两征龟兹
　西域与唐代骑兵——铠甲、战马与战术、战例分析
　独横长剑向河源——河陇之争与归义军的兴亡
奠基者的传奇——马其顿的腓力二世

战争事典 051
1866 年普奥战争
　1866 年的 7 个星期——普奥战争全记录
　1860—1867 年的普鲁士军队——武器、战略以及战术
尼罗河畔的战争——19 世纪末英帝国征服埃及与苏丹

战争事典 052
布尔战争
　跌落神坛的不列颠尼亚——布尔战争简史
棋局上的僵持——卡莱战后罗马共和国与帕提亚的西亚激斗
横扫千军——“波斯拿破仑”的征战简史

战争事典 053
秦国将相铁三角
　秦昭王麾下的一相二将——魏冉、司马错、白起
　兵神初现诸侯惊——打破战国列强均势的伊阙之战
　将相铁三角的巅峰之作——秦楚五年战争
希腊化时代的开端——继业者战争
格兰特 VS 李——1864 年陆路战役